集团化办学促进区域教育优质均衡发展

刘芳 李宁 编著

GEP
广西教育出版社
·南宁·

图书在版编目（CIP）数据

集团化办学促进区域教育优质均衡发展 / 刘芳，李宁编著 .—南宁：广西教育出版社，2024.3

ISBN 978-7-5435-9455-5

Ⅰ . ①集… Ⅱ . ①刘… ②李… Ⅲ . ①办学组织形式—关系—小学—学校管理—研究 Ⅳ . ① G627

中国国家版本馆 CIP 数据核字（2024）第 066437 号

策划编辑：黄立明
责任编辑：苏方芳
责任校对：龙一新 唐 雯
封面设计：李浩丽
责任技编：蒋 媛

出 版 人：石立民
出版发行：广西教育出版社
地 址：广西南宁市鲤湾路 8 号 邮政编码：530022
电 话：0771—5865797
本社网址：http ：//www.gxeph.com
电子信箱：gxeph@vip.163.com
印 刷：天津奥丰特印刷有限公司
开 本：787 mm × 1092 mm 1/16
印 张：25.5
字 数：416 千字
版 次：2024 年 3 月第 1 版
印 次：2024 年 3 月第 1 次印刷
书 号：ISBN 978-7-5435-9455-5
定 价：89.00 元

代序

集团化办学的有益探索

集团化办学是教育行政部门的一项干预义务教育阶段学校因办学水平差异导致区域教育发展不均衡的重要举措，目的在于扩大优质资源供给，促进义务教育优质均衡发展，满足人民群众对于高质量教育的需求。北京市海淀区为了推动全区范围内基础教育的优质均衡发展，于2015年依托享有社会声誉的优质学校设立了36个教育集团。其中，中国农业科学院附属小学（以下简称“农科院附小”）与周边几所学校共同组建了教育集团，开启了集团化办学建设历程。

农科院附小教育集团的领导班子审时度势，以创新务实的精神，带领5个校区的全体教职工共同走过了“合并初期”“发展期”“提质期”等3个建设阶段，以渐进方式稳步实现了高质量办学的发展目标，也从中探索出集团化办学的创新实践之路，为更多同类学校提供了可资借鉴的成功经验。

2019年，我有幸受海淀区教工委聘请担任中国人民大学附属小学郑瑞芳校长工作室学术导师，于是便有机会结识了农科院附小教育集团的刘芳校长。工作室以集团化办学特色和发展机制为主题组织了专题考察。此外，我还应刘芳校长邀请，配合学校就集团化办学的发展机制、办学成效和成功经验开展了深入研究。在此过程中，农科院附小教育集团的创新实践带给我许多有益的启迪。

第一，农科院附小教育集团建设得益于一个具有高度责任感、锐意创新、团结奋斗的领导班子。以刘芳校长和李宁书记为带头人的领导班子审时度势，借助集团化办学契机，面对农科院附小空间狭小和周边学校急需优质资源的发展需求，研究确定了集团化办学的建设过程——合并初期以“情感相融为基础、制度创建做保障”，促进各校区平稳过渡；发展期“优势互补、资源共享”，促进各校区教育整体提升；提质期“外树形象、内抓品质”，实现各校区教育优质均衡发展。上述发展规划与实际可行的系列举措，得到了全体教师和家长的赞同与支持。他们各司其职、各尽其能，在达成办学目标过程中形成合力，共同推进并最终实现了由5个不同校区到优质教育集团的跨越。

第二，农科院附小教育集团建设了一支爱岗敬业、不断进取的教师队伍。为了培养骨干教师队伍，集团采取了一系列特色举措，包括制订教师在集团内轮岗制度、新老教师结对帮扶制度，创建“金穗教师共同体”，借助承担跨省区对口帮扶的机会锻炼优秀教师，借助停课不停学实践拓展教师教学能力等。此外，集团还以全员培训和教学竞赛、引进成功教学经验和优质专家资源、吸纳优秀毕业生等方式开展全员教学能力建设。更值得关注的是，学校创设了一种富有激励性的教师文化，充分信赖全体教师的专业自主能力，引导他们改进教学实践并给予充分鼓励和奖励。

第三，创设高质量育人环境和高质量教学环境，是农科院附小教育集团的重点实践领域。具体举措包括开展丰富多样的校内外活动，开设综合实践活动课程，创建便捷、友好的阅读空间，创设高质量的体育锻炼环境，提供精品课后服务等。

第四，谋求家校协同办学，获得家长的理解和支持，是农科院附小集团化办学的关键。集团创建之初，学校就在了解家长的关注点的基础上，研究制订了“家校共育共识”；建立学校、年级和班级三级家委会，充分挖掘家长资源的教育价值，实施流动家长课堂；为配合全面提质需要，实施了家校优质资源拓展共享机制。在过去3年，为了保障线上学习的实效性，还启动了教师—家长沟通机制。

第五，为了保障集团化办学有效运行与可持续发展，农科院附小教育集团注重学校治理的制度设计，并在办学过程中不断完善，主要包括《德育少先队工作制度》《教学工作制度》《教科研制度》。为了有效落实“双减”政策，学校研制了《学生校园手机管理条例》《课外读物指导意见》等多项管理制度和“课后服务方案”。实践表明，注重制度建设推动了农科院附小教育集团行稳致远。

历时8年的农科院附小教育集团的建设，最为显著的成效不仅体现在各校区显著改善的校容、校风及师生的教学状态，还集中体现在教学方式的变革与教学质量的提高方面。2023年3月17日，农科院附小教育集团采取全科开放方式，参与北京市社科基金重点项目“‘双减’背景下学校教育重构”课题，全面呈现了集团化办学背景下取得的高质量教学的新样态。来自集团不同校区的11节公开课展现出师生共创的以情境教学、问题解决、探究学习、游戏化教学、合作学习为特色的高质量教学过程。我们还欣喜地看到学生参与教学全过程的积极学习风貌，见证了他们在教师指导下自主完成的丰富多彩的书法、绘画、科技、手工作品。

以上仅仅是我个人对于农科院附小教育集团建设过程的观察。更多丰富多彩、更具参考价值的策略与方法，在集团领导和教师共同完成的这本集体成果著作中有更多记述和呈现，有待于教育界同行通过阅读去发现。

总之，我认为农科院附小教育集团团队以其持续 8 年的教育探索，创建了一个社会认可的、体现区域优质均衡理念的高质量教育集团。他们的实践与研究成果不仅真实记录了集团的创建过程与基本经验，对于揭示集团化办学实践的基本规律无疑也具有十分鲜活的资源价值。

为此，我愿意借此机会向农科院附小教育集团全体同志致以由衷敬意和祝贺！期待他们百尺竿头更进一步，继续做出新贡献！

是为序。

博士、中国教育学会学术委员会副主任

张铁道

自序

办人民满意的高质量教育，农科院附小教育集团永远在路上

农科院附小于1950年建校，是北京市红旗学校、海淀区素质教育优质学校，经过长期的办学实践，从一所学校拓展为一校五址的教育集团。面对集团化办学中的诸多挑战，农科院附小教育集团经过长达8年的实践探索，逐步摸索出一套渐进式的集团化发展模式，以及针对集团化办学不同发展阶段的突出问题进行积极干预的方式与工作机制，有效破解了集团化办学中的困境。实践证明，集团化办学促进了区域教育公平、均衡、优质发展，实现资源共享、优势互补及跨校协同发展。它既是一项推动基础教育高质量发展的重大举措，也是全面提升学校内涵发展水平的务实之举。

2019年，我有幸成为中国人民大学附属小学郑瑞芳校长工作室的学员，有机会结识了张铁道院长。其实在2007年，在张院长和孙主任两位领导的直接推动下，“中英合作项目”就让初任校长的我和农科院附小有了实实在在的收获。12年后，我又有幸在郑瑞芳校长工作室与张院长近距离交流，真的是非常难得。2019年4月24日，依照拟订的本学期的工作室方案，在我校如期举行工作室的第二次活动。我做了聚焦“校际均衡发展及特色发展”的主题报告，英语团队的3名教师分享了“以问题为导向，多学科融合，自主探究体验”的

校本研修活动的经验，最后我们来到农科院创新园参加了学校植物社团的学生活动。本以为这就是一次工作室的交流活动，但它就像一颗种子，深深地扎在农科院附小的土地里，最后生长出我们对8年集团化办学的实践与思考，成为学校发展历程中不可磨灭的精彩篇章。

2022年8月26日，在张院长的指导下，我们确立了集团化办学的主题，在黄小玲博士、刘钊主任、曲艳霞校长的帮助下，我们开展了对全校教师、学生还有家长的访谈调研，从调研结果中确定在集团化办学实践中到底有哪些好的经验和亟待解决的问题。经过大半年的梳理，我们终于在集团化发展路径的思考、骨干教师队伍建设、学生培养、家校社共育、机制与制度建设5个方面形成了5份报告，并且有幸发表在《创新教育》杂志上。我们更加坚信渐进式集团化发展之路是符合农科院附小实际需求的，同时也是顺应时代要求的，能够切合社会和人民对高质量教育的期盼。

回顾8年集团化办学之路，个人感受最深的就是人心，3所学校合并首先最关键的问题是如何凝聚人心。合并的第一年无论是干部还是教师均保持不变，大家彼此熟悉，通过各种活动促进融合，同时把各个学校的制度进行统一。我清楚地记得，整整一个假期我们几乎没有休息，每天都在学校工作到深夜，最后终于编写出指导各校区干部、教师工作的《教师手册》，还有农科院附小新的《制度汇编》。这些为新学校平稳运转奠定了坚实的基础。其次就是要借势，作为海淀区36个教育集团之一，始终要引领区域教育的创新与实践，做好排头兵。因此我们也借助2015年北京市的新课改、2021年的“双减”政策和2022年的新课标，不断改进学校的教育教学工作，提升学校的办学质量，促进区域教育的均衡优质发展，办人民满意的教育。当然在落实党的教育方针的过程中，我们也在不断地寻找学校自身发展的特色和优势。作为校长要不断地学习和思考，抓住一切发展机遇引领团队去探索实践，从而实现共生共长、共创共赢。到目前，令我感到欣慰的是，从合并初期我们只有1名市级骨干教师，到现在已经有1名特级教师、3名市级骨干教师、80多名区级学科带头人和区级骨干教师。骨干队伍的形成对集团各校区教育的优质均衡发展起到了重要的作用。此时，作为校长更不能有喘口气、歇一歇的想法，而是要站在课程改革的潮头，带领教师迎接一个又一个挑战，攻破一个又一个难关。最后就是机制与制度建设，有了人，有了平台，还要建立能激发大家合作共赢的工作机制和制度，这样才能使集团化办学具有可持续性。

本书是农科院附小8年集团化办学的实践探索经验的总结，凝聚着集团所有干部、教师、家长、学生，以及一直以来关心关爱学校发展的各级领导、专家、社会各界人士的心血和汗水。作为集团化办学实践的亲历者，很多干部、教师、家长为本书积极供稿。特别感谢张铁道院长不辞辛苦，对本书的题目确定、结构搭建、文稿撰写、封面设计等进行耐心细致的指导，而且特别难得的是张院长还为本书撰写了序言，这对我们是极大的鼓舞和鞭策。

2024年是国家实施义务教育强校提质行动，加快优质均衡发展的一年，海淀区也通过加强顶层设计、强化政府保障、合理布局调整、优化资源配置、提升教育质量、完善治理体系，走出了一条有时代特色、海淀特点的“义务教育优质均衡发展之路”，涌现出很多优秀的教育集团，提供了很多值得借鉴的集团化办学经验。农科院附小教育集团理应在促进区域优质均衡发展的道路上积极探索，勇于实践，贡献出农科人的智慧。

通过本书的出版，我们梳理和反思了来时的路，接下来我们更要怀揣着办人民满意教育的初心和使命，坚定自信，朝着高质量集团化办学的方向，大踏步地向前迈进。

中国农业科学院附属小学教育集团校长　刘芳

目录

第一章

共生：集团化办学的生长背景

一个教育集团的孕育和发展，必然离不开适合各校区共同生长的土壤和基因。那么，孕育农科院附小教育集团的这片土壤是什么？其共生共长的基因密码是什么？农科院附小教育集团的孕育和诞生有多方面的背景：一是基于国家集团化办学发展和政策引导的宏观背景，二是基于市级及区域内集团化办学的整体布局和长远规划的中观背景，三是基于集团各校区自身发展的困境和现实诉求的微观背景。在这样的背景下，农科院附小教育集团〔集团合并前有农科院校区、学院南路校区两个校区，合并后有农科院校区、学院南路校区、气象路校区（原向东小学）、政法路校区（原艺师附小）、明光路校区（原艺师附小）五个校区〕应运而生。诞生之初，农科院附小教育集团以文化立根，在生长教育办学理念的引导下，确立了同生共长的集团化办学价值理念，以价值融通凝聚同生共长的内生动力，促进教育集团的可持续、高品质生长。

第一节　集团化办学的本质内涵

随着社会经济的飞速发展，人们对优质教育的追求与日俱增，而当前教育资源的不均衡已经成为制约我国基础教育发展的突出问题。教育家顾明远先生曾指出，教育发展不均衡的矛盾主要表现在东部地区与中西部地区、城市和农村，以及学校之间的教育发展差距都还比较大。要解决这些问题，就要提高教育质量，促进教育公平。而解决教育资源不均衡问题的重要策略就是集团化办学。20 世纪 90 年代，我国一些地方开启集团化办学探索，经过近 30 年的发展，全国各地的集团化办学有声有色，有效地促进了教育资源的公平配置，满足了学生选择优质教育的需求，改进了学校义务教育治理，提升了基础教育的质量，为解决教育不公平问题提供了鲜活样本和有效途径。

一、集团化办学的缘起与发展

改革开放以来，为了不断推进现有优质教育资源的均衡配置和提高使用效率，全国各地都进行了多元化改革与实践探索，集团化办学应运而生。20 世纪 90 年代至今，我国集团化办学大致经历了“萌芽期”“成长期”“稳定期”3 个时期。

20 世纪 90 年代到 2002 年为萌芽期。基础教育集团化办学是在国家政策引导下初步探索的结果。1986 年颁布的《中华人民共和国义务教育法》和 1992 年颁布的《中共中央、国务院关于加快发展第三产业的决定》为教育向均衡方向倾斜、鼓励民间办学提供了政策依据。1999 年，杭州率先尝试集团化发展路径，初步探索由一所名校牵头和若干非名校汇聚形成的教育集团。[①] 这一时期，沿海经济发展地区股份制办学模式开始出现，出现了广东信孚教育集团、浙江

① 范小梅，戴晖．基础教育集团化办学的缘起、动因与实现路径［J］．教学与管理，2019（34）：12–14.

万里教育集团等一大批民办教育集团，涉及中小学、职业教育等多个教育阶段。2002 年 10 月，经杭州市西湖区人民政府批准，全国第一个基础教育集团——杭州求是教育集团成立，教育集团化办学开始在公共教育领域生根发芽。此阶段，基础教育集团化办学在民办教育集团和职业教育集团办学的推动下开始萌芽。①

2002 年到 2019 年为成长期。2005 年，教育部出台《关于进一步推进义务教育均衡发展的若干意见》，提出缩小各学校在办学条件上的差距，发挥具有优质教育资源的公办学校的辐射、带动作用，采取与薄弱学校整合、重组、教育资源共享等方式，促进薄弱学校的改造。这一时期，在政策的指引下，为解决教育供需矛盾和教育公平问题，部分省市开始集团化办学模式试点。北京市海淀区和朝阳区、浙江省杭州市、四川省成都市、湖南省长沙市等地，也相继出现了公立中小学名校的集团化办学形式。在 2004 年，杭州以“幼儿园名园集团化”与“中小学名校集团化”办学为起点，组建城区教育集团，形成城乡互助共同体的教育发展战略。②2018 年，北京市教育委员会出台《关于推进中小学集团化办学的指导意见》后，开始对中小学集团化办学进行重点优化布局，完善治理模式。截至 2019 年底，北京市基础教育领域有 160 个左右的教育集团，其中东城、西城、朝阳、海淀、丰台五个区占总量的 80% 左右。③这一时期的集团化办学多采取名校办分校的形式，以名校辐射带动薄弱地区及薄弱学校教育的发展，促进区域内或跨区域教育资源的整合，形成了具有共同办学理念的教育共同体。

2019 年至今为稳定期。集团化办学模式在全国更大范围内得到推广，也呈现多样化的趋势。2020 年 9 月，教育部等八部门出台《关于进一步激发中小学办学活力的若干意见》，强调强化优质学校带动作用，深入推进学校办学机制改革，积极推进集团化办学……完善集团化办学机制，加大场地设施资源和优质

① 石小岑，陈茂华 . 基础教育集团化办学逻辑与发展路径［J］. 未来与发展，2021，45（4）：90–93.

② 姚园园 . 基础教育集团化办学研究：以南昌市昌北二小教育集团为例［D］. 南昌：江西财经大学，2022.

③ 杜玲玲 . 北京市基础教育集团化办学与学区制改革的探索与思考［J］. 教育导刊，2022（3）：37–43.

课程教学资源的统筹力度，帮扶薄弱学校和农村学校提高办学水平。这一政策的出台，进一步鼓励了各地深化探索集团化办学。

逐渐地，海淀区集团化办学进入探索创新、快速发展阶段，再到以集团化专项文件出台和专项经费支持为标志的逐步规范、加大支持力度阶段。目前，海淀区集团化办学已经进入第三阶段，即以集团化办学质量评估为标志的激励导向、培优提质阶段。2022 年，海淀区推出了包含 6 个维度、19 项指标的集团化《质量评估指标体系》，通过评估指标体系和评估工具，全面考察各教育集团的办学实效，并通过评估结果的应用，进一步健全集团动态调整机制，强化集团总校谋发展的危机意识，激发整体办学活力。截至 2023 年 5 月，海淀区有中小学教育集团近 40 个，覆盖校址达 162 处，70% 的中小学生在教育集团内就读。通过集团化办学，海淀区正在推动形成“中部示范引领、北部跨越发展、东西两翼齐飞、南部内涵提质再上新台阶”的教育发展新格局。① 经过 20 多年的探索，海淀区的集团化办学基本形成纵横连带发展的“矩阵”办学模式。

二、集团化办学的内涵

“集”的本义是“鸟类在树上栖息”，后多取其“集合、汇集”之意。“团”的本义是“圆”，引申为“聚合为一体”之意。古人有云，“计专专之不可化兮”，此处“专专”即指“团团”，意为“结为一体，不易分解”。可见，“集”侧重以数量和规模为手段的形式扩张，重点在不同个体之间建立形式上的联系与组合；“团”是组合内个体之间基于要素的深层互动，侧重以要素为抓手，构建相互勾嵌、彼此融合的共同体。②

集团化办学，顾名思义，是一种以集团化为组织的办学模式。从字义来看，

① 杨菲菲. 北京海淀启动中小学集团化办学质量评估，全区有近 40 个教育集团［N/OL］. 新京报，（2023-05-26）［2023-07-10］.https：//baijiahao.baidu.com/s?id=1766962896335644768&wfr=spider&for=pc.

② 范小梅，戴晖，刘晓. 我国基础教育集团化办学的实践逻辑［J］. 教育与教学研究，2020，34（1）：87-98.

“集团”指为了共同的利益或目的而组织起来的团体。“集团”是“集团公司”的俗称，是指由若干同类企业联合起来而形成的经济团体。集团化原本是指企业与企业之间基于业务拓展、市场需要或竞争扩张，通过新建、合并、运作等较为自由的方式，由单一经营向多种经营转化，以满足企业发展需要的过程。①

集团化办学是一个从经济学、管理学领域嫁接到教育学领域的概念。在“集团化”的词义中，“集团”是一种集群的组织形式，而“化”指的是“性质和形态改变”，因此既包含变化的过程，也包含变化的结果，集团化办学就是教育集团从开始探索到最终形成的过程和结果。

对于集团化办学，不同学者从不同角度进行分析，给出了不同的定义。钟秉林认为，集团化办学是一种以契约为纽带构建的大规模多层次组织形态，是通过优势互补或以强带弱，推进教育资源优质均衡发展的办学模式，但同时也要根据办学需求和区域教育资源状况，探索灵活多样的集团化办学模式。② 张爽认为集团化办学一般是指两个或两个以上的学校或校区的办学及学校发展过程中，在共同理念引领下，在一定契约约束下所形成的具有规模效应的合作关系。③范勇、田汉族认为，基础教育集团化办学是指为了实现区域内教育高水平均衡发展，以一所或几所名校为核心，实现区域内或跨区域的多所学校一体化管理，通过订立共同的教育发展目标，对名校和其他学校的教育资源优化配置及优质教育资源共享，保证集团内所有学校整体发展的一种办学模式和组织管理模式。④朱向军认为“名校集团化”是指以名校领衔，通过名校输出品牌、办学理念、管理方式、干部和优秀教师等，采取“名校 + 新校”“名校 + 弱校”等多种办学模式，进行集团化办学。⑤

---

① 杨洲，田振华. 基础教育集团化办学的内涵意蕴、发展现状及可能进路［J］. 中国教育学刊，2018（8）：54-57.

② 钟秉林. 关于基础教育集团化办学的若干思考［J］. 中国教育学刊，2017（12）：3.

③ 张爽. 基础教育集团化办学的模式研究［J］. 教育研究，2017，38（6）：87-94.

④ 范勇，田汉族. 基础教育集团化办学热的冷思考：基于成本与风险视角［J］. 教育科学研究，2017（6）：32-36.

⑤ 朱向军. 名校集团化办学：基础教育均衡发展的“杭州模式”［J］. 教育发展研究，2006（9）：18-23.

综上可知，大部分学者认为集团化办学是以契约为基础形成一种教育共同体，并在资源共享的基础上实现合作互补、共同发展，促进资源均衡分配，提高教育效益的一种办学模式和组织管理模式。

就集团化办学的本质来看，集团化办学是教育管理制度的一种创新尝试。总体来看，集团化办学本质内涵有三层要义：第一，集团化办学是政府推广的一种新型办学体制机制改革；第二，教育集团是承接集团化办学任务的实体组织；第三，集团化办学尤其是义务教育阶段的集团化办学，具有公益性、独立性、互动性和协同性等特征。①

三、集团化办学的类型

经过 20 多年的发展，我国形成了丰富的集团化办学类群。集团化办学模式可以从不同角度进行分类。按照运行模式分为三种类型：一是以资产为主要联结纽带型的教育集团；二是以契约为主要联结纽带型的教育集团；三是资产－契约混合联结型的教育集团。也有人从合作程度的角度，将集团化办学划分为选择型、联盟型、联邦型与集权型不同模式。② 从集团化发展阶段分类，有补差式、嫁接式以及共生式。还有学者从内部治理结构角度划分成紧密型关系、松散型关系、复合型关系（兼具紧密型和松散型）。一般来说，义务教育阶段集团化办学模式从组织结构上大体采用“名校＋新校”、“名校＋民校”、“名校＋薄弱学校”、名校托管以及学区联盟等。

郭元婕博士根据教育集团组建方式的差异，将集团化办学做了划分。按照集团学校结合的主体类型，集团化办学可以分为四种：第一种是“名校＋”的集团化办学，包含五类；第二种是以教育研究院所或者大学为龙头组建中小学教育集团；第三种是同类型学校组成的教育发展联合体或者教育联盟；第四种是一校多址，多个校区只有一个法人代表。按照集团内部学校间的关系，集团化办

① 郭元婕．集团化办学的理论与实践［M］．北京：科学出版社，2020：8-10.

② 张爽．关系主义方法论视角下基础教育集团化办学评估［J］．教育研究，2021，42（9）：70-80.

学又可以分为紧密型、松散型和混合型等。通常而言，紧密型教育集团实行的是单一法人负责制，推行的是统一管理模式。松散型教育集团是指集团内部学校之间的关系松散，集团内实行名校校长领衔制，集团内各成员校依然具有独立法人资格，独立支配人、财、物。根据集团内学校所处学段的分布情况，教育集团可分为“横团”和“纵团”两类。所谓“横团”，即“横向建团”，是指同学段的学校间组建教育集团。所谓“纵团”，即“纵向建团”，是指跨学段的学校间组建教育集团。①

海淀区在集团化办学实践探索中，逐渐形成了四种主要的集团化办学模式。第一类是名校委托承办模式。这种类型是指两种不同体制的学校的合作，即由区教委委托大学附中、附小承办办学相对困难的区属公办校。第二类是名校办独立分校模式。这种类型主要集中在将新建小区配套学校交由名校承办，或由名校承办薄弱校、农村校。农科院附小承办向东小学、艺师附小等薄弱校就属于此类型。第三类是一校多址办学模式。这种类型主要出现在集团化办学探索的初期，集中在小学领域，是指将一所薄弱校并入优质校，由优质校完全接管，实现对人、财、物的统一管理，并实施分校址、分年级办学。第四类是对口直升机制。这种类型是近几年新出现的一种合作办学模式，指在一所优质中学与一所薄弱小学之间建立对口直升机制，用良好的升学预期来引导家长就近入学。②

---

① 郭元婕．集团化办学的理论与实践［M］．北京：科学出版社，2020：5-10.

② 陆云泉，刘平青．北京市海淀区教育集团化办学的实践与思考［J］．教育研究，2018，39（5）：154-159.

第二节　我国集团化办学的政策背景

基础教育集团化办学是一种创新型的办学体制，且得到国家宏观政策的认可。[①] 国家各类集团化办学政策的出台，可以从宏观上指导学校集团化办学实践的落地和机制的探索，为广大中小学推进基础教育集团化办学指明方向和提供指导。

一、我国集团化办学的政策发展历程

我国集团化办学政策的发展先从职业教育和地方探索开始，然后推广到基础教育和国家层面。而我国国家层面的几个集团化办学政策并非专门性政策文本，只是在一些重大的教育政策中用简短的语言一带而过。[②] 国家层面的基础教育集团化办学政策的发展大致经历了以下几个关键时间点。2012 年 9 月，国务院印发《关于深入推进义务教育均衡发展的意见》，明确提出扩大优质教育资源覆盖面，发挥优质学校的辐射带动作用，鼓励建立学校联盟，探索集团化办学，提倡对口帮扶，实施学区化管理，整体提升学校办学水平。这是国家教育政策中首次提出集团化办学，是集团化办学政策在国家层面的萌芽，为广大中小学开展集团化办学提供了政策依据，调动了广大学校探索集团化办学的积极性。

2017 年，中共中央办公厅、国务院办公厅印发《关于深化教育体制机制改革的意见》，指出要完善义务教育均衡优质发展的体制机制，改进管理模式，试行学区化管理，探索集团化办学，采取委托管理、强校带弱校、学校联盟、九年一贯制等灵活多样的办学形式。从此，集团化办学上升为党和国家号召的一

① 李威璎，徐玲，王寰安．基础教育集团化办学机制的政策工具研究：基于 16 个城市政策文本的内容分析［J］．基础教育，2021，18（2）：103-112.

② 曹连喆，赵思齐．政策工具视角下我国基础教育集团化办学政策研究［J］．现代中小学教育，2022，38（1）：1-6.

项重要的办学体制机制改革。[①]

2020 年，教育部等八部门出台了《关于进一步激发中小学办学活力的若干意见》，强调“强化优质学校带动作用”，明确提出要完善集团化办学机制，通过统筹资源建设和配置，由优质学校帮扶带动薄弱学校和农村学校提高办学水平，从而推进教育公平。

二、我国集团化办学的政策取向

教育政策是党和国家为实现一定历史时期的教育发展目标和任务，依据党和国家在一定历史时期的基本任务、基本方针而制定的关于教育的行为准则。分析我国集团化办学的各类政策，能发现一些共同的价值取向。

第一，强调办学体制机制改革。各类政策都聚焦“办学机制体制改革”，强调“鼓励建立学校联盟，探索集团化办学”“完善义务教育均衡优质发展的体制机制”“探索集团化办学，采取委托管理、强校带弱校、学校联盟、九年一贯制等灵活多样的办学形式”“深入推进学校办学机制改革，积极推进集团化办学，完善集团化办学机制”。创新和探索集团化办学体制和机制改革，从根本上改革当前教育发展的顽疾，是我国集团化办学政策的重要目标和方向。在国家各类集团化办学政策中明确提出通过灵活多样的形式、资源统筹等路径深入推进改革和完善集团化办学机制。广大中小学应通过改革办学机制来探索集团化办学，借助深层次的改革，破解义务教育均衡优质发展的难题，消除因优质教育资源不均衡造成的不良影响。

第二，注重教育优质均衡发展。各类政策都强调“教育优质均衡发展”，这也是集团化办学发展的核心内容，鼓励通过优质学校辐射带动、对口帮扶，完善体制机制，统筹资源等路径，帮助薄弱学校和农村学校提高办学水平，扩大优质教育的覆盖面。广大中小学在集团化办学探索中，可以围绕“教育优质均衡发展”这一核心，通过教师交流、联合教研、课程输送、文化共建等路径，

① 郭元婕 . 集团化办学的理论与实践［M］. 北京：科学出版社，2020：72.

促进集团内部各校区之间教育的优质均衡发展，满足百姓“上好学”的诉求，实现办好每一所老百姓家门口的好学校的目标。

第三，重视深化学校治理。集团化办学政策的深层次目标是推进学校教育管理走向集团教育治理。党的十八届三中全会明确提出：“全面深化改革的总目标是完善和发展中国特色社会主义制度，推进国家治理体系和治理能力现代化。”教育要实现治理现代化，就需要随着形势的变化从以管理为主走向以治理为要。从教育治理现代化视角出发，集团化办学是政府倡导的一种学校系统内部治理体制变革。《关于进一步激发中小学办学活力的若干意见》从教育治理的角度提出，强化优质学校带动作用……统筹学校间干部配备，推动优秀教师交流，完善联合教研制度，带动薄弱学校提高管理水平，深化教学改革，增强内生动力，促进新优质学校成长，不断扩大优质教育资源，整体提高学校办学质量。在学校集团化办学教育治理模式探索中，在大系统的思维框架里，通过共生共长的系统化链接，在文化、课程、教师、硬件、空间、教研、管理等方面协同推进集团同生共长教育生态建设的过程中，能够充分激发系统的内生动力和向上活力，这种内生力进而通过家校社协同及对外交流，向周边扩散和辐射，形成正向的教育品牌影响力。

三、北京市及海淀区集团化办学政策分析

2015 年，中共北京市委出台《关于推进义务教育优质均衡发展的意见》，鼓励、支持各区县与学校深化名校办分校、集团化办学、城乡一体化办学、学区制管理、教育联盟、校际联盟等改革试点工作，以强带弱、以城带乡，积极探索以多种形式扩大和延伸优质教育资源。不同范围和形态的办学形式开始在各区出现，一系列教育集团迅速扩张。

2018 年，北京市教育委员会颁布《关于推进中小学集团化办学的指导意见》（以下简称《指导意见》），提出总体目标是“深入推进教育体制机制改革，积极引导和支持教育集团发展，完善集团化办学体制机制，集团化办学优势更加突显，教育资源布局更加合理，优质教育资源覆盖面和受益面进一步扩大，人民

群众的获得感进一步增强，义务教育优质均衡发展水平整体提升”，并提出了四大主要任务和四大保障措施。《指导意见》首次从全市层面，对北京市各区已经开展的集团化办学改革出台了指导意见，对各区集团化办学改革的未来具有明确的引领和导向作用。

表 1-1　《指导意见》的主要任务和保障措施

主要任务和保障措施	内容要点
主要任务一：加强统筹，优化集团办学布局	1. 统筹区内集团办学，促进区域优质均衡发展 2. 鼓励跨区集团办学，推进城乡教育一体化发展 3. 规范异地集团办学，促进京津冀协同发展
主要任务二：规范发展，完善集团治理结构	1. 合理确定集团规模 2. 完善内部组织机构
主要任务三：促进共享，发挥资源辐射作用	1. 促进集团内场地设施资源共享 2. 支持集团内课程教学资源共享 3. 鼓励集团内干部教师交流 4. 倡导文化引领集团学校内涵发展
主要任务四：改革创新，激发集团发展活力	1. 探索更加灵活的用人制度 2. 优化干部教师薪酬制度 3. 创新人才联合培养和贯通培养机制
保障措施一：加强党的领导	1. 加强党对集团化办学的领导，把握正确的政治方向和办学方向 2. 充分发挥党组织政治核心作用，加强教育集团党建工作，保证教育集团和集团内各校全面贯彻落实党的教育方针 3. 坚持立德树人，发展素质教育，推动集团化办学在促进教育公平，提高育人质量上取得良好成效
保障措施二：加强统筹规划	1. 加强顶层设计和统筹规划，合理布局教育集团优质资源，有序、适度发展教育集团 2. 研究制定集团化办学实施意见，明确主责部门、协调各方力量，加强集团化办学的政策研究、制度建设、工作指导、条件保障和发展评估，促进优质教育资源实质性扩大、持续性发展

续表

主要任务和保障措施	内容要点
保障措施三： 加强政策保障	1. 深化人事制度改革，探索适应集团化办学需要的人员编制、职称评定、薪酬待遇等制度机制 2. 积极探索集团内部、各集团间、跨区和跨省集团化办学的管理机制、运行模式和保障措施 3. 加大人力、财力、物力等政策和条件支持，切实为集团化办学提供有效支撑和有力保证
保障措施四： 加强宣传引导	1. 充分发挥新闻媒体的舆论引导作用，加大宣传力度 2. 及时总结和宣传集团化办学中涌现出的百姓身边好学校，以及推进集团化办学的经验和成效 3. 引导全社会关心、支持基础教育改革发展，营造有利于教育发展的良好氛围

《指导意见》的出台基于三方面的背景。一是深化体制机制改革的需要。依据国家《关于深化教育体制机制改革的意见》中关于探索集团化办学的管理模式要求，北京市自 2017 年开始，在之前集团化办学专项研究的基础上，总结推广集团化办学典型经验，并将研制《指导意见》作为深化改革的重要任务。二是落实市政府实事的需要。自 2017 年，集团化办学工作作为扩大优质教育资源的有效举措被纳入市政府实事，并得到市政府高度重视，市政府多次批示，要求加快扩大义务教育优质资源，切实回应人民群众“上好学”的关切。三是规范中小学办学的需要。集团化办学目前尚无上位的法律依据，伴随教育综合改革，北京市集团化办学积累了丰富实践案例，需要进一步引导、规范和提升。

《指导意见》出台的基本考虑。一是《指导意见》的基本定位是强化市级宏观指导，坚持顶层设计与基层探索相结合，文件总体目标中不设定发展的具体量化指标和年限要求，突出市级方向引领和政策指导。二是《指导意见》基本思路是“引领方向、规范管理、完善保障、提升水平”。引领优质均衡发展方向，规范集团基本运行规则，建立完善集团化的保障体系，切实提升学校办学水平和区域教育质量。三是压实各区主体责任。《指导意见》既明确了区级责任，也明确了区级指导集团发展的内容和任务，要求各区要结合实际加强研究，建立机制，制定具体实施方案，保证相关政策措施落地见效。

经过多年的实践探索，海淀区在集团化办学方面积累了丰富的经验。2019年，在北京市《指导意见》的指导下，北京市海淀区人民政府出台了《北京市海淀区人民政府关于推进中小学集团化办学的实施意见》（以下简称《海淀实施意见》），为全区广大中小学推进集团化办学提供了政策依据。

《海淀实施意见》是结合本区域内部的情况对北京市《指导意见》的落实和细化。北京市《指导意见》是全市各区集团化办学的指导纲领，而《海淀实施意见》是在《指导意见》下的区域集团化办学的行动纲领。两个文件的先后出台，形成了市级和区级在规划步调、行政指导、教育执行方面的统一。

《海淀实施意见》强化基于区域教育情况进行统筹规划。在优化教育集团办学布局的任务里，强调“积极支持城区学校通过集团化办学，向中关村科学城北部扩充优质教育资源，提升海淀北部地区教育质量”，明确了教育资源向北部地区倾斜的教育优质均衡发展的区域战略布局。

《海淀实施意见》细化了实施细则，更具落地性和实操性，里面提出了许多实操性强、落地性强的内容。在优化教育集团布局方面，提出建立动态孵化管理机制，不仅有准入机制还有退出机制：“集团成员校成长为新的优质教育品牌后逐步脱离集团管理，集团重新引入新的成员校，不断培育生成新的优质教育品牌。”对于单个和多个法人管理的教育集团，指出了明确的实施路径：“一个法人一体化管理的教育集团，要求进一步健全集团管理架构和权责划分，健全集团内部行政和教育教学运行机制，加强分校区队伍建设，强化分校区管理责任；对于多个法人联合管理的教育集团，支持其在集团总校探索设立理事会、联合委员会或管理委员会等机构，试点集团总校领导下的成员校校长负责制。支持在集团总校设立集团办公室，加强教育集团的日常管理。”《海淀实施意见》特别强化加大对教育集团的经费支持，提出“设立集团化办学专项支持经费，专项支持经费包括承办经费和书记校长奖励经费”。关于经费支持，2020

年，海淀区专门出台了《海淀区中小学教育集团化办学专项支持经费管理办法（试行）》，系统论述了海淀区集团化办学专项支持经费的管理。

第三节　农科院附小集团化办学的现实诉求

从 2000 年前后至 2018 年，海淀区拉开了集团化办学的序幕，进入了探索创新阶段。特别是 2013 年之后，按照推进教育供给侧结构性改革的方略，海淀区精心绘制海淀教育新地图，通过承办、合并、建立联盟等方式，持续扩大优质教育资源规模。农科院附小集团化办学探索就始于这一阶段。2015 年 7 月，多校合并后，农科院附小一校五址的教育集团正式成立。农科院附小教育集团的成立既是区域优化教育资源配置和教育集团区域布置的重要举措，也是对农科院附小本校区和其他校区之间面临自身发展困境的现实诉求的回应。

一、海淀区东部地区教育优质均衡发展的现实需求

一直以来，相比中部地区，海淀区东部北下关地区优质小学教育资源相对缺乏，教育发展极不平衡。2015 年前后，海淀东部地区分布着 10 多所小学，大部分学校办学空间小，办学规模小。当时该区域许多小学的生源为外来务工人员子弟，生源不稳定，加上“择校热”的困扰，办学质量逐年下滑。农科院附小在区域内办学生源多、质量高，是众多小学校中的一所“大校”，也是区域内的人民群众向往的“好学校”。这种区域优质教育资源缺乏、优质教育不均衡分布的局面亟待破解。

长久以来，由于教育资源不均形成的中小学“择校热”问题制约和困扰着我国基础教育的良性发展。对于大城市学龄孩子的家长而言，“择校难”是他们共同面临的难题。不择校怕耽误孩子的前途，择校却让家长自己苦不堪言。由此带来的是家长的无奈和社会教育的不公。破解“择校难”，推进义务教育均衡优质发展，满足人民群众“上好学”的需求，办好家门口的“好学校”，是全社

会努力的方向。

为了进一步提升海淀区东部地区的教育水平，海淀教委统筹规划、精心布局，通过名校委托承办模式、一校多址模式、对口直升办学模式，大力推进集团化布局。随着东部地区教育格局调整的一系列行动，海淀教育在东部地区的均衡发展加快了进程，为满足办好老百姓家门口的“好学校”夯实了基础。

二、农科院附小生源增长亟待扩大办学空间

农科院附小始建于1950年，是一所拥有70多年文化底蕴的学校。学校以生长教育为办学理念，坚持以人为本，遵循育人规律，关注每一个学生每一天的生长，在几十年的办学实践中，取得了突出的育人成效，成为区域内老百姓家门口的一所好学校。随着学校办学质量和口碑的提升，自2012年开始，农科院附小生源逐年增长，从1000人增长到2000多人，办学空间严重不足。办学空间不足成为制约学校发展的突出问题，也是亟待破解的难题。

【教育访谈】

“扩大办学空间”是全校师生的心声

刘　芳

在集团化办学之前，农科院附小是辖区内教育质量较高的一所学校，学校的教学成绩曾进入海淀区前十名。周边很多老百姓，虽然住址不属于学校招生范围，但仍然通过各种渠道，择校把孩子送入农科院附小。有一件令我印象特别深刻的事情：一天不到早上五点，区教委张主任打电话告诉我，我们学校招生处排起了长队，且排队人群中出现了争吵的情况，因为争吵激烈还报了警……随着学校办学质量的逐年提升，学校的口碑不断提升，学校生源越来越多，以致报名日还出现了上述报警的情况。

作为区域内的一所优质品牌小学，随着生源的增长，学校办学空间越来越紧张。我负责统筹学校的招生工作，当时学校每年招生都能达到12个教学班，

有600多个学生。学校占地只有6000平方米左右，生源增长给学校办学空间带来了极大的考验，严重制约了学校的发展和学生身心的健康成长。学校想尽各种办法应对办学空间不足：一方面，将各年级分校区设置，一、二、三年级放在南校区，四、五、六年级放在本校区；另一方面，我们多次给区教委打报告，说明学校办学空间紧张的情况，请上级部门给予支持。

当时，高年级的班级空间特别紧张，学生的课桌椅在教室里无法完全放下，只能把教室后门敞开着。学生的桌椅之间非常拥挤，学生上课起身回答问题都很困难。学校就把这些情况写成报告呈给区教委领导。办学空间紧张，导致学校很多教育教学活动没法开展。学校和区教委就一起想办法，到处租地方、借场地。

生源增长太多，导致全部专业教室均被占用，很多社团活动、校本课程没法开展。上体育课时，人多、班级多、空间狭小，常常六七个班300多人一起上体育课。一个班跑步时，其他班的学生只能在垫子上或者周围很狭小的地方做一些简单锻炼，严重制约了学校体育教学质量的提升和学生身体素质的提高。

农科院附小金帆管乐团从1996年成立至今，已经走过了20多个春秋，见证了学校艺术教育的辉煌发展历程。生源的增长，也极大地制约了管乐团的发展。随着生源的增长，管乐团的排演空间被压缩。为了给管乐团的学生留出排演的地方，学校将本部教学楼四层的多功能厅进行隔音改造，改成一个能容纳100多人的排练厅。但是由于办学空间紧张，排练厅增加了很多其他功能，使用时间排得满满当当。管乐团的学生仅能见缝插针进行排练，很多乐器设备没法固定放在厅里，每次排练时，乐器都得搬来搬去。我特别渴望学校能有容纳数百人的多功能厅，这样教师大会、家长会、社团排演都能有一个相对宽敞的空间。但由于学校办学空间一直都是这样紧巴巴的，我的这个心愿也始终没有实现。

2012年，是学校办学空间最紧张的时候。当时因为要拆了本部春晖楼盖一栋新的教学楼，全校40多个班都集中到了南校区。另外4个班级还留在本部的南楼，伴随着北楼地基挖掘、盖楼的建设过程，我们克服困难坚持开展教学工作。而南校区因为增加了很多班级，把打了隔断的、没有窗户的房间和库房等各种能用的空间都临时布置成教室。在家长的理解支持下，全校行政人员、教师和学生一起想方设法，共渡难关，学生就在这样的环境下，坚持了一年半。

办学空间是学校办学发展最重要的物质基础，没有足够的办学空间，就很难提升学校的办学质量。在集团化办学前，生源增长导致办学空间紧张，严重制约了农科院附小办学品质的提升，“扩大办学空间”是当时全体农科院附小师生的心声。

三、艺师附小、向东小学的生源制约和发展困境

同一学区内的艺师附小、向东小学两所学校原是在京打工子弟学校，学生家长大多在周边批发市场做生意，陪伴孩子的时间较少，两所学校整体的教育教学质量比较差，导致生源数量逐年下降，学校每年都需要通过学区协调来解决生源困难的问题。伴随生源的不稳定和生源的流失而来的是教师教研困难，教师团队建设乏力，优质师资不断流失。优秀师资的流失导致的教师队伍的缩减，反过来又使得两所学校的办学质量逐年下滑，形成恶性循环，严重制约学校教育的可持续发展。

【教育访谈】

艺师附小、向东小学的发展困境

张颖莉　李　宁

一、艺师附小的生源困境

集团化办学前，艺师附小教育发展受生源状况的严重制约。一方面，学校招生范围很小，在片区内没有大的单位，仅有政法大学的研究生部和钢铁研究总院两个单位。这两个单位随着居民搬迁和人口老龄化，入学需求逐年减少。当时学校生源少成了制约学校发展的一个问题。

每次招生时，在招生范围内，只能招到大约一个班的学生，其他的学生都是学区内其他学校协调过来的，大约能凑一个班。每届招生仅有100多人，全校共500人左右，有40多名教师，是一所规模很小的学校。

当时因为学生少，教师配置少，很难开展教研工作，学校整体缺少研究的氛围。因为一个年级最多也就两三个平行班；所以像语文和数学老师，一个年级也就一两名，加上还有的教师要教不同年级，导致同年级、同学科的教师很难开展日常的教研。没有高质量的校本教研活动，教学质量难以提升。由于缺少同伴和专家的引领，教师的专业发展受到了极大的限制。生源困境—教师成长乏力—学校发展难形成了恶性循环，严重制约着学校的发展。

二、向东小学艰难发展的“马太效应”

向东小学紧邻动物园批发市场等外来人员打工聚集地。2011年，由于一些打工子弟学校停办，其中一些学生被调剂到向东小学。周边京籍家长就纷纷择校到其他学校，学校生源流失严重。生源流失导致教学教研开展困难，学校教育质量不断下滑，形成了恶性循环。鉴于学校的发展情况，优秀师资，尤其是区级学科带头人和骨干教师流失很严重，仅2009年就流失了7名骨干教师，对学校的整体教育教学产生了严重影响。

在这样的困难境况下，学校依然积极推进办学品牌发展。以海洋教育为办学特色，积极参加区级各类评选，获得了北京市优质课程建设校、海淀区素质教育优质校、优秀课程建设校等荣誉。学校还成立了全国少年儿童海洋意识教育促进会，在全国范围内推广海洋教育。学校取得的优异成绩也得到了区教委的高度认可。但是，周边的老百姓依然对学校不甚了解，一直认为这是一所打工子弟学校，不愿意让子女来校就读。由此形成的生源困难和师资流失问题严重制约着学校的发展，以致到了举步维艰的境地。

四、三校在学区内联系密切，为形成集团奠定基础

在集团化办学之前，农科院附小、艺师附小、向东小学3所学校同处于海淀东部北下关地区，具体位置在二环和三环周边，刚好处于西城区和海淀区的

交界处。

3所学校同属一个学区——北太平庄学区。北太平庄学区对应北太平庄和北下关两个街道，在集团化办学前，3所学校经常参加教师教研、教师培训、学生展演等一些区域内校际交流互动活动，学校之间交流、互动较多，校领导和教师多有接触，彼此较为熟悉，对彼此学校的情况较为了解。这为3所学校合并融合、成立教育集团奠定了良好的基础。

第四节　生长立根，凝聚共同的价值取向

文化融通是集团化办学内生聚力的根基，是指引教育集团发展的重要路径。在集团化办学中，名校将薄弱校纳入一体化管理，在促进设施、课程、师资等资源共享的同时，为薄弱校输入了先进的办学理念，同时也借助自身影响力，保持、挖掘、扩大了薄弱校的传统办学特色，实现了先进办学理念和特色办学文化的融合共生。①基于此，农科院附小以生长教育办学理念为主线，积极推进集团内部的文化融通，以此凝聚集团共同的价值取向，为农科院附小教育集团发展立根铸魂。

一、寻找农科院附小的教育基因密码

对于农科院附小教育集团而言，确立生长教育为集团共同的价值取向不是凭空而来、随意而为的，而是对办学历史、学校校情、国家教育政策、多元理论等多方面背景要素的吸收和内化，并经过实践的检验和淬炼形成的。

（一）生长教育的历史沿革

农科院附小成立于1950年。建校初期，第一任校长提出“精雕细刻，为祖

① 陆云泉，刘平青．北京市海淀区教育集团化办学的实践与思考［J］．教育研究，2018，39（5）：154-159.

国输送社会主义事业的建设者和接班人”的办学目标，在关注学生获得知识的同时，更关注学生的人格和品行。20世纪80年代，第二任校长提出“三主、和谐”的办学理念，即以学生为主体、以教师为主导、以发展为主线，强调人与人的和谐、人与自然的和谐、人与社会的和谐。此时的办学理念不但关注学生如何做人、如何学习，还关注学生的社会适应能力。2004 年，在贯彻落实新课程改革“为了中华民族的复兴，为了每位学生的发展”的理念的过程中，学校将“三主、和谐”的办学理念进一步丰富为“一二三四”的办学理念：创建一所安全无障碍的学校，重视两个教育关注点，结合三种受教育主体，牢记四条师德原则。农科院附小的教职员工认为，为了使每一个学生健康成长，学生、教师、家长、社会必须通力合作，营造安全、健康的环境。纵观学校 70 余年的发展历程，学校的办学理念在不断丰富和完善。尽管时代不同，每一代农科院附小的工作人员都有一个共同的目标，就是把学生培养成全面发展、自主、健康的人。2007 年，学校加入北京市海淀区教委提出的“学校文化创建项目”，开始思考在新的时代背景下，该以怎样的办学理念为指导，促进学生全面、健康地发展。经过多方面的调研和思考，最终将办学理念提炼为生长教育。

（二）农业隐喻对生长教育的启示

《现代汉语词典》中对“生长”的概念阐释如下：“生物体在一定的生活条件下，体积和重量逐渐增加；出生和成长；产生和增长。”从这个意义上来说，“生长”就是生物的量变过程，是生物生存的必要条件。“生长”一词源于农业领域，是用来描述生物向成熟状态发展的过程。生长教育是根据生物生长提出的隐喻，学生的“生长”不是单纯的体积和重量增加的数字概念，而是健康发展成人的质的改变。从这个角度说，生长教育不仅关注学生的生存，更关注学生的成长，生存是基础，成长才是目标。生长教育有更深厚的“育人、成长”意义。

农科院附小长期浸润在农业“绿色、生态、可持续发展”的独特氛围中，将教育视作一种自然的生态营造过程。一直秉持生长教育的办学理念，意在营造能影响学生一生的、有正确价值导向的、充满爱的环境，充分调动学生主动发展的灵性，让学生的品德、智力、体质等正常地发展，使他们的潜能得到最大限度的发挥，能够在动态发展的过程中为自己创造美好幸福的人生打下基础。

（三）生长教育的理论基础

1. 杜威的“教育即生长”理论

美国教育家杜威提出教育即生长，教育即生活，教育就是经验的不断改组和改造。在《民主主义与教育》一书中，他专门列了“教育即生长”一章，并指出，（生长是）朝着后来结果的行动的累积运动，未成熟状态就是指一种积极的势力或能力——向前生长的力量。杜威全面论述了教育的生长原则，即生活是生长的特征，所以教育就是不断地生长；在教育自身之外，没有别的目的。判断学校教育的价值和标准，就看它创造继续生长的愿望到什么程度，看它为实现这个愿望提供方法到什么程度。

2. 陶行知的“自然生长”理论

我国著名教育家陶行知基于儿童视角，尊重儿童，回归生活情境，提出了“自然生长”的教育理念。陶行知在《我们的信条》一文中提出，健康是生活的出发点，也是教育的出发点。围绕自然生长理念，他提出“六大解放”的教育思想，即解放儿童的头脑、双手、嘴、眼睛、时间和空间，还儿童以自由，从而解放儿童的创造力，这对促进儿童自然生长和全面发展，有极重要的指导意义。

3. 叶圣陶的“儿童像种子”教育思想

在中国近现代社会转型之际，叶圣陶提出“儿童像种子”这一教育思想，把小学生比作植物，教师就是种植家，教师的责任就在于发现和保护像种子一样的学生的可能性，并提供适宜的环境。主张把学生看作“生活体”，是有机的种子，本身具有萌发生长的机能，只要给予适宜的培育和护理，就能自然而然地长成佳谷、美蔬、好树、好花。

二、生长教育的价值取向

柳宗元在《种树郭橐驼传》中提出这样的观点："凡植木之性，其本欲舒，其培欲平，其土欲故，其筑欲密。"种树者顺应树木生长的自然规律，为树木生长提供环境，不过分苛求，不抑制生长，才保全了树木的天性，使其蓬勃生长。生长教育的价值取向是尊重儿童生长的天性，遵循教育发展的规律，为儿童一生的健康生长奠基。

（一）生长教育的核心价值观

生长教育的核心价值观是关注每个学生每一天的生长，根本目的在于尊重每一个学生的生长规律，创设适合每一个学生生长的教育环境，激发每一个学生自主生长的动力，让每个学生在学校里的每一天都健康、快乐地生长。

图 1-1　麦穗和雕塑书

图 1-2　生长教育的内涵解析图

（二）生长教育的育人目标

基于生长教育的核心理念，根据学生的生长规律，学校明确了育人目标：关注学生人格的生长，培养学生以德为先，学会做人；关注学生知识、经验的生长，培养学生学会学习；关注学生社会适应能力的生长，培养学生学会生活；关注学生创新能力的生长，培养学生学会创造。其中，做人是根基，学习是途径，生活是过程，创造是结果，多方面综合作用，引导学生成为当下及未来美好生活的创造者。

1. 关注学生人格的生长，培养学生学会做人

做人是学生生长的根基，教育要先关注学生人格的生长，培养学生学会做人。我国古代教育强调的“教子当在幼”“养正当于蒙”“少若成天性，习惯如自然”，均体现了古人对儿童人格教育的关注。学会做人指认同社会主流价值观，承担个体的社会责任，热爱生命并感激生活的给予。学会做人还意味着除关注自己以外，还要珍惜亲情和友情，并承担应尽的义务。学校将培养目标细化为：让学生尊重自己和他人，理解文化的多样性。学校在这方面提出的具体要求包括：真诚待人、诚实守信、认真负责、自信自强。

2. 关注学生知识、经验的增长，培养学生学会学习

学习是学生生长的途径，学校要关注学生知识、经验的增长，培养学生学会学习。所谓学会学习，就是具备独立自主地获得知识的能力，具体指掌握一套良好的学习方法，高效率地获取知识。学校在这方面提出的具体要求包括：主动学习、独立思考。

3. 关注学生社会适应能力的生长，培养学生学会生活

生活是学生生长的过程，学校关注学生社会适应能力的生长，培养学生学会生活。学校认为，教育是使人社会化的过程，学生步入社会后，应当成为能够适应社会环境的公民。培养学生学会生活，要以提高学生当下及未来的生存质量为目的。学校在这方面提出的具体要求包括：遵守规则、友善合作、合理消费等。

4. 关注学生创新能力的生长，培养学生学会创造

创造是学生生长的结果。学生的思维活动并无固定的模式，他们对各种事物都充满好奇。学校提倡、鼓励思维的多样性，关注学生创新能力的生长。学校在这方面提出的具体要求包括：学用结合、总结反思。

图 1-3　农科院附小本部南楼上的四个“学会”

三、文化融合，同生共长，实现优质均衡

高质量的育人环境不仅要有高“颜值”的校园环境，同时还要具有高品位的校园文化、高品质的学习空间，在给学生带去美的享受的同时，更能潜移默化地促进学生的全面发展。[①] 农科院附小在集团化办学实践中，在尊重各校办学理念的基础上，以生长教育共同的价值取向为指导，提出了集团发展的同生共长价值理念。同生共长的核心内涵就是尊重差异，缩小差距。具体来说就是尊重各校区原有的历史、文化、地域、生源的差异，但在办学理念、培养目标、管理运营、制度标准、办学质量、教师专业成长方面要实现无差距，最终达到

① 蒋俊杰. 创建高质量育人环境促进学生全面成长的实践探索［J］. 创新人才教育，2023（2）：12-16.

同步推进、整体提升的发展目标。

（一）凝聚共识，统合生长教育理念

农科院附小教育集团成立初期，主要是统一各校区教育思想、凝聚观念共识。集团发掘各校区育人特色，开展高质量的融合活动，将农科院附小政法路校区的规则教育、农科院附小气象路校区的海洋教育和农科院校区的生长教育进行融合，以校本教材为基础，组织各校区学生、教师代表共同编排原创舞蹈。在 2015 年 10 月，农科院附小教育集团以全新的面貌亮相于中国少年先锋队北京市海淀区第六次代表大会，在农科院附小教育集团全体师生心里种下了一颗充满希望、努力生长的种子。集团每个学年都精心设计“收获季”展演活动，以班级、年级、校区为单位排演节目，助力增强全体师生的凝聚力。在相同的教育理念引导下，集团各校区逐渐走向融合，积极推动校园文化建设，向着均衡发展的目标携手同行。图 1–4 即为政法路校区举办的规则教育活动。

图 1–4 “懂规矩 守规则”活动

（二）表里合一，统一校园文化标识

校歌、校训、办学理念、培养目标、办学特色、办学定位、校风、教风、学风等内容，是学校特色文化的内涵标志和外显形式。农科院附小是一所拥有70多年文化底蕴的优质校，将培养全面、健康成长的学生定位为生长教育的核心理念，基于这一理念，衍生出学校的校训——“新鲜生活每一天”。农科院附小教育集团将文化建设、教育理念、优质资源等进行高度融合，为培养德智体美劳全面发展的新时代少年做出卓有成效的实践探索。

集团成立后，各校区定期通过干部例会、教师例会、班队会，将“新鲜生活每一天”的理念传递给每一名师生，让他们认识到“每天都是新的起点，每天都有新的发现，每天都有新的生长”。在2015年9月新学期开学典礼上，刘芳校长为集团各校区颁授统一的校旗，李宁书记给全体师生介绍校旗上校徽的含义。新的起点，新的征程，统一的蓝白相间校服，统一的金穗校徽，伴随着校歌《希望少年》的优美旋律，让全体师生走进校园便置身于充满生机的农科沃土之上。

图1–5　中国农业科学院附属小学校徽

校徽内涵解读：它形似麦穗，饱满欢畅。校徽色彩取自赋予万物生长能量的阳光，通透明朗；自底至顶，色调的变化呼应着生命从孕育到成熟的生长全过程。每颗麦穗都是一个发光体，聚合成束，具有凝聚力和张力，象征着学生、教师、家长、社会都参与到学校的建设中，相互密切配合，以生态的、自然的、智慧的方式营造校园文化。

图 1-6　开学典礼三校合并授旗仪式

第二章

共长：集团化办学的生长实践

亭亭乎茁然成材，郁郁乎蔚然成林。农科院附小教育集团从诞生到不断茁壮生长，已历经8年。在这期间，集团从合并初期的平稳过渡，到发展期各校区的整体提升，再到提质期的优质均衡发展，大致经历了3个发展阶段。在每个阶段，学校根据当时发展中面临的挑战和基本校情，因时因地因人制宜，不断发现问题、解决问题，再总结提升，在曲折前进中探索出一条集团化办学的可持续发展路径。经过8年的实践探索，集团已经形成一种欣欣向荣、同生共长的教育生态：构建了高质量的党建品牌，形成了完善的管理体系，建设了一支高素质的教师队伍，生长课程体系不断夯实课程育人实效，“五育”并举的教育体系日益健全，营造了高质量的育人环境，形成了家校社协同生长样态……

第一节　集团化办学的 8 年生长历程

我国目前基础教育的不公平主要体现在教育质量不均衡，尤其是城乡之间、区域之间以及区域内名校和相对薄弱学校之间教育质量的不均衡。于是，导致“择校热”“学区房”甚至“教育移民”等现象出现，引发了社会对教育的诟病。为了有效回应人民群众的呼声，切实推进义务教育发展，国务院于 2012 年出台《关于深入推进义务教育均衡发展的意见》，北京市、海淀区也相继出台《关于推进中小学集团化办学的指导意见》《关于推进中小学集团化办学的实施意见》。农科院附小地处海淀区东部，是海淀区素质教育优质校，学校风气正，教育教学质量高。学生 95% 以上是京籍，大部分生源来自学校周边科研院所。自 2012 年开始，农科院附小生源逐年增长，从 1000 人增长到 2000 多人，办学空间严重不足，学校急需扩大办学空间。而同一学区内的艺师附小、向东小学两所学校则为打工子弟学校，每年都需要通过学区协调解决入学问题。为解决上述问题，海淀区教委于 2015 年 7 月正式成立农科院附小教育集团，以优化教育资源配置，满足学区内百姓“上好学”的诉求。当时许多家长担心农科院附小合并后优质教育资源会被稀释，还有人担心只是形式上合并，只是“挂牌”而已，被合并的学校干部、教师也担心是否能够得到公平对待。大家的质疑和观望最终都指向集团化办学能不能有效实现从“有学上”到“上好学”的目标。集团建立伊始，通过 1 年时间实现校际融合、平稳过渡，用 2 年的时间促进各校区均衡发展，再用 5 年时间聚焦提质增效，进而实现整个集团的跨越式发展目标。

一、合并初期：以情感相融为基础、制度创建做保障，促进各校区平稳过渡、运行畅通

（一）统一思想、达成共识

2015 年 7 月集团成立，为使全体教职员工尽快统一思想、达成共识，集团确定了“促进融合、平稳过渡”的工作思路。

首先是干部融合。在合并后的第二天，集团召开了各校区行政人员全体会。干部们彼此相互了解，畅谈过去与未来，互报原有学校的优势项目和现有资源，并按自身特点和意愿申报岗位。通过多次集体讨论，集团明确了合并后第一学期的总体工作思路，即“分层管理，各履其责；有机整合，运行畅通；抓住机遇，强化优势；促进融合，整体提升”。

【教育访谈】

行政人员融合进行时

熊海兰　张颖莉　李艳征

2015 年 7 月，3 校合并形成农科院附小教育集团。农科院附小教育集团是在同一学区内合并，这为融合创造了良好的条件。从原来的双榆树学区，到后来的北太平庄学区，3 所学校都在一个学区内，都一起参与一些学区的会议等，所以教职员工之间并不陌生，尤其是各学校教学、德育、教研等方面的干部经常一起交流工作，都比较熟悉。

2015 年 7 月 13 日，海淀区教委领导来校宣布集团成立。宣布当天，学校借农科院大厅的会议室开了一个行政见面会，并商定第二天召开第一次行政人员全体会。第二天，学校又借了农科院的科技大棚，召集各校区全体行政人员开了行政人员全体会。跟传统会议室不一样，农科院科技大棚绿植葱茏，空气清新，环境优美，自然舒适，为此次大会营造了一种自然和谐、轻松活泼的氛围。大家一进来，就感觉很放松。

一、熊老师的心声：人心相融才能行稳致远

我当时负责学校工会和后勤食堂管理工作，在这次会议前，跟其他两所学校的相关行政领导就比较熟悉。在这种氛围下，大家做了自我介绍，全体行政人员都对彼此有了初步的了解。自我介绍后，进入职位申报环节，每个人结合自身的工作和专长申报相关职位，一起筹划未来集团运行的组织架构。

各校区各类职能部门的相关负责人也利用会议间隙，就部门工作做了沟通。另外，我作为学校工会主席，很早以前就跟向东小学校长、艺师附小的主任认识，大家都管着工会工作，所以利用会议间隙，互相分享与了解彼此负责的工会工作情况，互相学习对方先进的管理经验。我们还深入交流了学校食堂管理工作。农科院附小食堂是北京市示范食堂，长期以来积淀了一套完善而科学的食堂管理方法，对于已经建好食堂但没有开餐运营的艺师附小是很好的借鉴案例，而向东小学则没有食堂。我们就以后集团食堂的统一管理、资源共享等方面做了深度交流。我们在敞开心扉的交谈中加深了对彼此的了解。此外，巧妙地借助农科院资源，利用自然优美的科技大棚，引荐驻校专家，也展示了集团强大的外部助力，坚定了行政人员融合的信心。

我认为一个学校的融合，一个集团的建立，它的轴心就是行政班子理念的磨合。因为各校区有不同的理念、不同的管理方式。如何能够把不同的理念和不同的管理方式融合起来，是集团化办学初期需要解决的核心问题。

二、张老师的深刻印象：驻校专家让集团发展更有高度

由于有一个互相熟悉的良好基础，会议氛围很融洽，大家各抒己见，坦诚相待，会议进展顺利。作为艺师附小教学主任，我也参与了这次会议。让我印象深刻的是会上有驻校专家参与。胡老师和孙教授作为首都师范大学 UDS 项目组的专家，是常驻农科院附小的专家，也参与了此次会议。

艺师附小规模较小，但也会根据教研需求、教学开展、教师培训等不定期、不固定地请一些相关专家。跟驻校专家不同的是，这些专家的流动性大、稳定性不强，不能很深入稳定地参与对学校各方面工作的指导。而驻校专家常驻学校，提供定点服务，能够广泛而持续地参与学校行政管理，研讨学校长远发展，

推进制度建设。他们也能深入课堂一线，听教师的课，持续参与教师教研，深入指导。实施集团化后，规模扩大了，平台提升了，艺师附小作为集团的一个校区，能够共享前沿专家资源，有他们的高位引领，相信校区的许多方面都会得到深化发展。

三、李主任的深切感受：队伍壮大了，向心力凝聚了，发展更有希望了

对于集团合并后第二天召开的各校区行政人员全体会，我有以下两点感受：第一，我感觉学校行政管理队伍壮大了，20 多人的行政管理团队，对学校未来的发展是很好的助力。这个团队，具有人数和经验上的优势，而且年龄搭配合理，可以让学校的管理工作更加规范和细化，进一步坚定了我对学校未来发展的信心。

第二，当时会上书记和校长让每一个行政干部谈一下自己的未来设想，我就把自己心目中理想化的教学管理和对学校发展的预期跟大家做了汇报交流。当时大家都敞开心扉、畅所欲言，每个人尽情抒发自己对于学校未来管理和发展的设想及规划，我感受到团队有很强的向心力。虽然刚刚合并，但是从每个人的谈话中可以看出大家有共同的期望，而且每个人的设想都很具体，不是空谈想法，而是有理有据地述说自己的理念及未来所能达到的目标。现在农科院附小教育集团已经走过了 8 年的发展历程，回望过去，这次会议对集团发展可谓意义重大。大家也是在这次会议达成了很多共识：集团要统一管理制度；要公平地对待所有校区的教师；教师流动采取“小步走”的方式，一两年内不做大调整，先保持原来的工作氛围和环境机制，然后逐步融合。多方面的沟通协商，为集团后续的有序发展和科学管理奠定了良好的基础。

其次是教职工融合。学校党政工团联合开展了“心手相连铸团队，农情凝聚创佳绩”素质拓展活动。教师通过“起队名”“认队员”“画队旗”“唱队歌”“喊口号”等方式，快速熟悉起来。大家在齐心协力完成任务过程中，加深了对彼此的了解。

最后是发挥党组织的战斗堡垒作用。2015 年 11 月，集团召开全体党员大会，

选举出第一届党委委员，党委制定了《农科院附小党员联系服务群众制度》，每名党员都有了自己联系群众的责任区，各校区的党支部、党员在合并初期起到了沟通协调、促进融合的纽带作用。

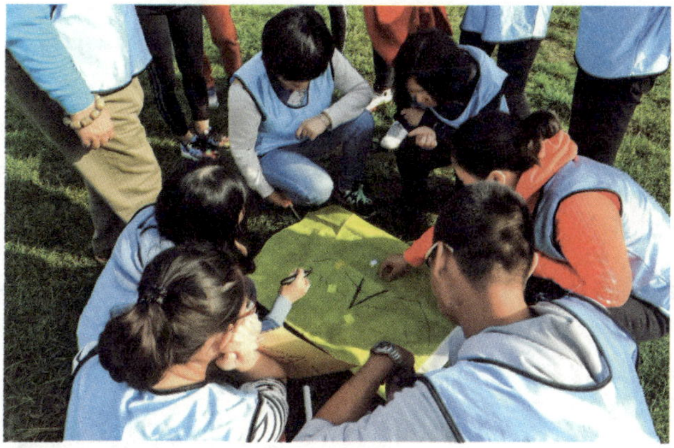

图 2-1　教师活动

【教育访谈】

记“心手相连铸团队，农情凝聚创佳绩”素质拓展活动

李　宁

在合并前，艺师附小和向东小学面临着极大的发展困难。合并时，两校的教师很期待能改变学校发展困境，大家都认为集团化是一条能让学校继续生存发展的必由之路。教师在期待中也夹杂着一些焦虑和担忧，当时向东小学有40多名教职员工，艺师附小仅有30多名教职员工，很多教师就担心合并后集团不重视自己所在的校区，好的资源都给了农科院附小本部。教师心里有一些失落，也缺乏归属感。

为了消除教师心中的这些芥蒂和担忧，促进各校区人员的融合，合并第一年，集团就开始尝试教师在各校区的流动。同时，确定了以年级为单位开展教研活动，整个年级各个校区所有教师都要一起开展教研活动。但是大家还是不太熟悉，甚至连名字都不认识。所以，行政班子经研讨后一致认为合并初期要先让教师熟悉起来，尤其是要让原向东小学和原艺师附小的教师能够融入集团大团队。

基于此共识，集团决定开展一次教师素质拓展活动，使大家通过活动真正熟悉起来。李宁书记和刘忠勇主任邀请团建公司，一起策划了一次“心手相连铸团队，农情凝聚创佳绩”教师素质拓展活动。2015 年 10 月 24 日，农科院附小工会组织学校 5 个校区的中青年教师齐聚一堂，活动如期举行。

秋高气爽的早上，农科院附小的教师前往素质拓展基地。在工作人员的组织下，大家被分成 4 组，通过“起队名”“认队员”“画队旗”“唱队歌”“喊口号”等方式，加强各队的认同感。一天的时间里，队员们进行了紧张而有趣的合作任务。

图 2–2　团队齐心协力完成任务

在任务进行过程中，各队队员通力合作，为完成项目积极建言献策，齐心协力并顺利地完成了任务，大家也加深了对彼此的了解。

在最后的总结中，有的教师说：“今天的拓展活动我非常有收获，不仅娱乐了身心，放松了紧张的工作状态，而且认识了很多老师，懂得了团队协作的意义。”作为学校党委书记，我对这次活动做了总结：“今天的活动我们收获了友谊、凝聚了力量、拉近了距离、感受了快乐！我们不仅要努力工作，更要幸福生活，并将这种快乐和幸福带给我们的学生，让师生在农科院附小的沃土中健康成长！”

这次素质拓展活动的时间虽然短暂，但是大家都认识到团队凝聚力的重要作用，原本陌生的同事加深了认识，促进了理解。

图 2-3 凝心聚力 其乐融融

（二）建立集团组织管理架构

首先，由书记、校长牵头，各校区负责人及各部门负责人 7 名干部组成校务会。这是学校决策管理核心，其主要职能是讨论、决策学校的整体发展与规划、管理与协调相关工作，使 5 个校区步调一致、整体发展。

其次，重构职能部门，在原有学生服务部、教学服务部和后勤服务部基础上，增加了科研开发部和学校办公室，并明确了各职能部门的任务职责。集团强调，要让管理人员明确自身职责和部门职责，无论干部如何流动，都能保证学校在一校多址的情况下正常运行。同时，弱化职能部门的管理功能，强化各职能部门对学校各项工作的监督、反馈、服务和引领功能。例如，合并前，科研工作是教学服务部的一项职责，岗位职责不明晰。合并后，管理人员十分重视科研在集团发展中的引领、推动作用，对集团的科研进行了重新定位。其工作目标是统筹集团科研力量，推动集团科研工作的全面开展；努力为教师提供优质的科研服务，规范教师的研究行为，提升教师的研究意识和能力；为集团发展提供智力支持，研究和解决集团发展中的实际问题。在教学管理方面，集团实施了行政大组长和学科大组长负责制，把原有的组长从教育教学的双重事务中解放出来，赋予两名组长更多的自主权，带领本组或本学科教师开展跨校区业务活动。为了保障运行，集团还确立了以校务委员会为决策中心，职能部门为督导服务中心，大年级组、大学科组为执行主轴的运行架构，确立了“统分结合，横纵结合”的管理模式。

【教育案例】

科研开发部的职责与作用

欧阳朝霞

原来学校教科研工作以隐形依附的方式存在于学校教导处之下，随着“科研兴校，科研促教”管理取向的深入，学校进行组织机构改革，新增科研开发部，与教学服务部、学生服务部、后勤服务部并行，甚至处于中层引领位置。此举希望发挥科研开发部特有的职能，使其直接切入学校教育教学改革的重点、焦点与关键环节，在解读教育理论、引进和推广先进方法、进行现场示范培训、研究教育教学难题、总结传播教育经验等方面发挥重要作用，从而满足学校内涵发展、特色发展和品牌发展的需要，满足教师专业发展和学生终身发展的需求。几年来科研开发部开展的主要工作如下。

一、参与规划

在学校“三年规划”“五年规划”的策划、设计、论证过程中，搜集、整理教育改革前沿信息，开展学校发展现状的调查与分析，为学校顶层设计提供信息与建议。

二、组织协调

牵头“校园文化创建”学校项目（2006—2008年）、“中英学校发展计划”海淀区项目（2008—2011年）、“UDS学校自主发展”北京市项目（2012—2015年）、“生长教育办学理念下的实践研究”海淀区校长委托重点课题（2012—2015年）等四大“拳头”项目（课题），促进学校整体发展、内涵发展、文化建设及特色发展。

三、攻坚克难

主抓“资源教师与资源教室建设的行动研究”（2007—2010 年）、“融合教育理念下小学自闭症儿童个性化教育的实践研究”（2011—2016 年）、“宝贝项目”（2014—2016 年）等几大课题（项目），潜心研究如何为有特殊需要的儿童提供个性化教育，践行学校生长教育“关注每个学生每一天的生长”的教育理念。

四、指导引领

通过“带题授课”、“带题德育”（2006—2012 年）、“最美实验团队”（2013—2015 年），引导教师将教育教学中遇到的实际问题变成研究课题，在每天的课堂教学、班级管理工作中开展研究，在不断实践与反思的过程中培养研究意识与能力，提升教育教学质量。

五、总结提炼

在“优质校评选”（2007 年）、“办学理念最深厚学校评选”（2012 年）、“文化示范校创建”（2013 年）、“魅力学校评选”（2014 年）、“优秀论文（案例）征集”等活动中，帮助学校集体或个人总结、提炼、升华经验，发现和培育典型，形成品牌。

六、宣传推广

通过一年一度的“创新奖展示”、每学期两次的“科研讲坛”，以及几本著作的编写，讲好学校故事，加大学校优秀研究成果典型实践经验的传播。

【教育案例】

集团化办学中，教研组组长如何发挥作用

柯梦青

2021 年开始，我作为教研组组长带领一年级教研组开展工作。一年级 20 个班级分布在不同校区，这样的集团化办学，对教研组来说，具有巨大的挑战性，但也有着不可多得的优势。挑战是显而易见的：校区间要进行同步沟通与管理；校区间备课、上课、作业的标准要统一；校区间要开展跨时空的教研活动；

校区间存在着不同学情，甚至需要采取不同的家校沟通方式。集团化办学对于教研组发展的优势：教研组人才较为丰富，可以分工合作，共享资源；我们有着各类的学情样本，对于教学研究的广泛性、可推广性都有着实践优势；共享资源更为丰富，对教师发展、学生发展都有益。那么在集团化办学的情况下，如何扬长避短，充分发挥跨校区教研组优势，成了我在工作中一直思考并积极实践的问题。

一、日常管理精细化，提升质量

日常的教学质量管理是每一个教研组最重要的任务，而集团化办学情况下的教研组日常教学质量管理的统一性很重要。那么如何才能让教研组的日常工作标准统一、运行有序呢？我认为制订统一的标准、实施精细化管理是关键。

1. 制订统一的标准

我们的备课及复备课有着统一的标准，在此标准下，教师分工完成备课工作，再针对自己班的学情进行复备课工作，这样既提高了效率，又统一了标准。授课期间，统一教学进度。在作业管理方面，开学前，教研组组长组织首次教研活动，制订作业类型、格式、评价标准、批改标准（精细到打钩的位置及频次）、评改时间等，明确统一要求。

2. 实施精细化管理

统一的标准制订好之后，便是执行问题，教研组实施了精细化管理。复备课方面，每个月中，教研组都会进行组内结对互评，评价过程中发现的优秀复备、优秀教学方法都会在群里共享。

表 2-1　复备课互查表（教师版）

日期	检查教师姓名	教师姓名

而在授课期间，我们以周为单位严格把控授课进度，每周一由教研组组长

发布进度建议、作业安排、课堂练习安排、本周教研安排等。周五有进度上报制度，教师如果未完成相应进度，则要及时在群内上报，说明原因，教研组组长统一调控，避免因各校区体检、社会实践、校区活动等造成进度不统一的状况。

组内作业自查与复备课同步，每月中旬以校区为单位进行填表互评，互评后在教研组微信群中反馈优势和不足。月底以教研组为单位接受学校教学管理部门的检查。

教研组对于学生的评价有着统一的标准和要求，由教研组组长依据教学管理部门的统一要求提前发布，并规定时限完成评价。

表 2–2　作业互查表（教师版）

日期	检查教师姓名	班级	教师姓名	作业名称	数量

3. 发挥示范引领作用

教研组组长在日常教学工作中的引领示范作用非常重要。一方面，符合标准的示范让统一的标准得以落地，这是划定了日常教学工作的底线，是示范；另一方面，将日常研究的成果推广、创新，改进日常教学问题，这种引领可以带领教研组积极向上，营造勇于尝试智慧教学的氛围。

集团化办学情况下教研组的日常管理工作看似繁杂，但是两个原则可以让工作更顺畅，一是事先明确标准，明确的标准可以给教师带来工作的从容与顺畅；二是加强日常沟通，比如我们教学进度的周沟通制度，不仅让校区的教学工作变得统一、方便管理，也让每周的教研活动得以顺利、高效地开展。

二、教研活动专业化，提高效率

集团化办学下，教研活动非常容易浮于表面，解决这个问题最主要的方法就是让教研的主题来源于教师真正的需求。通过学习，我采取了“课例研修”的方式开展我们组的语文教研活动。我们的研修主题来源于教师在教研活动过程中产生的困惑，例如课内的书写指导怎么开展才有效，生字本作业总是有学生写不完。针对这一问题，我们组开展了“低年级小学生写字的有效指导策略”的研究。我们采用“三课三反思”的研修方式，运用课堂观察表对每个策略的实施效果加以实践和分析，最终形成了总结迁移策略、辅助线策略、文化激趣策略 3 种指导低年级学生写字的有效策略，并形成了研修报告。

整个研修过程中，研究问题来源于教研组全体教师的困惑；确定研究问题后全体教师共同贡献智慧，尝试不同策略，备好每一轮课；3 名年轻教师依据集体备课的教案上课，磨炼课堂把控能力；全体教师参与课堂观察，有针对性地评价每一种策略的实施效果；最终集体形成研修成果。这种模式让教研组力往一处使，让每一次评课更有实效性和针对性，不浪费教师的宝贵时间。

三、教学问题科研化，形成课题

1. 开展课题研究的目的与意义

我承担一年级教研组组长工作的同时，恰逢北京市“双减”政策刚刚开始实施。同组教师出现了战战兢兢的状态，大家在教研活动中经常讨论作业到底留不留，怎么留才能不碰线，还能让教学质量稳步提升。我作为组长也存在同样的困惑。我想，与其抱怨和猜测，不如共同开展课题研究。于是我带领同组教师，以“‘双减’背景下小学低年级非书面个性化作业的设计与实施”为题申报了“十四五”课题研究。将工作中的问题转化为课题，进行较为系统的研究，不仅解决实际问题，还能形成可推广的成果，同时也能增强教师的研究意识，打造一支研究型的教研团队。

2. 开展课题研究的过程

首先，我们以一年级语文教研组为主体，成立了课题组，当时组内各校区的全体教师都进入了课题组。其次，通过问卷调查，我们找到了不同校区的教师在作业设计中共同的困惑点，形成了调查报告。最后，通过文献研究确定了准确的研究内容和方向。一年来，通过积极的实践，课题组形成了数篇作业设计案例，并在不同校区间，针对不同学情进行积极尝试。

3. 开展课题研究的效果

通过这次课题研究，教师布置作业更加得心应手，同时对于作业的有效性、创新性也有了自己的思考，我们的课题也进入了结题阶段。更为可贵的是，教师对于课题研究有了初步认识，科研意识得到了增强。

四、教研活动信息化，保障同步

1. 跨校区教研的实际问题

跨校区教研活动推进的最大阻碍就是教师需要跑校。由于低年级实施双班教学，我们组的语文老师又都承担着班主任工作，低年级的班主任离岗半天，就要嘱咐三天，不安一下午。这样的状态下，一方面，教研无法取得应有的效果；另一方面，班级不够稳定，耽误教师的班主任工作。

2. 跨校区教研的具体手段

面对这个问题，我们采取了信息化教研的方式。通过腾讯会议加外置摄像头的方式，我们的每一次公开课、每一次专家指导、每一次集体备课都在各校区间同步直播。评课时也可以通过信息化设备进行互动，这为教师“带班、教研两不误”创造了可能，也为教研活动能够全员参与带来了保障。

3. 跨校区教研的具体流程

为了进一步提高线上线下同步教研的效率，我们会在教研之前下发教研形式、主题、思考问题及分工。在教研活动中，对研究课和专家指导进行跨校区直播，按照流程进行各校区的交流与发言，线上教师同步发言，完成教研交流任务。教研结束时布置下一次教研的主题，以便教师提前思考。

4. 跨校区教研的实施效果

通过两个学年的尝试，线上线下校区间直播教研的模式已经开展得非常顺畅，教师的教研参与率提高，教研效果提升，同时灵活处理了带班与跑校低效的问题。

五、教师成长个性化，满足需求

集团化办学下，教师有更多的平台可以发展，如何做到人尽其才也是我工作中考虑的重点。教研组根据学校的统一教师成长规划，在每学期将教师分为年轻教师、骨干教师、发展期教师，分别举行研究课或展示课，这是对每个教师“打底”的教研安排。同时采用填写问卷的形式对课题、课例研修、录像课等进行调查。再依据个性化的需求进行分工，保证每个教师处于“有课有研”的状态。在研究中，年轻教师主要承担课堂实践及数据收集、整理的工作；骨干教师承担引领方向的工作；发展期教师承担梳理、总结的工作。这样人尽其才，扬长避短，可以满足所有教师的发展要求。

教研团队对于年轻教师的规划和成长尤为重要，年轻教师需要平台和机会，也需要帮助和指导。因此在为年轻教师争取平台、鼓足干劲的同时，也要发挥教研团队的引领示范作用。年轻教师必须有研究意识才能有源源不断的动力。年轻教师学历普遍较高，有研究方法和研究策略的支撑。因此，在教学研究中，我会发挥优势、锻炼队伍，安排数据分析、文献综述、课堂实践等，使年轻教师既发挥优势，又能获得切实成长。

综上所述，集团化办学下的教研组工作虽然看似繁杂，但是资源的丰富性、信息化的不断深入也为教研工作带来了无尽的机会与可能性。发挥优势，不怕困难，本着为学校教学发展助力、为教师发展赋能、为学生发展负责的初心，定能打造一支实力过硬的教研团队。

【教育案例】

躬身实干勇于担当　努力学做“执行主轴”

王硕达

行政组组长，即年级组组长，作为学校行政管理层与一线教师间的指令与信息传递中枢，在学校日常的各项工作中承担着模范引领与攻坚克难的尖刀作用，更发挥着承上启下的纽带作用，是学校发展愿景与教师个人意愿、学生个体需求的连接节点，更是学校得以正常运转和飞速发展的“执行主轴”。“执行主轴”贵在高效执行，难在成为“主轴”。下面，我就结合自己担任行政组组长两年来的实际工作情况，谈一谈我在学做“执行主轴”过程中的一些具体实践与体会。

高效执行的前提是明晰。明晰学校发展的重点方向、学校工作的具体导向、一线教师的个人意愿、学生个体需求的具体表现，这是执行各项工作指令的前提。只有明白了为什么干，才能清楚地规划怎样干，最终才能达成工作任务布置的理想目标。这就要求行政组组长心中要有一本清晰的明白账——学校的中长期发展规划，本学年、本学期的学校重点工作与任务，年级组内教师的业务专长与近三年的专业发展需求，本年级学生的心理与行为特点，各教学班的总体情况等。所以，行政组组长在传达和布置学校的各项工作时，只有在彻底、充分“明晰”的基础上，才能结合学校的目标与年级组的特点进行合理转化与变通，才能将学校的愿景与个体的意愿紧密而有机地结合起来，才能在实际工作中做到借势而为、因人施政。

高效执行的关键是榜样。行政组组长作为年级组内优秀教师的代表，必须要有敢为人先、勇于担当的责任意识，更要有任务有我、有我必成的专业自信。作为行政组组长，作为区级语文学科带头人，作为两届区级优秀班主任称号获得者，我在实际工作中也在努力地发挥着榜样作用。在语文教学上，我带头学习和实践新课标理念，积极参加各级各类展示课、比赛课与研究课，不仅将在实践过程中获得的经验主动与年级组内的语文教师分享，更督促、鼓励、帮助年级组内的语文教师在语文教学的实践中获得专业成长；在班级德育工作中，我不仅积极帮助青年班主任理清班级德育管理工作的网格线，而且主动了解、干预各班级的突发事件，为及时化解家校矛盾、师生矛盾等出谋划策、沟通调解；在完成各种事务性工作时，我也能在传达通知与布置工作前，先以自己所教的班级为例，理清工作程序、摸清工作难点、设计解决方案，为教师提供具体可行的工作方案。只有事事想在前、做在先，才能发挥好行政组组长的榜样作用，才能在实际工作中以自己为“点”，以点带面，带领整个年级组共同进步生长。

高效执行的根本是落实。年级组内的工作琐碎又繁杂，各个班级的实际情况又都不尽相同，教师间的个体差异与学科间的自然差异也客观存在。同样的任务和工作，在不同班级、不同学科的落实情况也千差万别。所以，在具体实践的过程中，作为行政组组长不仅要多思考，更要多问与多做。多问问教师的真实需求，多问问各班的困难与疑惑，需要的时候出手帮忙，关键的时候提示鼓励，这样才能确保每一项工作都落到实处。本学期期末，恰逢本年级数学学科面临区级抽测，作为行政组组长，我主动与学校教学主管领导和年级数学教研组组长沟通，详细了解抽测的具体要求和数学学科的困难需求。经过与年级语文教研组组长的协调和各班班主任的沟通，提出了“一切为数学让路、一切以抽测为先”的工作思路，并带领年级组内语文老师集体教研、精讲精练，为数学学科的备考让出更多时间，提供了充足的课时保证。在此基础上提示班主任教师多过问和了解本班学生的数学备考情况，与数学老师一起分析模拟测试数据，从班主任的角度主动对特需学生校内多鼓励、校外多联系，并随时对数学模拟测试的监考任务做到随时待命、随叫随到，为数学学科的备考提供坚实的人力保障。多问、多做，为数学学科在区级抽测中取得优异成绩奠定了坚实的基础，将年级组内各学科之间的工作配合真正落到了实处。

经事见人，不讲空话。在一件件的具体工作中，我以自己的实际努力为年级组内的教师做表率，使得他们也都愿意在工作中理解我、信任我，为我进一步发挥“主轴”作用打下了基础。

本年级共有21个教学班、31名教师，这些班级和教师分布在几个校区，每个校区的实际情况又不尽相同。作为行政组组长，不仅要在工作中落实“执行”的责任，而且要成为这31名教师、21个班级近千名学生的主心骨。凝心聚力、以我为轴，把师生的心力和各方的资源紧密、坚实地拧成一根粗壮、有力的钢缆。以我为轴，说时易做时难。我觉得其中的诀窍就在于“担当”二字上。

为了真实、准确地掌握本年级各班级的具体情况，了解教师的具体需求，我在学校领导的支持下，和本年级语文教研组组长一起走进其他校区，真正走进教室听课，走进办公室和教师一起交流，为本年级后续工作的顺利展开打下了基础。这学期时间长、活动多，在年级组开展各项活动之前，我都会主动针对活动的内容向学校领导认真咨询，向教师细致讲解；在工作时，我更是主动询问、汇总教师的疑惑与困难，能组内解决的马上协调，需要领导支持的马上请示。上传下达、汇总协调、指导帮助，充分发挥了纽带作用。

经过两年时间的共同奋斗，教师的付出得到了充分的认可，大家的汗水浇灌出了灿烂的花朵。回想奋斗的历程、怀抱荣誉的奖章，教师认可了我的工作态度，信任了我的工作能力，我也在和教师共同拼搏的过程中更加真切地感受到了“主轴”的责任感，体会到了“主轴”的成就感。

“路曼曼其修远兮”，短短两年时间我所得的经验和成绩还远远谈不上成为一根合格的“执行主轴”，我还将继续躬身实干、勇于担当，努力学做“执行主轴”。

（三）建立健全运行机制

一校五址的分布式办学管理需要相应的运行机制，具体包括协同机制、沟通机制、流动机制和榜样机制。协同机制是指各校区的发展要与集团的总体发展战略一致，在保留各校区个性特色的基础上，由校务委员会对学校工作统筹规划。沟通机制是指为便于各校区、各职能部门及各年级组的互联互通而建立的多级例会制度。流动机制是指为优化各校区间的资源配置，在集团的统筹管理下，让各校区的教师、课程等资源在校区间流动起来。榜样机制是指集团全面筛选、组建一支高素质的核心教师队伍，旨在培养榜样、宣传榜样，促进教师的专业发展。合并初期，校区间的沟通尤为重要。沟通机制为集团各校区的平稳过渡发挥了重要的保障作用。开展每周一次的校务会、每周一次的校区会、每月一次的全体行政例会、每月一次的全体教师会，目的在于及时沟通和总结5个校区及部门工作的运行情况；开展每周一次的各教研组活动、每月一次的行政组组长、学科组组长会，目的在于沟通5个校区各年级组、学科大组间的工作进展与落实情况，从具体实施中统筹学校的工作安排。

二、发展期：乘势借力、狠抓质量、优势互补、资源共享，促进各校区整体提升

（一）开展学科实践活动课程的研究，提高教师投身课改积极性

2015年北京市教委发布《北京市实施教育部〈义务教育课程设置实验方案〉的课程计划（修订）》，明确要求各学科平均应有不低于10%的课时用于开展校

内外综合实践活动课程。活动课程要做到因地制宜、灵活多样。教师认为，这是一个促进各校区融合、带动各校区整体均衡发展的重要契机。自 2016 年开始，集团打破校区界限，6 个年级大组开始进行主题式德育活动的研究。集团组织同一年级任课教师从分析本年级学生特点出发，结合学生的生活实际和需求设计德育主题。教师要围绕主题设计多样化的实践活动，引导学生在活动过程中自主探究、自主实践。教师的工作积极性被调动起来，大家学习新课程方案，落实新课标理念，在自己的课堂上、学科中、跨学科中开展探索实践，涌现出很多课改先进个人、年级组。还有很多教师撰写的案例、论文在海淀区、北京市获奖。农科院附小承办北京市学科实践活动课程现场会，受到了与会专家和全市各区县教师的一致好评。

图 2-4　北京市学科实践活动课程现场会

【教育访谈】

“圆明园课程”诞生记

孙恩渠

合并初期，经过一年多的平稳过渡，集团进入了有序的管理运行当中。2016 年，学校开始谋求更快速地发展，结合当时的教育政策，通过学习文件，学校确定了通过课程建设推进集团化办学的发展规划。

当时课程建设强调“学科实践”。北京市规定各学科平均应有不低于10%的课时用于开展校内外综合实践活动课程，在此背景下，学校各学科都在积极探索学科实践活动。当时，我负责学校综合实践活动学科教学教研工作，综合实践活动是国家新课程改革中的一个重点，我抓住学科实践活动课程改革的契机，积极探索学校综合实践活动课程。

集团合并初期进行了组织架构调整，实行年级大德育组制，德育组以年级为单位开发德育综合实践活动课程。年级所有教师在年级德育组组长的带领下，结合学科实践活动要求，开发德育实践活动课程。当时所有行政成员都要进入各个组指导课程研发工作，我作为集团教学副主任，负责协调六年级组的课程研发工作。我跟年级组组长井老师、集团某校区德育负责人陈老师，一起统筹六年级的德育综合实践活动课程。

那么，如何研发这门课程呢？先得确定一个主题，六年级组确定了绿色低碳环保主题。在主题引导下，为了更好地推进研发工作，我们开发了一个课程承载平台。因为每一门学科都有自己的一个开发项目，怎么去用一个主题承载不同学科的项目？大家集思广益，选定了“走进圆明园”这个内容。为什么会想到这个内容呢？有几个原因：一是学校举办过圆明园的社会实践活动；二是不同学科涉及相关内容，语文学科有《圆明园的毁灭》一课，体育学科有定向越野项目，美术学科有关于圆明园的建筑内容……

在这些综合因素下，六年级组就开发了“走进圆明园”这样一节德育综合实践课程。在活动前，我们团队做了大量的准备工作，细化各个学科的实施方案和活动的组织内容。活动分为两个时段，上午做定向越野活动，在活动中穿插多学科内容，下午进行公益宣传。活动结束后，进行了总结。所有师生归校后，通过活动经验提炼排演、汇报、研究性学习等方式，做了一节展示课。

这样一个全学科参与的活动是学校在课程开发和实施方面的一大创举，为集团发展新阶段课程建设提供了鲜活的案例，奠定了良好的基础。当时活动结束后，在全校师生尤其是年级内引起了极大的反响，取得了良好的效果。从学生受益的直接效果来看，学生作为课程实施的主体，对此次课程的学习兴致非常高。此次课程有别于传统的春秋游，传统春秋游大家到此一游就结束了，教育的设计感和意义不突出。此次课程采用学生喜欢的方式，上午的活动是竞技游戏，六年级共18个班，每个班分成4队，每个队有2个带队教师，共72支队伍，每个队伍带着自己的任务去实践。学生都很兴奋，参与的积极性很高，每个人都认真完成项目任务，提交了活动作业。下午采用公益活动的形式，让学生学以致用，鼓励他们把自己对圆明园的了解和认知向游客分享、宣讲。学生亲自动手制作了精美的小书签，发给游客，向游客介绍圆明园的历史文化，学生体验到自己对社会的意义和公益的价值，非常有收获。

对于教师来说，教师作为课程的研发者，前期做了大量的准备工作，投入了很多的精力和心血，最终形成这样一个凝结了集体智慧和汗水的成果，可以说意义非凡。过程中，通过一周一次的推进会，分阶段实施，教师全程参与，各个环节都投入很大的精力，在课程研发、跨学科教研、教学实践、活动组织、多学科协同等方面积累了丰富的经验，专业能力和综合素养得到了提升。

对于学校来说，这次综合实践活动课程的探索是一次积极的尝试，前所未有，这次跨学科的综合实践活动课程的开发和实施，对于学校课程开发、教研发展、活动探索、集团资源的整合利用等方面都是有益的。

图 2–5　活动前的行前指导

（二）推广每所学校的优势

海洋教育是向东小学（现农科院附小气象路校区）的办学特色。合并后，将原来一所学校的优势在集团内 5 个校区同步推广，以培养全体学生的海洋意识。于是，每个校区都成立了海洋中队，每年的 6 月开展“海洋节”主题教育活动，成立了“海洋研究所”“红领巾志愿者海洋馆讲解员”“海洋航模”等精品社团。2016 年 11 月集团成功举办“第五届全国少年儿童海洋意识教育论坛”，来自全国各地的 40 多所学校、海洋教育研究单位，200 多名专家、同行参加了此次论坛。这是集团成立以来在全国举办的第一次大规模活动，体现了一校多址的优势，也扩大了集团的影响力。

【教育访谈】

让每一个孩子都具有海洋意识

李　宁

向东小学地处海淀区与西城区接壤的西直门外，比邻北京海洋馆。北京海洋馆是大型的、现代化的、先进的海洋生物科普馆，在多方面居于国内外领先地位。

一、一份书信，开启向东小学的海洋教育

比邻北京海洋馆的向东小学具有开展海洋教育的天然优势。2003 年，向东小学的大队辅导员叶志涵以少先队的名义给海洋馆馆长写了一封信，信的大意是希望借助海洋馆资源平台，学校少先队组织成立一个海洋科普社团，能够去海洋馆开展一些科普活动。信的内容得到馆长的极大认可，于是开启了馆校合作模式，学校成立了海洋科普社团。

科普社团建立以后，利用了很多海洋馆的资源，如中国海洋学会、海洋出版社等，这些资源单位经常来校开展科普活动，学校的海洋科普活动越来越丰富，普及度越来越高，慢慢地，从一个海洋科普社团的活动发展成了面向全校的海洋教育活动。

二、从海洋教育到海洋意识教育

有一次开展大队科普活动时，海洋学会的一个专家就问少先队员：“你们知

道中国的陆地领土面积是多大吗？”队员们大都能回答是约960万平方千米。接着，专家又问：“那你们知道中国的海岸线有多长吗？”没人能回答出来。中国是一个海洋大国，从古代开始，我们就有“舟楫为舆马，巨海化夷庚”的海洋战略和“观于海者难为水，游于圣人之门者难为言”的海洋意识。新时代，在关心海洋、认识海洋、经略海洋、建设海洋强国的国家战略中，培养少年儿童的海洋意识非常重要。当时，校领导就意识到学生海洋意识的欠缺，决心从小培养他们的海洋意识，让学生知道保护海洋、捍卫海洋。

由此，学校开始了海洋意识教育。为了让海洋意识扎根学生的心中，学校推进课程内容研发，跟海洋馆及海洋出版社合作，出版了3本海洋教材。由此，学校通过课程育人，将海洋意识教育课程纳入课表，每周每个班上一节课，开设面向全员的海洋意识校本必修课。由于海洋课程建设成效突出，学校被评为北京市课程建设先进校。

三、辐射全国，成立海洋教育促进会

虽然学校海洋意识教育发展得很不错，但是因为北京市是一个远离海洋的内陆城市，学生要想真正了解海洋，还要走向大海，去开展实践探索活动。当时学校的海洋教育发展受到了制约。于是，学校广泛调研全国各地开展海洋教育的学校，跟各地的学校联系。2012年，向东小学海洋大队和辅导员走访了几所海洋教育特色明显的学校，联合相关学校于同年10月，在北京举办了第一届海洋论坛，全国各地12所学校共聚一堂，正式成立了全国少年儿童海洋教育促进会。

图2-6　全国少年儿童海洋教育促进会成立

每年寒暑假，学校都会组织参加海洋冬令营、夏令营的学生，大家一起去大连、威海、青岛、厦门等沿海地区，踏海寻浪，真正走向海洋、亲近海洋、认识海洋、保护海洋。集团合并后，全国少年儿童海洋教育促进会继续开展工作，截至目前，一共举办了9届。

四、美美与共，开展辐射集团的海洋意识教育

集团合并初期，学校确立了同生共长的集团发展理念。在此理念指导下，梳理了各个校区的办学特色和优势项目。农科院附小本部坚持生长教育，气象路校区继续发展海洋教育特色，政法路校区巩固传统的规则教育，达成了“各美其美，美美与共，同生共长”的发展共识。

集团合并初期，正值第五届全国少年儿童海洋教育促进会举办期间。借此机会，学校决心将海洋意识教育推广到全校，由此开展了丰富的、面向集团全体学生的海洋教育活动。其中包括海洋意识教育夏令营，所有校区的学生都报名参加选拔，最终在全校选拔出优秀的学生参加夏令营，通过夏令营提升学生的海洋意识，增长海洋科普知识。各校区组建了海洋社团，还开展了海洋知识小广播活动，每周三进行海洋科普广播。由于学校海洋社团活动办得有声有色，影响力越来越大，海淀区少工委授予学校一个海洋中队的标识，学校海洋社团正式成为海淀区少工委的一个中队。由此，全校成立了10多个海洋中队，海洋中队开展了丰富的海洋意识教育活动：一方面，在世界海洋日请海洋专家入校开展海洋知识科普；另一方面，通过学科融合，开展了多学科融合的海洋科普活动，比如艺术课上做贝壳画，红五月歌舞比赛中演唱与海洋有关的歌曲等。

通过这些活动，全校师生意识到海洋意识教育的重要性，激发了大家探索海洋的兴趣。同时，为了调动教师参与海洋意识教育的积极性，学校开展了面向全校教师的海洋意识教育培训。渐渐地，教师参与海洋意识教育的兴致提升了。现在，全校上下形成了浓郁的海洋意识教育氛围。

五、深耕致远，筑梦海洋，向未来而行

近些年，我国海洋科技发展成绩瞩目：我国海域可燃冰试采成功、“蛟龙号”成功下潜至深海7000米……但依然只能说我国是一个海洋大国，还不是

一个海洋强国，我国的海洋科技发展水平和海洋资源利用水平等跟发达国家有着明显的差距。未来，学校将响应国家海洋强国计划，强化海洋意识教育。首先，通过海洋中队建设，在全校不断深化海洋意识教育。其次，整合海洋教育资源。结合当前已有资源，与各地高校开展合作，构建家校社协同的海洋意识教育共同体。再次，强化辐射引领，提升教育品牌影响力。继续深化海洋教育论坛、全国少年儿童海洋教育促进会等系统性工作，加强与全国各地海洋教育特色校的联系和合作，共同提升海洋意识教育在全国的影响力，激发各学校参与海洋意识教育的积极性。最后，在“五育”融合和新课标引领下，以核心素养为导向，推进“海洋教育 +”多学科融合实践，促进学生的全面发展。

图 2-7　会旗交接仪式

（三）不同校区干部、教师流动

平稳度过起始期后，干部、教师开始小范围流动。集团采取“自愿报名 + 学校委派”的办法。首先，原农科院附小的党员、优秀骨干教师到其他校区担任年级学科的召集人或接手一些特殊班级，这样做的目的是更好地发挥骨干教师的引领、辐射作用，提升本校区教师的专业水平和教育教学质量。其次，请其他校区中责任心强、水平高的中青年教师到学院南路校区或农科院校区担任班主任、学科教师，目的是通过变换教师工作环境，让他们能够感受不同校区的氛围，促进自身的专业成长。为保障教师流动，集团制订了教师轮岗工作制度及奖励办法。近几年，教师流动的比例越来越高，他们争先到政法路校区、气象路校区工作。当然，集团内骨干教师和优秀教师的数量和质量毕竟有限，需要加紧培养，形成规模更大的优秀教师团队，带动全体教师整体提升。集团在“十三五”时期对各校区的骨干教师比例进行了规划，总体实现骨干教师教师占全体教师的 30% 以上。为此，集团实施“双培养”计划，通过聘请专家、特级教师、市级学科带头人等到校建名师工作室、带徒弟，利用项目制、科研课题、听评课、系列讲座等引领青年教师迅速成长。同时，集团也为教师搭建不同层级的平台，创造自我超越的机会。到目前为止，集团形成了拥有 1 名特级教师、3 名市级骨干教师、39 名区级带头人（含班主任、少先队辅导员）、37 名区级骨干教师的强大优秀教师队伍，他们分布在各个工作校区，为集团各校区的教育教学质量的提升做出了巨大贡献。

【教育案例】

个性教学，引领学生

傅逻莎

“做一名好教师”是许多教师一生追求的目标，也是我的目标。自踏入教育这一行业以来，我始终以勤恳、踏实的态度对待工作，严格规范自己的教育教学工作，以“做一名好教师”作为自己工作的座右铭。

2017 年我从本部校区调到政法路校区工作，当时心里是比较抵触的，因为政法路校区的学生与本部校区的学生差距较大。刚上第一周课的时候，我就明显感觉到政法路校区的学生基础薄弱，两极分化严重。当时我特别不适应，因为长期在本部教学，我的教学重点更多的是为学生拓展、发散思维。但是这种教学方法并不适用于政法路校区的学生。我当时压力很大，尤其是看到考试成绩的时候，都开始怀疑自己的教学水平了。表 2–3 是我 2017 年刚刚接班的第一学期，学生的期末考试成绩。

表 2-3 2017—2018 学年各班成绩

班级	平均分	优秀率	待达标人数
五（15）班	78.3 分	37.5%	4 人
五（16）班	82.7 分	57.1%	3 人
五（17）班	79.1 分	37.9%	1 人

我非常困惑、沮丧，但是并没有气馁，我暗暗发誓，要改变政法路校区的学生，尽可能地缩减他们与其他校区学生的差距。因此在教学中，我不断思考到底应该如何上课，教学内容和方法如何适应这里的学生。我从学生入手，了解学情，分析原因。我与各位班主任沟通，与家长沟通，与学生沟通，发现这里的学生有以下几个特点：非京籍学生占大多数；家长的工作都是个体户或者是商贩，没有太多时间关注孩子的学习；学生基础薄弱，没有养成良好的学习习惯；学生学习英语的时间只有每周的 4 节英语课，很少有学生能够回家听读或者复习英语；学生相对单纯、憨厚，比较听老师的话。基于此，我及时改变教学方法，提高课堂的实效性，让他们能够在有限的时间内，掌握所要学习的内容。

一、注重基础，强化知识，查漏补缺

1. 思维导图的运用

政法路校区学生一个明显的特点就是基础薄弱。因此，在课堂上我不仅教新课内容，还会带领学生复习之前所学内容。遗忘的规律是先快后慢，特别是识记后 48 小时之内，遗忘率高达 72%，所以应及时复习，间隔一般不超过 2 天。例如在进行六年级总复习的时候，复习有关学校的内容时，我就会用思维导图的方式让学生梳理出有关学校的词汇，如学校活动、学校设施、老师、同学等相关内容。这样不仅复习了旧知，还为新知的学习奠定了基础。在期末复习时，我也同样使用了思维导图帮助学生梳理知识，强化记忆。

2. 单元整体教学

单元整体备课是我们英语组近几年的重点研究课题。单元整体教学相比常规的教学方式，更系统化、整体化。根据指定目标，我们整合教材，制订课时小主题以及实践性任务，让学生对本单元所学内容学有所用。由于政法路校区学生的能力、基础都有限，我经过反复思考与实践，将复杂的内容简单化。例如六年级 Unit 4 Feelings 这个单元，学习内容比较抽象，学生不容易应用，我在本单元为学生制订的实践性任务是：说一说你的心情故事，当你有某种情绪时，你会怎么做？你有不好情绪时是如何排解的？同时为学生创设语境或者任务，让学生能够了解自己在学习完本单元知识后如何应用，让他们明白自己用英语能做什么事情，有明确的学习目标。在教研时，我同本组秦老师交流，发现她在这个单元为学生布置的实践性任务是制作一本心情小书，依据是本单元的 Fun Time 内容，不同颜色代表着不同的情绪。这也给了我很大启发，也许下次我再上这个单元时，我会给学生布置不同的实践性任务。在六年级下学期我还陆续开展了各种实践性任务，学生动手动脑，积极创新，不仅巩固了所学知识，也提高了学习品质。

二、强化阅读，巧用策略，专项练习

古话说得好"授人以鱼不如授人以渔"，教师在传授知识的同时也要教授学生学习方法。在六年级下学期开学初学校进行了前测，在这次分析中，我发现学生的阅读存在较多问题。尤其是遇到高阶思维的问题（比如 How/Why 的问题）时，他们往往选择放弃。这次前测后，陈主任同我进行了探讨，建议我在高年级开展静默阅读活动，让学生在没有压力的情况下，阅读一些小语篇，提高他们的阅读兴趣。我们每周利用早读时间让学生进行静默阅读。在这个过程中，我发现学生经常会在文章理解上遇到一只"拦路虎"——生词，要清除这一"拦路虎"，就要引导学生结合上下文、句式结构和文章的情境等将词义推理出来，然后由词到句、由句到篇，实现对整篇文章的理解。

除了学习方法，我在课上也为学生开展专项练习。在平时单元练习时，我发现学生在造句题上失分特别严重。于是我每节课利用 5 分钟进行专项练习。在练习时，我让学生自己上黑板去写，由其他同学进行挑错并改正。在期末练习时，我们校区这道题错误率较平时降低了许多。

三、创设游戏环节，在玩中学，学中玩

俗话说兴趣是最好的老师，一个人一旦对某事物有了浓厚的兴趣，就会主动去求知、去探索、去实践，并在此过程中产生愉快的情绪和体验。对于高年级学生要如何提高他们的学习兴趣呢？在一次与陈主任的对话中，她的一番话给我极大的启发，她说：“其实高年级的学生也是孩子，孩子的天性就是爱玩，他们爱玩，同时竞争意识也很强，你的课堂中可以多一些游戏，多一些竞赛。”例如在第一次学习动词过去式变化时，学生总是记不住动词不规则变化。于是我在课上开展“排雷”游戏，并使用竞赛制，让学生以小组为单位进行“排雷”，动词原形就是“炸弹”，如果要排除“炸弹”，就要正确变化动词形式。一节课下来，我发现学生兴致较高，记忆较快。课下问学生，他们纷纷说：“这样记忆动词变化，太有趣了，我一下子就记住了。”在每节课中，我都会尽量安排不同的游戏或者竞赛活动让学生操练所学内容，巩固复习所学内容。除了游戏、竞赛，我还经常在午休前或者上课前，为学生播放英文歌曲或者经典的电影片段，让学生跟唱歌曲或模仿说台词等，这些都是他们喜闻乐见的。让学生在玩中学、学中玩。

四、用心呵护，用爱感化

政法路校区的学生非常朴实，也有些羞涩，但对于英语学习来说，我们需要他们自信、大胆地表达。这两点正好矛盾，如何引导呢？从五年级开始，我每学期都会找几个目标人物，进行深度谈话，与其说谈话，不如说是聊家常。姚同学就是我曾经的一个重点目标人物，他是班里英语学习基础较差的一名男生，人高马大，皮肤黝黑，同时也是教师眼里的“问题”学生，喜欢打架、骂人。英语课上他不是睡觉就是看课外书，更多的是和别人聊天，考试成绩一般都是 20 多分。他的父母是个体户，工作较忙，没时间管孩子，而且都不懂英语，不能提供帮助。我是他们班的副班，每当我看中午饭班的时候，我就找机会跟他聊天，通过几次聊天我发现他为人仗义，天性纯良，由于英语学习基础较差，缺乏老师的鼓励、表扬，从四年级开始就不喜欢学习英语了。于是我先从跟他聊他喜欢的游戏、电影开始，后来我又给他补习英语。慢慢地，我发现他对我

的态度变了，从开始不耐烦，到信任我，有问题会直接找我沟通解决，而不是用武力解决。有一次，都已经放学了，他气喘吁吁地跑到办公室找到我，看着我开口就问："老师，您相信我英语能考好吗？"我当时一愣，然后毫不犹豫地脱口而出："我相信你，我觉得你可以做到的！"听到我这话，他突然眼睛一亮，脸上出现了不可置信的表情，后来我让他坐下，慢慢跟他聊了起来。原来那天回家，爸爸看到他的英语成绩不理想，对他又打又骂，他一气之下就跑来找我，想跟我聊聊。于是我借着这个机会帮他分析他学习上的问题，一起制订学习计划。渐渐地，他上课的状态变了，从睡觉、聊天到记笔记、听讲。成绩也从20多分提高到50多分，最后的毕业考试是60多分，进步非常大。考完后，我问他为什么会转变。他用天真质朴的语言说："因为我喜欢您啊！您的那句'我相信你'，让我充满了力量！"多么简单的理由啊！其实学生很单纯，他喜欢你，自然而然就喜欢你的课，自然就爱上学习。相信他，他就能给你带来意想不到的惊喜。从开始的20多分，到最后的及格，让我觉得只要肯挖掘，学生的潜能是无限的，我觉得我的付出都是值得的。

五、魅力戏剧，展示自我

近几年学校在五、六年级开展了戏剧课程，这也是激发学生英语学习兴趣的途径，更是语言综合运用的一种方式，同时还为学生提供了展示的平台。在戏剧课上，学生发散思维，勇于创新，选题材、改编剧本、准备道具等。但是如何让政法路校区的学生也能在戏剧展演上，自信、大方地展示自己的风采呢？分组、选剧本、分配角色等环节我都参与其中，亲身示范，积极地与他们进行探讨。例如在分组环节，由我给出分组的规则（组内需要有学习能力强的、中等的以及较弱的学生），学生根据规则自行分组。分组后，我进行审核，不合适的我会与学生沟通进行调整。在练习表演时，每节课我会选一组进行深度指导，从道具准备到细节表演，我都会给出建议或者亲自示范，让学生了解该如何表演、表达。学生在戏剧表演中不断进步，同时也在轻松愉快的氛围中提高了学习英语的兴趣，增强了学习英语的信心。

经过近几年的努力，政法路校区学生的英语成绩有明显提高，进步较快，逐步缩小了与其他校区的差距。无论是平均分还是优秀率，政法路校区学生的成绩正在稳步提升，待达标人数也在逐渐减少（见表 2-4）。取得这样好的成绩，离不开领导和同事的支持与帮助。我相信只要努力，一切皆有可能。

表 2-4　政法路校区六年级学生毕业英语成绩对比

学年	平均分	优秀率	待达标人数
2018—2019 学年	84.4 分	53.9%	3 人
2022—2023 学年	92.6 分	83.3%	1 人

（四）鼓励教师在教学中关注不同学生的学习起点

为了实现让每一个校区的每一个学生学会、学足、学好，教师在课堂教学中应该关注不同学生的学习起点。教学服务部对备课、上课、辅导、作业、考试等教学环节提出明确要求，即“教师在备课时除关注单元教学内容分析以外，还要重视对学习者的分析”，促使教师准确把握教学内容，制订适切的教学策略，促进不同水平的学生取得进步。在上课时，教师要做到以下五步。第一步，以学习主题为依托，使教学内容情境化。第二步，以核心问题为引领，使教学内容结构化。课堂教学以主问题为核心，分解问题，形成问题链。第三步，以学习任务为载体，使教学内容活动化，引导学生参与活动，逐步完成学习任务，发展核心素养。第四步，提供学习资源，运用适切的教学方式。在实施这一策略过程中，可以探索多种方式，确保并增加学生自主学习的时间。教师在学生自主学习和同伴小组学习的过程中，加大巡视指导的力度，有针对性地指导学生。教师要关注不同水平学生的作品，记录学生的问题，并把它们可视化，以便在全班反馈时提出来让学生思考。第五步，指导学习方法，促进不同层次的学生互动交流。让学习困难的学生复述学习优秀的学生的语言，中等学生读懂、解释别人的想法或补充自己的想法，学习优秀的学生可以对同伴的想法提出质疑。在组织学生分层汇报时，先汇报低水平层级的作品，引发学生质疑和自我反思，再通过高水平层级作品的学生的经验分享促进学生高阶思维的发展。

【教育案例】

“五步法”让课堂高效转起来

谢林娜

一、学习主题：学习主题贯穿单元学习

小学阶段涉及的数学思想与日常生活有着密切的联系，教师将教学内容与学生熟知的生活场景关联，借助生活情境分析抽象的数学定义，可以引起学生的思考。从实际生活入手，结合教学内容构建探究情境，搭建启迪式、探究式课堂，为培育学生数学核心素养提供强有力的支撑，让学生在生活情境中发现学习规律，锻炼知识应用能力，提升数学思维能力和综合素养。

例如，北师大版数学六年级下册“圆柱与圆锥”单元，教师以“向中国载人航天30载致敬”为主题，以制作火箭模型为切入点，从让学生通过访谈或上网搜集关于火箭的小知识、记录想要研究的问题和困惑，到认识图形的各部分名称、计算表面积和体积，将学习主题贯穿整个单元。最后，学生不但掌握了知识点，还制作了精美的模型，并且对国家航空航天事业的发展有了一定的了解，激发了爱国热情，树立了科学探索的决心。

图2-8　“向中国载人航天30载致敬”主题展览（组图）

二、核心问题：核心问题统领单元学习

随着新课程标准的深入推进，单元整体教学已经成为课程开发和教学实施

的基本方式。核心问题指向数学知识本质，是单元整体教学的关键发力点。教师抓住核心问题，可以联结不同的课时内容，建构单元整体，助力学生结构化地理解知识。

例如，北师大版数学四年级下册“认识三角形和四边形”单元，教学内容是认识三角形和四边形，会根据图形特征对三角形和四边形进行分类。分类是重要的数学思想，也是认识图形的手段，认识某种具体图形的教学只是个案，只有让学生理解图形的分类才能使教学具有一般性。在分类的过程中可以让学生思考如何合理地制订分类标准，如何遵循标准合理地分类。此过程可以培养学生的抽象能力，促使学生有条理地思考问题。本单元有 3 节关于分类的内容，分别是图形的分类、三角形的分类、四边形的分类，这 3 节课以“你们想从哪些关注点出发来分类呢？”“每一类图形的特点是什么？能根据特点给它们命名吗？”等问题为核心，引导学生发现图形的共性和特性，积累分类的经验。在探究核心问题时，学生会聚焦学习重点，充分发挥自主性，不断探索问题，深度理解和迁移学习内容，拓展学习深度。

三、学习任务：“教—学—评一体化”的学习任务设计

《义务教育数学课程标准（2022 年版）》强调要注重实现“教—学—评”一致性。“教—学—评”一致性是指教师教的任务、学生学的活动和检测学生学习效果的评价具有一致性，都要围绕教学目标开展。因此，学习任务的设计要以教学目标为依托，围绕教学目标设计适切的学习任务。

例如，在教学北师大版数学四年级下册“三角形分类”时，教师共设计了 4 个学习活动，其中的活动四“猜三角形”，可以更好地达成如下的教学目标：从图形的特征出发对三角形进行分类，认识直角三角形、锐角三角形、钝角三角形、等腰三角形、等边三角形，并能说出它们的几何特征；在分类活动中，通过量、折、摆、拼等操作活动体会不同三角形的特征，渗透分类的数学思想；在猜测与验证的活动中，发展空间观念和初步的几何直观。

结合图 2-9，问题如下。

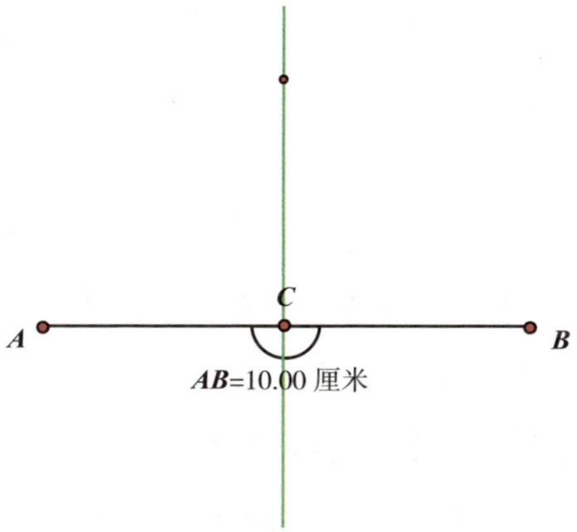

图 2-9　北师大版数学四年级下册“三角形分类”具体问题图示

1.C 点沿着对称轴向上移动，会形成一个三角形，这是一个什么三角形呢？

2. 如果 C 点继续向上，还会出现什么三角形呢？

3.C 点的运动引起了三角形的变化，C 点还可以怎么运动？所形成的三角形还会有哪些变化？

4. 通过刚才的活动，你们对三角形又有了哪些新的认识？

本学习任务按照不同的层次水平设计了几个不同的小问题：第 1 题要求学生能够辨别等腰三角形；第 2 题要求学生能够根据 C 点的运动，联想不同三角形的特征，猜测三角形的类型；第 3、4 题通过几何画板的直观演示，让学生猜测、表达、观察，在巩固等腰三角形、等边三角形特征的基础上，感受三角形边和角之间是互相影响、互相制约的，体会三角形角的要素和边的要素之间的关系。

这样将设计的任务与教学目标相对应，保证了课堂教学的方向性，将评价任务与教学活动融为一体，能够及时了解学生的课堂学习情况。

四、学习资源：针对单元知识提供学习资源

圆是学生在小学阶段学习的最后一个平面图形，单元教学完成后，学生已经认识了圆的各部分名称、含义及其关系，知道了“圆，一中同长”的特点，能够熟练运用周长和面积的公式计算周长和面积，但部分学生对“什么是圆”轻描淡写，对“π”的产生和由来还很疑惑。他们虽然已经初步掌握了圆的周

长和面积的计算方法，但对“化曲为直”“化圆为方”的思想存在思维断层。而且，大千世界中存在着形形色色的圆，书本中出现的只是极小的部分，如何让学生在掌握教材知识的同时，还能联系生活、开阔眼界呢？教师想到了一些科普读本，从中选取了有关“圆”的部分，介绍“π”的由来及历史的发展，还有丰富的事例，展示生活中、自然界中的圆。此举深深地吸引学生，让学生在感受“圆”图形特性的同时，更感叹于大自然的神奇和人类的智慧。

五、学习方法：打造互动交流式数学课堂

在数学课堂教学中，教师应当注重培养学生互动、交流的能力，从一入学开始，就让学生明确：在课堂上不仅仅是听教师讲，还要听同学讲，认真倾听，积极学习，并能够给予回应。

教师是课堂的引导者，关键的知识要通过精心设计的课堂活动让学生亲身实践、感受、领悟。学生在活动中互相交流体会、感受，教师适时反馈小结。学生有层次地交流，能力较弱的学生可以重复别的学生的语言，能力尚可的学生读懂、解释别人的想法，或补充自己的想法，对同学的想法提出质疑。

教师的引导语言可以是这样的：

1. 同样一个问题，同学们有这么多种不同的想法，太了不起了，你们都能看懂吗？先仔细观察，看看你想解释哪一种？

2. 你们不但有自己的想法，还能读懂别人的想法，真会学习，你们受到了什么启发呢？

3. 刚才 ×× 同学的解释很清楚，语言非常简洁、准确，还有谁也想说说？（可以请班级中能力弱一些的学生回答）

4. 针对刚才同学们的交流，你们有什么感受？你们对 ×× 的知识又有了哪些新的认识？

5. 同学们畅所欲言，真是太棒了，有些同学的想法是这样的（出示问题），对此你们有什么想说的呢？

6. ×× 同学对这种方法提出了质疑，真是会思考的孩子，其他同学，你们是怎么想的呢？

7. 同学们，现在针对 ×× 这个问题，我们有 × 种不同的想法，有的同学认为这样，有的同学认为那样，究竟哪种正确，哪种不正确呢？请同学们小组合作探究一下或利用手中的学具摆一摆，记录自己的想法，我们一会儿交流。

8.×× 小组的观点和 ×× 小组一样，但证明的方法不一样，我们一起来看看到底这些方法之间有什么相同（不同）的地方？（用于发现知识的本质、关联性）

9. 请同学们仔细观察，你们能发现什么规律吗？这条规律有什么限定条件吗？所有的情况都适用吗？有什么特殊情况吗？

10. 同学们不但学会了这种方法，还理解了背后的道理，真了不起，学习就是这样，不但要知其然，还要知其所以然，你们都是学习的小主人！刚才我们交流了这么多种方法，你最喜欢哪种方法？为什么？

……

学生发言时可以这样开头：

1. 我同意刚才 ×× 同学的想法，我还有补充……

2.×× 同学说得特别好，我也想说说我的观点……

3. 我不同意 ×× 同学的观点，我是这样想的……

……

我们力求打造开放式的、能够平等交流的数学课堂，让学生可以放心大胆地表达自己的想法和观点，勇敢地质疑问难，在师生之间、生生之间搭建桥梁，让师生无障碍地沟通。在和谐的氛围、宽松的环境中调动学生原有的认知，在交流互动中发展学生的认知，帮助他们掌握新知识、学会新技能、感悟新方法。

三、提质期：从外树形象到内涵品质，实现各校区优质均衡发展

（一）培养高质量的学生和教师是集团提质的第一要务

农科院附小教育集团始终以落实立德树人为教育的根本任务，以培养德智

体美劳全面发展的社会主义建设者和接班人为己任，提出“四个学会”育人目标，深入挖掘德育资源，丰富德育活动途径，增强育人功能，共同探索实施“123456”育人工程。

“1”指集团坚决落实以立德树人为根本任务的第一教育主线，推进德育体系建设，努力解决重智轻德、重分数轻育人的现象，全面加强和改进体育、美育、劳动教育，促进学生全面发展、健康成长。“2”指学年两次评选，即学期末各级各类“好学生”评选和“红领巾奖章”争章评选。“3”指三大典礼，即“入学礼”“入队礼”“毕业礼”。“4”指围绕“四个学会”育人目标，即培养学生“学会做人、学会学习、学会生活、学会创造”。“5”指五大节日，即“阳光体育节”“缤纷艺术节”“金穗读书节”“创意科技节”“金穗海洋节”。“6”指六个育人关键词，即“守规则、爱健康、能自理、会合作、有责任、勇创新”，围绕这些关键词，教师打破校区界限，以年级组为单位设计特色德育活动课程，此课程覆盖学校全体学生，并随着时代发展、学生需求变化不断更新主题目标，提高全员德育实效性；“6”还指六项社会实践活动，即“我与植物共生长”“农业耕作”“生存岛探险”“科技探索”“非遗之旅”“职业体验”，在丰富多彩的社会实践活动中，完善学生人格，丰富学生经历，培养全面发展的金穗好少年。

图 2-10　新队员宣誓

2022年5月10日，习近平总书记出席中国共产主义青年团成立100周年大会，并发表重要讲话。总书记在讲话中强调，在实现中华民族伟大复兴的征程上，中国共产党是先锋队，共青团是突击队，少先队是预备队。入队、入团、入党，是青年追求政治进步的“人生三部曲”。农科院附小教育集团一直把党建带团建、队建作为学校党建工作的重心，引领少先队员着好人生底色，努力成长为具有民族灵魂、家国情怀、世界眼光的中国人。学校每年都会举行新队员的“入队礼”，在少先队员“时刻准备着”的铮铮誓言中，培养少先队员对党和国家的朴素情感，对少先队组织的热爱，为实现中华民族伟大复兴的中国梦坚定理想信念。在庄重、严肃的仪式教育中，为每一名新加入少先队组织的少先队员点亮理想之灯、守护信仰之光，引导他们牢记习近平总书记的嘱托，传承红色基因，赓续红色血脉，努力“做好预备队、向往共青团、永远跟党走”，为走好追求政治进步的“人生三部曲”打下坚实的基础。

党的二十大报告指出，教育是国之大计、党之大计。培养什么人、怎样培养人、为谁培养人是教育的根本问题。农科院附小教育集团坚持以习近平新时代中国特色社会主义思想为指引，确保基础人才培养方向的正确性，牢牢把握为党育人、为国育才这个根本方向和根本使命，把培养社会主义建设者和接班人作为根本任务，认真钻研“123456”育人工程，进一步完善自身教育体系，将组织教育、自主教育与实践教育结合起来，持续优化“全面生长”的育人新环境，向党和人民交上一份满意的答卷。

一所好学校不仅要有一批德智体美劳全面发展的好学生，还得要拥有一批“有理想信念、有道德情操、有扎实学识、有仁爱之心”，能够静心教书、潜心育人的“四有”好教师和“大先生”。集团始终把师德建设摆在首位，党委书记负责师德建设，每学期开学第一课讲师德，与教师签订《师德承诺书》，在学校微信公众号让每一名教师讲述“我心中的好老师”育人故事，使广大教师思想上高度重视、行动上严格落实师德要求。集团从三个方面衡量教师的教学业绩水平，一是育人质量高，二是上课水平高，三是反思深刻、有创新。基于教师年龄特点与个性化需求，借助校内外资源，积极搭建以培训、展示、交流、比赛为一体的平台，打造高水平教师队伍。集团开展了针对青年教师的“青穗杯”教学基本功展示活动，针对骨干教师的“金穗杯”教学基本功展示活动，针对资深教师的“农科因你而精彩”教育智慧沙龙活动。集团为各校区提供了丰富多样的研修展示平台，盘活集团内部优质师资，创造了更多学习与展示的机会。

【教育案例】

金穗阅读嘉年华

6月1日，农科院附小的学生迎来了自己的节日，集团多个校区同时举办了庆祝六一国际儿童节的“金穗阅读嘉年华”活动。此次活动以阅读为主题，融合传统的美食、非遗、服饰等元素，意在活跃校园生活，增强学生对传统文化的认同感和自豪感，同时力求给学生打造一个与众不同的、难忘的儿童节。

图 2-11　学院南路校区的“金穗阅读嘉年华”活动

一、群生过龙门，才艺展示秀风采

学生来到校门口，发现往日的校门不只是校门，还变成了“龙门”，学校操场、教学楼、教室的各个角落都被装点上了具有中华传统文化元素的装饰。

为这场嘉年华活动，学生也是精心打扮，他们化身为古代的诗人、侠客、英雄人物，从进入“龙门”那一刻就仿佛穿越到千百年前，沉浸式体验古人的学习与生活。这正是学校精心安排的第一个项目——“传统服饰游园”。与其说是游园，有的学生更像是走秀，精心装扮之下，收获不少“粉丝”。此时的校园和教室格外热闹，充满了惊叹声、欢呼声和谈笑声。

在才艺展示区，不但有各班选派的学生展示“诵读中国”经典诗词的节目，还有在刚刚结束的红五月合唱展演中获得“农科好声音”称号的班级为大家演唱经典红歌。此外，还有各式各样的学生个人才艺展示，他们都是在上一届艺术节中表现出众的选手。学生卖力表演，台下的观众也在摩拳擦掌等待机会，他们想在演出空闲期间上台一试身手，据说还会赢得额外奖励。

二、文化传千年，非遗体验担使命

中华民族拥有丰富多样的非物质文化遗产，然而学生往往对这些优秀的文化了解不多。为此，学校在各班教室专门设置了非遗体验区，学生来到教室就可以体验制作脸谱、团扇、布艺小粽子、风筝、毛猴、彩灯等。学生在专业教师的指导下制作，不但了解了中华传统文化，也获得了劳动的成就感。

与此同时，非遗体验区还上演着一幕“好戏”，这正是由专业皮影戏演员带来的众多经典皮影戏片段。皮影戏的演出方式让学生大呼过瘾。看完演出，表演老师还耐心给学生普及皮影戏的相关知识，更有互动环节，学生可以亲自来到幕后操作道具，给大家表演，夸张的配音、失真的动作惹得观众笑声连连。

图 2-12　活动掠影

三、校园飨美食，美食体验探历史

在美食体验区，学生体验了传统美食月饼、元宵、粽子、青团的制作过程，还有现成的食品供大家品尝。这些美食历史悠久，背后都蕴含着历史知识、诗词典故和美好寓意，学生在品尝美食的同时也了解了美食背后的历史文化。

图 2-13　活动掠影

天气炎热，学校为学生提供了清凉可口的酸梅汤。游戏区是最热闹的地方，是学生展现自我的舞台，更是学生之间通力合作争取胜利的地方。学校设置了30多个阅读游戏体验项目，多数为两人或两人以上的协作类游戏，让学生体会到只有齐心协力才能获得成功的快乐。

四、评价巧设计，金穗代币助游兴

所有游戏都玩过一遍还想继续玩怎么办？这就需要使用“金穗币”了。为了增强本次活动的趣味性和参与度，学校特别设置了“金穗币”，“金穗币”分为绿色、蓝色、橙色、黄色四种，分别代表学校各校区各具特色的教育理念。学生通过完成赚取“金穗币”的任务获得“金穗币”，就可在游戏体验区或图书交换区“消费”了。

为了赚取“金穗币”，学生纷纷来到金币赚取区，这里设置了传统文化等相关知识问答，学生开启了问答闯关模式，个个开动小脑筋，运用平日积累的知识回答问题。题目太难回答不上来的学生也不会气馁，他们可以参与指定的公益服务任务，完成任务后仍然可以获得“金穗币”。

五、图书趣漂流，揽得知识带书归

赚够了“金穗币”，学生便来到了阅读嘉年华的终点站——图书漂流区。在本次活动之前，学校便号召学生把家里闲置的图书捐赠出来，各班积极响应，才形成图书“跳蚤市场”。学生用辛苦挣来的“金穗币”兑换图书，他们对每一次“选购”的机会格外珍惜。学生纷纷表示，这次兑换的图书，拿回家一定会好好阅读，无比爱惜，因为这是他们的劳动成果，是有纪念意义的图书。得来不易，才懂珍惜，学生正是在这样的活动中深刻体会了这个道理。

图 2–14　活动掠影（组图）

六、前期慧策划，人、财、物力总动员

精彩活动的背后总有无数人默默付出。为了本次活动，学校在开学之初就开始策划准备，并不断修改方案完善细节，力求让活动贴近学生的所思所想，同时又能达到学校的育人目的。学校对本次活动高度重视，因为这是学生的节日，这样的活动是学校能给予他们的最好的节日礼物。在活动前，学校带领全体教师开动员准备会，做准备工作，5 月底有几场活动连续进行，但是教师仍然不辞辛苦地准备物料、布置场地；活动当天，炎炎烈日下，教师不离岗位，认真地负责活动管理工作，保证活动顺利进行。

人力、物力不足，各校区也是各显神通，想尽办法。有的校区请来了附近大学的大学生志愿者，有的校区发动社会力量借助校外场地开展活动。家长也给学校不少的支持，一些家长来到学校参加志愿服务，全程参与嘉年华活动。

一上午的时间似乎根本不够，学生也没有因为炎热的天气感到疲惫，他

图 2-15　农科院校区校园文化景观（组图）

图 2-16　气象路校区校园文化景观（组图）

图 2-17　学院南路校区校园文化景观（组图）

们嬉闹玩耍、谈天说地，这正是童趣与天真、快乐与活力的体现，学校应该给予学生展示天性的空间和机会。这一天没有学习、没有课堂，但是每一名学生却收获满满，他们不但收获作品和图书，更学到了很多知识，增长了很多见识，悟出了很多道理，这也正是学校育人的重要环节，正是“时时是课程，处处是课堂”。

从红五月班级合唱展演，到一年级入队主题教育活动，再到今天的“金穗阅读嘉年华”，一系列丰富多彩的活动组成了本次“农科院附小校园文化节”。以爱国主义教育和中华优秀传统文化为主题的文化节活动，让学生在实践中学习，在探究中感悟，然后再回到课堂，从而构成了学校德育一体化课程。

“金穗阅读嘉年华”活动在欢声笑语中落下了帷幕，农科院附小的每一名教师祝金穗少年们节日快乐，健康成长，不负韶华！本次活动圆满成功，学生期待着下一个更精彩的儿童节！

（二）打造浓郁的校园文化是集团提质的重要保障

高质量的育人环境不仅要有高“颜值”的校园环境，而且要具有高品位的校园文化、高品质的学习空间，在给学生带去美的享受的同时，更能潜移默化地促进学生的全面发展。

美丽的校容校貌、浓郁的校园文化，本身就是学校教育的重要资源，也是一种教育力量。集团通过 5 年时间逐步完成了各校区外部形象的统一，形成了独特的“农科符号”。各校区的建筑以中国红为主色调，白色为点缀，显得稳重大方、品质高雅。每个校区的大门都根据校区所处的地理位置不同有所区别，农科院校区是生长教育的发源地，大门以大树造型寓意学生自然生长；气象路校区主打海洋教育，大门为海浪的造型；政法路校区强调规则教育，大门是规规矩矩、横平竖直的建筑风格。每个校区都有学生最喜欢的操场、图书馆和各类专业教室，还有现代化的教育教学设备、融媒体中心等。集团深知人是环境的产物，美丽的心灵需要美丽环境的孕育。

【教育案例】

打造浓郁的校园文化是集团提质的重要保障

井　印

政法路校区为了凸显学科特色、班级特色以及校区特色，依托现有的校园硬件环境和校区学生特点，从上个学期开始尝试打造3个不同级别的校园宣传展示阵地，主要展示学生多方面的学习成果和重要活动，语文、数学、英语、体育、科学、美术等学科教师以及班主任积极参与，带着学生开展丰富多彩的活动，让阵地的宣传素材越来越丰富。

首先三个不同级别的宣传展示阵地分别为：班级内的墙报，展示班级开展的各类活动、获得的荣誉等，可有效提高班级的凝聚力；楼道里的磁力板，展示每个班级的语文、数学、英语三个学科特色活动和成果以及专业教室的学科特色成果，形成互相学习、共同进步的良好风貌；校区特色活动展示，主要为在一层南门过道两旁设置三大主科特色活动、成果宣传展示区，在一层门厅设置“我运动我健康我快乐”体育活动图片展，在书法教室门口设置“笔墨丹青翰墨抒情”软笔书法展，在北操场的橱窗设置“童心看世界 童画绘梦想”美术作品展，在东楼梯墙壁设置国画作品展，在楼梯外侧的弧形展板设置美术社团和国画社团的优秀作品展，在操场的墙壁上设置各种体育活动的测试标准以及学生体育活动的精彩图片展示。我们还将在一楼大厅设置数学、科学嘉年华特色活动展示，展示学生多个学科实践的优秀成果，体现榜样的作用。

图 2-18　打造浓郁的校园文化氛围（组图）

图 2–19　特色活动展示（组图）

此外，我们在楼道和操场还设置了学生喜爱的、便于使用的游戏设施，学生可以在课间休息和体育活动时间来使用。在操场南侧的小院里，我们开设了小菜园，这里是学生劳动实践的基地，学生可在此进行播种、浇水、间苗等，劳动其间，乐在其中。这样的布置让学生在学习累了的时候放松身心，动手实践，后续可以更加专注地学习。

政法路校区尝试将学生各方面的学习成果外显，有意识地在校园里合理布局，体现了学校优秀的育人成果和丰富的育人途径，营造了浓郁的校园学习氛围和艺术氛围。学生在这里专心学习的同时互相欣赏、互相激励、共同进步。

【教育案例】

星光 · 续航
——2023 届毕业典礼活动

王斯亮

毕业季——一个感恩的季节，一个收获的季节，金穗少年在农科的沃土茁壮生长，他们充满力量，他们将扬帆起航。

2023 年 7 月 6 日，学校在农科院校区举办了以“星光 · 续航”为主题的 2023 届毕业典礼活动。农科院附小教育集团各个校区的六年级毕业生和他们的老师，以及各校区校领导参加了本次活动。

此次活动由学校与毕业生共同策划。参与策划的教师和学生精心准备，辛苦排练，后勤人员也全力配合，保证活动顺利进行。学校还请来了专业团队搭建舞台，架设拍摄器材，最终才形成了这样一场精彩的毕业狂欢！

下午4点，师生齐聚农科院校区，在校园和教室拍照留念。这是他们最后一次作为小学生，身穿自己设计的“农科T恤”来到学校，每一名金穗少年都希望把这珍贵的时光永久记录下来。

随后就进入毕业晚餐——“品尝农科味道”的时间。活动前，学校策划了一次投票活动，所有即将毕业的学生选出了他们最喜欢的一道美食，组成了这样一顿看似平常却充满回忆与感动的晚餐。

六年弹指一挥间，此时此刻，舞台大屏幕播放学生在学校的种种过往。一路走来，他们从天真到成熟，从稚嫩到沉稳，主持人带领毕业生深情告白：“我们学会做人，我们学会学习，我们学会生活，我们学会创造。我们会把母校的培育时刻挂在心间，今天看我，未来有我。”

五（12）班全体学生为即将毕业的哥哥姐姐演唱了歌曲《今天看我》，以班级合唱的方式道出了他们的离别赠言。接下来是各个班级的正、副班主任依次登场。毕业生与班主任每日朝夕相处，也许除了父母，最了解他们的就是班主任了。

图 2–20　学生表演节目

在全体学生合唱歌曲《骄傲的少年》之后，校领导为各个班级的学生颁发毕业证。接过毕业证书的学生就此成为一名合格的农科院附小毕业生，各校区负责人宣布各个班级顺利毕业。

学生代表走上舞台，代表2023届19个班741名毕业生送给学校一份他们自己准备的礼物——“金穗图书角”。这是学生为母校捐赠的图书，他们希望能为农科院附小和学弟学妹留下一路书香。刘芳校长和李宁书记接过了学生送出的这份情意深重的礼物。

图2-21　毕业生捐赠图书

6年前，在学生入学的时候每个家长给自己的孩子写了一封信，并把它封存了起来，这是6年前的期许与祝福。6年过去了，是时候打开这封信了，学生看着情真意切的文字，感动不已。接下来，农科院附小教育集团校长刘芳走到舞台中央，现场拆开了一封送给所有学生的信。刘校长读道：“星光，正是每一名农科院附小学子发出的光芒，你们是一颗颗闪耀的星星，是学校的金穗之星。续航，代表坚持，向着自己的既定目标坚定地走下去。‘星光·续航’的主题毕业典礼，寄托了我们对你们的期望与祝福，希望你们勇敢追逐梦想，在人生的舞台上展翅高飞，成就辉煌未来。”

在典礼之前，毕业生写下了一封信，这是写给多年后自己的一封信，也是与母校的约定。所有信件将封存于信箱，直到那个约定的日期——2035年7月

6 日，届时他们重返校园，再开启封存的记忆。这是一次浪漫的约定，更是一次对母校的深情表达。

伴随着家长和往届毕业生的祝福视频在舞台大屏幕上播出，毕业典礼也告一段落。

图 2–22　学生读家长写给自己的信

（三）增强办学实力和影响力是集团提质的关键所在

一所好学校的办学实力主要体现在学生学业成绩好、教师教学业绩好、学校治理能力强等方面。集团通过校长热线畅通家校沟通渠道，通过问题清单实现未诉先办，通过校区联合督导提升整体水平。集团治理能力的提升，得益于过去几年攻坚克难的考验和历练。过去几年提升学校治理能力的实战过程，也是检验集团化办学成效的最好契机，学校扩大了集团化一校多址办学的新优势。例如，所有教师加强对信息化技术的学习和运用，实现了线上、线下教学双重能力的提升，大家已经自觉、习惯地使用更加开放的优质资源来丰富自己的教学。又如，集团管理从散点式管理到全面整体推进。攻坚克难阶段，要保障正常的教育教学工作，后勤工作比任何时期都要做得更加全面精准、周到细致，从物资储备、技术平台搭建、数据统计、预案制订等都需要科学统筹，提前谋划。再如，学校与家长、社区的沟通无处不在。与家长的沟通渠道有线上家访、在线班会、空中活动、周末家长学校等；与社区街道、派出所、社区服务中心、城管大队、消防支队等部门形成了以学校为中心的检查、监督、援助、专业支持的良性互动机制。全社会都在关心未成年人的健康成长，充分体现家校社协同育人的价值所在。此外，还历练了一支可靠的干部、教师队伍，这也是集团最宝贵的财富。党政同心、干群一心、师生连心、家校共心，大家相互理解、相互支持，彼此关爱，默契配合，这是集团高质量发展的动力源泉。

【教育案例】

“校长热线”显初心　“接诉即办”践使命

刘　芳　李　宁

一、案例背景

自“不忘初心　牢记使命”主题教育启动以来，农科院附小党委认真学习贯彻习近平新时代中国特色社会主义思想，牢牢把握“守初心、担使命，找差距、抓落实”的总要求，坚持立德树人，办好人民满意的教育。

要办好人民满意的教育，不仅要提高学校的办学水平，提高教学育人质量，而且要知道人民的诉求，了解群众的烦心事、操心事、揪心事。结合海淀区教育系统的“接诉即办”工作，农科院附小党委决定打通群众的意见和建议反映渠道，探索建立起校内的“接诉即办”工作机制，主动收集家长对学校工作的诉求。于是在开学初的家长会上，向全体家长公布了校长热线电话，欢迎广大家长提意见、建议或者反映诉求。热线电话由学校党务办公室的党员教师负责接听，把群众反映的问题直接向党委汇报，校长、书记亲自调度，本着实事求是的精神为人民群众解决合理的诉求，解决完以后再反馈给家长。

了解家长关注的事情，这些事看似很小，但却是办好人民满意教育的重要一环。在广开言路的同时，学校党组织加强对各类意见和建议的分析研判，主动发现工作中的薄弱环节，为群众排忧解难，以实干践使命。

二、案例描述

“请问这是农科院附小的校长热线吗？”一天，学校的热线电话里传来一名女士的声音。

“您好，是的。有什么问题，您请说。”

“我想反映一下问题，我是四年级（12）班的家长。我想投诉我们班英语老师。从二年级开始班里换了这个英语老师后，我们家长就很不满意，私下里经常议论，但又不好在班级群里直接说老师。我们打听了一下其他班，感觉其他班的老师都很负责任，我们的老师怎么就这样？老师这么不负责任，那我们孩子的英语学习怎么办？”家长的声音很急促，从语气里能感觉到她的气愤。

“您别着急，慢慢说，什么原因呢？”接电话的老师劝慰家长。

“他从来不在班级群里发信息，也从来不跟我们家长交流。我们对于孩子的英语学习情况或者进度都不了解，也不知道该如何帮助孩子，因为老师从来不会告诉家长关于英语学习的任何方法、学习要求、学习进度、家庭作业和复习计划。这两年来，他一直都这样，有家长没办法了便在班级群中问他，他才回一句，要不他一句话都不说。”

“对于您反映的情况，我们会尽快核实，也会将核实和处理结果反馈给您，您方便留下电话号码吗？”

“我不方便留我的手机号，我就留一个家庭电话吧。”

接热线的教师立即向党委汇报了情况。书记、校长对这个问题高度重视，先要求农科院校区党支部调查、了解家长反映的情况是否属实，党支部立即安排负责教学的副校长调查四年级（12）班学生的英语水平，然后安排英语教学主任调查和核实。虽然接到电话时已经是周五放学时间，但是按照“接诉即办”的要求，英语教学主任利用周末的时间与该班英语教师进行了长时间的电话沟通。的确如家长所说，教师在学期初有和家长沟通英语学习安排，平时只是家长问到才会和家长沟通关于学生英语学习的情况。通过谈话，该教师意识到了自己工作的不足，表示一定会在以后的工作中加以改进，多和家长沟通，多向家长提供信息。该教师当天在班级群中再次公布了自己的手机号，欢迎家长有问题及时联系。农科院校区党组织把调查和处理结果向党委汇报后，根据党委的指示，两名教学领导都给接听热线电话的教师进行了文字答复，再由教师向家长反馈。

接听热线电话的教师按照家长留的号码打了过去，咦，怎么回事？怎么是北大口腔医院？不是家庭电话吗？当时再三核实了这个电话，不会有错啊。联系不上家长，没有办法回复，问题虽然解决了，但是却不能让家长了解到办理结果，不能让家长放心，那可如何是好？

教师考虑到可能是家长不方便留电话，所以故意说了一个错的号码。于是，教师又与班主任联系，请班主任在班级群中通知那个时间段打过“校长热线”的家长再次拨打。在班主任通知后的第二天，该家长果然打了过来，并表示自己留的是个错误号码。

教师把调查的四年级（12）班的英语学习水平处于该年级的中上水平的情况进行了告知，请家长对教师的教学水平放心。然后把该教师对问题的认识以及改进方法与家长进行了沟通，并且按照党委和校长的要求，给家长留了英语教学主任的电话，如果家长对英语教学有意见和建议，也可以直接与英语教学主任沟通。家长表示已经在班级群中看到该教师的做法，对于学校的回复非常满意。

三、案例分析

（一）党建引领“接诉即办”，于细微处显初心

“接诉即办”在人民的生活中成了一个高频词。家长的“诉”中尽是烦心事、操心事、揪心事，“接”中对应的则是教师“不忘初心、牢记使命”，“接诉即办”，就是检验初心使命的试金石。教育的“初心”和“使命”，便是办好人民满意的教育，那就要广泛听取群众意见，真正将群众的大小事放在心上。即使是群众的“小事”，也是构成教育“大事”的“细胞”。基于此，农科院附小坚持发挥党建引领的作用，开展“接诉即办”工作，以“立即响应、快速办理、群众满意”为原则，充分发挥党建工作在学校服务方面的政治优势和组织优势，建立一套服务群众的响应机制，让党组织成为显初心、践使命的坚强战斗堡垒。

（二）学校党委践行使命，“校长热线”服务民生

农科院附小党委建立“校长热线”工作机制，书记和校长为学校“接诉即办”工作第一责任人，定期组织党委委员和全体教职工了解“接诉即办”的相关案件，让教师了解家长的关注点，从群众关注的高频问题出发，加强家校沟通，

提高学校管理的科学性，查找教育教学中存在的隐患，提前预防相关投诉。虽然设立“校长热线”给教师带来无形压力，但是要变压力为动力、变被动为主动，教师只有在教育教学中主动下功夫，才能在第一时间发现并解决问题。从群众的“不满意”处发力，有一办一，举一反三，梳理共性，主动治理，综合施策，进而提高学校的管理服务水平。学校能做到不遮掩、不回避、不护短，分析深层次原因，寻找解决办法，还要做到恰当处理，不要让“校长热线”束缚教师。“校长热线”开通以来，教师更加主动作为，投诉数量已明显减少。

（三）“校长热线”是打通“最后一公里”的良策

教育孩子需要家校合力，要做好这个工作不容易，需要有非常顺畅的家校沟通渠道。在开通“校长热线”后，很多家长打来电话，表示这项工作早就应该开展，以前有很多事情都没有地方去诉说和表达。因为有些话不方便直接对老师说，有些事即使告诉了老师也解决不了。行百里者半九十，为民服务重在解决“最后一公里”的问题。“一公里”看似短，却内涵丰富、环节关键，解决了这“一公里”，就能实现有效的家校沟通。“最后一公里”实质上是为民服务的最前沿，了解学生在校接受教育的真实情况，践行“从群众中来，到群众中去”，了解民情民意，及时向群众汇报解决问题的思路和举措。在“校长热线”中问计、问需，乃良策。

“校长热线”“接诉即办”是学校党组织坚持以人民为中心的发展思想、践行初心和使命的实际行动，是最直接、最生动的主题教育，以此初心浸润在真挚的人民情怀之中，从而源源不断地获得来自人民的强大动力。

（四）提高集团社会信誉，锻造“金穗品牌”是集团提质的不懈追求

高质量的学校既是一所享有社会信誉的学校，也是一所有着很高辨识度、具有地标性质的品牌学校。为了打造学校品牌，集团依托各校区周边的优质丰富资源创建特色品牌课程，例如科技的“小小新农人”、劳动的“古籍劳动——耕织课程”、体育的“跳绳课程”、美术的“四季课程”等。最值得一提的是学校在提质期还把教育帮扶作为贡献社会、历练队伍、提升学校影响力的公益事业，把服务社会作为提升能力的一条有效途径。从 2010 年“手拉手，同生长”寻访留守儿童公益活动开始，教育扶贫已经走过了 10 余年。从单纯的物质帮助

发展到对口校、合作校等多种形式，通过输出资源、分享课程、共建平台、多元合作等多种途径，教育扶贫不断走向深入，越来越多的教师参与到教育扶贫工作中。自 2019 年开始，学校在中国教育学会的组织下与贵州省毕节市赫章县的 3 所小学和 1 所幼儿园建立联系。在 2 年的时间里，先后 2 次赴赫章县开展教学交流活动，将学校的优质资源与课程分享给当地教师。其中 14 名教师进行研究课展示，开展 3 次课程讲座。学校邀请赫章县学校教师代表到校观摩交流，6 名教师进行研究课展示。在过去几年的攻坚克难期间，为了促进赫章县学校的教学工作提升，学校将自主开发的 60 节“微课”资源分享给当地教师。在 2020 年 10 月赴赫章县教育帮扶活动中，学校在当地建立了语文、美术、音乐、体育等学科名师工作室，借助此平台，开展更加深入的教学交流活动。集团将筹备策划的“金穗教育平台”向贵州、宁夏、新疆等地的帮扶学校开放，共同享受互联网教育的成果，这将成为集团线上教育帮扶的新平台。

图 2–23　教育帮扶贵州之行（组图）

【教育案例】

守望教育，点亮心灯

杨　昊

2010 年，学校组织了“手拉手，同生长”关爱留守儿童活动，我和学生代表一起走进河北的杜家沟小学。虽然已经过去了 10 多年，但是那场景仍然历历在目：低矮破旧的教室，坑坑洼洼的地面，凹凸不平的桌椅，窗户上的白色塑料布。学校里面没有水，唯一的水源是家长集资为他们打的一口水井。升旗时没有旗杆，只能用一根长长的木棍代替旗杆。我们的学生为他们带去了许多礼物，但是那里的学生竟然连跳绳都没有使用过。这些学生的父母常年外出打工，家里的老人年岁又大，一年级的学生放学回到家就要烧火做饭。离别时，在夕阳下，这些学生紧紧地拉着我们的衣角，沉默不语，但是晶莹的泪珠却不住地流淌。这泪水中是感激，是不舍，还是一种对未来美好生活的憧憬？我也不知道，但心中却像压了万斤巨石，沉重得喘不过气来。

在接下来的日子里，我把教育兴国、教育扶贫作为己任。作为一名班主任，我组织学生多次积极参与爱心活动，为贫困地区的孩子捐款捐物，用生命呵护生命。作为一名语文教师，我在教学《马背小学》《渴望读书的“大眼睛”》《山沟里的孩子》这些课文时，总是饱含深情，把学生的心引向大山深处，教育他们学会珍惜，学会感恩，把支援偏远地区的教育、建设社会的理想植入他们的内心，用心灵引领心灵。作为一名教育工作者，我曾远赴大庆、银川为当地的教师送课，也曾多次接待过海南、新疆、内蒙古等地来京交流的教师团，与他们倾心交流，用成长引领成长。

我深知，教育是阻断贫困代际传递的根本之策。作为教师，我们的责任重大。我要牢记使命，不忘初心，努力做教育改革的奋进者、学生成长的引导者，为祖国下一代健康成长继续做出自己的贡献。通过教育让学生认识到造成贫困的原因，找到解决贫困的办法，从而“立鸿鹄志，做奋斗者”。

第二节　高质量党建守正生长之魂

2018 年 9 月，习近平总书记在全国教育大会上强调，各级各类学校党组织要把抓好学校党建工作作为办学治校的基本功，把党的教育方针全面贯彻到学校工作各方面。

2019年5月，海淀区教育大会召开，会议强调办好人民满意的海淀教育要做到以习近平新时代中国特色社会主义思想为指导，坚持以人民为中心的发展思想，坚持把教育放在优先发展的位置，紧紧围绕首都“四个中心”功能定位，深化落实“两新两高”战略，以凝聚人心、完善人格、开发人力、培育人才、造福人民为工作目标，以“教育+智能”为手段，扎实推进教育事业现代化，进一步强化“教育是海淀命根子、金名片”意识，提升海淀教育现代化水平，大力建设教育强区。

学校党委精准对标中央和海淀区教委有关精神，坚持党对教育的全面领导，结合工作实际，持续提升党建工作质量，充分发挥党组织的战斗堡垒作用，淬炼办学治校基本功。

一、抓好新时代党建　淬炼办学治校基本功

（一）坚持以党的政治建设为统领，把党的领导、党的建设贯穿办学治校全过程

1. 着力提高党的领导全面性、科学性、有效性

党委牢固确立学校党组织的政治核心地位，落实党组织领导的校长负责制，根据新时代党建工作要求和集团化办学特点，制订学校章程，将党建工作纳入“第三章　内部治理结构”中，明确党组织职责、工作任务、管理体制、监督方式与机制等，强调把抓好德育和思想政治工作作为学校党委重要任务，切实加强党对学校教育工作的全面领导。

党政领导班子配合紧密，共同决策，坚持每周召开一次党委会、校长办公会，每月召开一次行政会。“三重一大”事项由党委会民主商议和集体决策。积极发扬校内民主，规范校长办公会、行政会、教代会等重要会议的职能、主题和流程，并配有专人记录，及时将学校工作安排、选举结果、人事安排等“三重一大”信息通过多种方式公示和公布。校长每学期都会在教代会和全体教职工大会上汇报重点工作。每学年开展“双报告”工作，党委书记代表党委会、校长代表行政班子向全体教职工报告工作。

2. 着力打造忠诚、有担当的高素质专业化干部队伍

党委完善了干部选拔任用制度，坚持把政治标准作为选拔培养干部的首要标尺，坚持德才兼备、以德为先。严把“选拔、培训、锻炼、实践、整改”五环节，加强干部队伍建设。①选拔：由学校党委实施干部选拔任用工作的有关程序聘任干部，形成符合农科院附小发展要求的干部选拔任用流程，严把干部入口关。②培训：通过参加海淀区教育党校的培训课程、校本培训等学习，引领干部政治能力和专业水平不断提升。③锻炼：通过校区间交流，承担项目，选派干部参与脱贫攻坚、援疆等重大任务，锻炼干部独当一面的能力。④实践：鼓励干部将培训和锻炼的学习所得，在实践中运用。⑤整改：每名干部根据民主测评结果，认真反思和整改，召开干部民主生活会，制定整改措施，促进干部不断反思和改进。

图 2–24　农科院附小党委委员

3. 着力把好政治关、师德关，做好教师聘任工作

党组织在人才引进、教职工岗位聘用、考核评价和职称评审、岗位晋级等工作方面，严把政治关、师德关，把师德表现放在首位。对新任教师开展新教师培训，提高思想政治素质，形成良好的职业认同和师德修养。

4. 着力解决学校重点、难点、痛点问题

学校党的建设是办学治校的基本功，党建渗透到学校各项工作中。在各项改革前，党支部书记做战前动员；在关键时刻，党员站出来，发挥先锋模范作用；

在大是大非面前，党员主持正义，团结一致。这都是党组织在发挥政治核心作用，可以说，党的建设无时不在、无时不有。

2020 年，在攻坚克难的关键时期，在学校党委的带领下，全体党员挺身而出、冲锋在前，经受住了重大考验。同年 2 月，党委接到了社区报到的任务，学校党员干部率先垂范、争先恐后报名参与这项工作，从 2 月 5 日开始在邮电大学南门值守，一直坚守到 7 月 31 日。从冬季的大雪纷飞到夏季的烈日炎炎，学校在学区参加值守的学校中是值守时间最长、参与人数最多的，一共有 77 人次积极参加，其中党员 45 人次，值守 81 天、1089 小时。

过去 3 年，学校积极探索线上教育，教师要在线上指导学生学习，还要关爱学生的心理健康。面对困难，学校党委积极想办法，每日为学生提供 4 套学习方案，满足不同学生的需求；教师定期与学生通电话，了解他们的心理状况和学习困难；党员和骨干教师积极承担市、区、校级线上课堂的录制，满足学生的学习需求。党员干部、骨干教师审阅学习方案、设计线上课程，经常忙到深夜，返校复课严格落实教委要求。

2021 年开学，“双减”政策出台，学校党委不等不靠、迅速行动起来，假期不停歇，制定学校“双减”方案。学校迎难而上、不断思考、不断创新，“双减”工作得到北京市教委的高度肯定，校长在海淀区教育大会上介绍“作业辅导”先进经验。2021 年 12 月 10 日，学校又代表学区召开“双减”工作现场会，向内蒙古、新疆、贵州等地的学校直播分享优秀经验。

图 2-25　农科院附小在海淀区推进“双减”工作现场会上汇报党建引领“双减”工作

【教育案例】

落实“双减”我先行，走好两个“一公里”

李　宁

2021年7月，中共中央办公厅、国务院办公厅印发《关于进一步减轻义务教育阶段学生作业负担和校外培训负担的意见》，指出确保“双减”工作落实落地，学校党组织要认真做好教师思想工作，充分调动广大教师的积极性、创造性。

同年8月，北京市教委召开全市书记、校长大会，会上，刘宇辉主任指出，我们要充分认清形势，提高政治站位，这次“双减”工作是党的教育方针、教育初心的回归，是教育方向的一次矫正，是教育生态的一次重塑，是基础教育的一次革命。海淀区教委要求我们要高度认识“双减”工作的极端重要性，坚决落实中央、市、区关于“双减”工作的部署，从严从紧加以落实，并用半年的时间见到成效，要积极作为，以问题为导向，肩负起教育工作者的责任和使命。

一、“双减”工作是对学校基层党组织的党性考验，是对党员战斗力的考验，必须递交满意的答卷

“双减”工作对学校来说没有现成的经验可以借鉴，更没有完善的制度、清晰的工作流程可供执行，这项工作可以说是时间紧、任务重、要求高，开学就要落实。面对校外培训机构全面规范治理的新情况，如何缓解家长的焦虑情绪，做到校内减负提质，让学生和家长的负担在1年内有效减轻、3年内成效显著，教育满意度明显提升，是我们思考的问题。

面对“双减”工作的高标准、严要求，学校党委迅速行动起来，党委书记、校长召开党委会、支部书记会，让大家就如何落实“双减”政策展开讨论。党委委员和支部书记一致认为“双减”工作要全面贯彻党的教育方针，落实立德树人根本任务，构建教育良好生态，促进学生全面发展、健康成长。我们必须经受考验，在这份答卷上考出好成绩。

二、党建引领，全面动员，党员先行，率先垂范走好“最先一公里”

学校党委要求党支部结合自己的实际情况，不等不靠，迅速做起来、动起

来、干起来。充分发挥战斗堡垒作用，在落实“双减”工作中担负起教育党员、管理党员、监督党员和组织群众、宣传群众、凝聚群众、服务群众的职责。要求全体党员讲政治、有情怀、守规矩，落实党委提出的“五带头”要求：带头弘扬正气、带头读书学习、带头落实学校各项要求、带头开展教育科研、带头上好每一节课。每个党员要践行承诺，充分发挥先锋模范作用。

1. 认真学习，统一思想

习近平总书记在全国教育大会上强调，各级各类学校党组织要把抓好学校党建工作作为办学治校的基本功，把党的教育方针全面贯彻到学校工作各方面。学校党委对标中央有关精神，聚焦“双减”工作难题，结合学校工作实际，提升党建工作质量。学校党委、党支部组织干部、党员、全体教师开展学习。组织领导班子进行学习，在国家新发展格局的高度上理解“双减”政策，提高政治站位；组织行政干部、组长参加市、区教委视频会，学习上级精神、制订学校工作方案；组织全体教师学习文件、解读学校方案、积极落实各项工作；组织开展家长培训，开学和期中通过家长会向家长宣传教育部“五项管理”政策的目的和要求，宣传学校的工作方案，让家长在明晰政策的同时，了解学校的具体做法，达到家校共育的目的，缓解家长的焦虑、得到家长的支持。

2. 承诺践诺，聚力聚智

在落实“双减”工作的过程中，我们也遇到了前所未有的困难，例如如何增强课后服务的吸引力，把学生留在校园；如何提升课堂教学质量，实现减负高效；如何充分利用资源优势，满足家长和学生的个性化需求；如何克服学校场地小的困难，提升学生体质健康水平等。

面对这些困难，只有党员和干部带头学、带头讲、带头干，始终保持共产党员的先进性，才能立起标杆、树好榜样。在党委开展的“践诺”活动中，党员坚持问题导向，围绕热点、难点问题勇担重任，认真制订“党员承诺书”，积极践行承诺。以下是党员承诺内容：党员干部承诺深入调研、科学组织、务求实效、做到制订方案稳而不乱；党员组长承诺关心、关爱组内教师，带领教师开展健康运动，提高教师工作积极性；党员班主任承诺做好课业辅导，耐心与家长沟通，确保全班同学积极参加课后服务；科任党员教师承诺积极开设学生社团，保证满足学生的个性化发展需求；骨干党员承诺认真备课，努力上好每一节课，带头开展教育科研，在组内起到学科带头人的示范作用，在做好所教班级的课业辅导工作的基础上，积极报名参加年级的答疑工作，认真回答学生的每一个问题，提高培优补差的实效性。

通过党员的承诺践诺，大家心往一处想、劲往一处使，聚力聚智，解决了“双减”工作中的难题，取得了很好的效果。开学初的统计显示，15：30—16：30的学生课后服务参与率达到100%；16：30—17：30大部分年级的参与率达到80%。

3. 党建引领，激发活力

党委通过寻找身边的榜样、党员示范课、党员导师团、校长热线、党员联系服务群众等党建工作，充分发挥党支部战斗堡垒作用，凝心聚力，营造心齐气顺的氛围，激发干事创业的活力。

党支部开展“新的赶考之路　农科党员新的答卷”主题党日活动，寻找身边的榜样，树立了38名党员榜样，在学区展示他们的事迹；开展“致敬，记忆深处的好老师”活动，让教师讲述自己的教育故事，宣传每一名农科好教师。

开展党员示范课，学校党委倡导党员干部带头敞开课堂，党员教师带头实践研究、解决教学中的难点问题，党员干部教师在示范的过程中埋头苦干、身体力行，始终把自己当作一面旗帜、一个标杆，在学校形成了党员干部、教师引领课程与教学改革，有困难找党员的研究风气。

三、找准“双减”工作痛点、难点问题，排忧解难，对症施治，打通保障“双减”落地的最后一公里

1. 十条举措　关爱教师

“双减”政策落实以来，教师既要承担教学任务，又要提供课后服务，如何在保证“减负提质”效果的同时减轻教师压力，让教师健康地工作、生活，党委认真调研、加强研究，制订了10条关爱教师的举措。

（1）引进资源，缓解压力

积极招募可提供高质量服务的、非学科类的教育培训机构，参与开展班级

和校级选修课，满足学生特长和兴趣发展需求。合理安排教师参加课后服务，减轻教师工作压力。

（2）AB岗位制，交替上岗

设立课后服务教师AB岗制度，每个班安排2~3名教师负责课后服务工作，让教师在课后服务过程中交替上岗，方便教师开展教研活动。

（3）弹性下班，人文关怀

在不影响正常教学的前提下，参与课后服务的教师，每周可享受2~3次弹性下班，弹性下班期间教师可以在16：30离开学校。

（4）半日休制，提供方便

学校平均每月给教师一次半日休的时间，教师在不影响正常教育教学工作的前提下可有半日的休息时间，可以看病，也可以解决个人家务事等。

（5）精简工作，回归本职

全面梳理校内各项非教育教学任务，减少事务性工作给教师带来的负担；优化"校本"培训的设计安排，压缩非必要的各类工作例会、报表填写，这些工作由行政干部克服困难完成，切实让教师回归教育教学本职工作，不断提升教育教研、作业批改等工作实效。

（6）幸福工程，快乐工作

学校工会为教师提供课间"休憩点"，安排美味可口的点心、咖啡等茶歇，设立休闲阅读吧，购买午间休息躺椅，保障教师有效休息，有充沛的精力投入工作。学校党委积极联系街道、医院，为教师提供医院专家资源，为教师身体健康保驾护航。

（7）工会活动，丰富多彩

利用课余时间，开展教师健身长走、趣味运动会等，让教师享受运动的乐趣、健康身心。

（8）爱心驿站，解决后顾之忧

教师参加课后服务，不能保障按时接走自己的孩子，学校附设幼儿班，为教师的孩子提供托管服务，耐心照顾教师子女，解决教师的后顾之忧。

（9）温馨家园，心理健康

开设心理健康温馨家园，邀请国家二级心理咨询师为教师提供专业的心理辅导，保障教师心理健康。

（10）整合资源，经验分享

及时组织各方资源，为各学科提供智力支持，避免教师单打独斗，并举办减负经验分享会，推广行之有效的做法。

2. 贴心服务　关爱学生

（1）根据需求提供延时服务

有的家长工作单位远，按时接送学生有困难，学校为这些学生提供延时服务，早上 7 点学生就可以进校，下午放学最晚 18 点接走。党员干部承担了全部延时服务工作。

（2）一生一案，不让一个学生掉队

近年来，学校患有孤独症、多动症等特殊疾病的学生越来越多，这些学生在校园生活中会遇到各种各样的问题，党委特别关心这些学生的成长，根据学生个性化需求提供解决方案，有针对性地辅导他们，不让一个学生掉队。

（3）让操场亮起来，保证学生安全

课后服务结束时已经 17：30 了，光线较暗，存在安全隐患，学校在操场上和放学的路上安装了照明设备，确保放学时学生、家长的安全。

（4）家校联动，缓解家长焦虑情绪

开学初，班主任积极与家长沟通，点对点宣传“双减”政策，解读学校根据“双减”工作出台的一系列实施办法，教师用自己耐心细致的工作和实际行动把学生留在班级、留在校园。

学校还根据家长需求，推荐家长参加海淀家庭教育公开课。《“双减”下，父母如何与孩子一同成长》《小学生学习能力的个体差异》《关注孩子情绪营造幸福家庭氛围》等一系列接地气又“解渴”的专家讲座，用具体的案例，缓解了家长焦虑的情绪，受到了家长的欢迎。家长在发给教师的信息中写道：教育新理念在鲜活案例中入脑入心。学校还搭建了“金穗教育平台”，给教师、家长、学生提供了互相学习的平台，在交流中成长。

“双减”工作任重道远，学校党委在总结经验的基础上，提出继续把“双减”工作不断向前推进的要求，强调以“功成不必在我”的精神境界和“功成必定有我”的历史担当，让教师坚守初心，不断在“双减”工作中取得新成绩。

（二）深入贯彻全面从严治党方针，持续巩固风清气正的政治生态，持续建设深刻领会教育高质量发展内涵的党员教师队伍

学校建立“党委－党支部”两级工作系统，规范各级党组织的任务和委员的职责，党委结合市、区要求和本校工作实际，制订统一适用的基本工作标准；各支部依照标准，结合校区实际情况，精准开展党建工作。

坚持理论学习，加强思想政治建设。学校党委始终把党的政治建设放在首位。党委认真组织全体党员、全体教师开展政治学习，学习党章、习近平新时代中国特色社会主义思想及系列重要讲话、党史、党的二十大精神等。增强“四个意识”，坚定“四个自信”，坚决做到“两个维护”，使党委委员坚定政治方向、明确教育方针、提升师德水平。

图 2–26　党委开展主题教育

开展品牌建设，提炼党建经验。党委开展“践诺”品牌建设，“践诺”党建的基本内涵是以诺引行、以行示范。通过党委、党支部、党员三级发声承诺活动，通过实施定诺、审诺、亮诺、践诺、评诺五步法，明确看得见、摸得着、做得

实的学期承诺。做到定诺有实效、审诺有标准、亮诺有主题、践诺有行动、评诺有质量，在“践诺”行动中发挥党员先锋模范作用、党支部战斗堡垒作用。

围绕中心工作，推动教育教学改革。党委坚持围绕中心工作抓党建，不断深化教育教学改革。党委完善了生长教育的办学理念，生长教育的核心理念是“全面、健康生长”，全面是指面向全体学生，健康是指学生的生理健康、心理健康、道德健康、社会适应健康。在党委的领导下，学校构建了生长课程体系，这是新时代立德树人实践的重要方式之一，是把每一名农科学子培养成为德智体美劳全面发展的社会主义建设者和接班人的重要载体。

基于生长教育的核心理念，根据学生的生长规律，党委领导学校确定了学校的培养目标：关注学生人格的生长，培养学生学会做人；关注学生知识经验的生长，培养学生学会学习；关注学生社会适应能力的生长，培养学生学会生活；关注学生创造能力的生长，培养学生学会创造。其中，做人是根基，学习是途径，生活是过程，创造是结果，通过这四个方面的综合作用，引导学生成为当下及未来美好生活的创造者。

通过整合、优化三级课程，健全课程机制，构建有农科院附小特色的课程体系，学校课程目标更加聚焦核心素养，课程内容更加注重综合实践，课程实施更加注重体验探究，课程评价更加多元多样。

【党建案例】

我是人民教师　我是共产党员

谭蕾蕾

今天我带来了一张全家福，这是我陪伴了两年的2018级向日葵中队。看！学生有着一样的灿烂笑容，一样的自信与勇敢，也有着不一样的个性与可爱。遇到他们，我的生活变得更加精彩。与他们在一起的每一天都是新鲜的、都是生长的。

前不久，我们学校组织了校园音乐节，小明同学担任了我们班的领唱，并且在比赛时表现出色。看着舞台上发光的他，四年级刚接班时的一幕幕便浮现在了眼前：小明上体育课和同学打架了、小明在教室里大喊大叫……针对小明的情况，我一方面定期与家长沟通小明的在校表现；另一方面关注小明的课间活动，适时引导他与同学相处。为了帮助小明交朋友，我精心为他安排同桌，以“交流画作”为切入点逐渐打开他的心房。慢慢地，他愿意与我交流，他与同学之间发生矛盾后也愿意向我倾诉。学期末，当我把热爱班级之星的奖状交到他手上时，笑容洋溢在他的脸上。

从小明的身上，我也有了很多收获：党员是我的“第一身份”，师德是我的“第一标准”，在全面关爱学生、关爱全体学生的基础上，针对学生的心理困惑、学习困难、行为习惯等方面的问题，排查出需要重点关注的学生，实行结对帮扶，因人而异制订帮扶方案，努力做到用真情、求实效，绵绵用力，久久为功。

正如我们学校生长教育的核心价值观就是“关注每个学生每一天的生长”。这个可爱的学生在农科院附小的沃土上生长变化着，不仅仅是他，我们向日葵中队的每一个学生都在生长、变化。

一、“习爷爷教导记心中”活动

作为党员教师要牢牢把握“培养什么人、怎样培养人、为谁培养人”这一建设教育强国的核心课题，坚定为党育人、为国育才的初心，为建设教育强国做出积极贡献。为此，我利用课余时间认真学习习近平总书记对少年儿童的教导，了解习近平总书记的成长奋斗和治国理政故事，认真撰写学习笔记，将所学理论与中队活动结合，有针对性地设计主题中队会，组织中队实践活动，引导队员谨记习爷爷的教导，坚定听党话、跟党走的信念和决心。通过理论学习，我更加深入认识到教书育人的重要性，把学习变为自发的精神需求，转化成个人的工作需要和价值追求。

二、开展系列红色实践教育活动

党的二十大报告中指出，要用好红色资源，深入开展社会主义核心价值观宣传教育，深化爱国主义、集体主义、社会主义教育，着力培养担当民族复兴大任的时代新人。作为党员教师，如何利用中队活动落实立德树人根本任务呢？

为此，我利用节假日亲自寻访了中国少年英雄纪念碑、北大红楼等红色实践教育基地，并根据寻访内容及学生年龄特点设计红色实践寻访活动，将每次活动的红色文化德育渗透目标明确化、具体化。在开展中国少年英雄纪念碑少年英雄寻访活动之前，我先组织队员通过上网、图书馆阅览等形式查找少年英雄的故事，一起提炼一个又一个故事，精雕细琢一个又一个细节，精心设计一个又一个内容，认真打磨，选拔优秀少先队讲解员。做到真正唤醒和激励学生向真、向善、向美的愿望，同时也让自己得到教育和升华。带领队员走进党史展馆、走近少年英雄纪念碑，让红色文化滋润学生的心灵，让学生感受红色文化的魅力，接受红色文化的熏陶。让革命教育、爱国教育等德育内容滋养学生，坚定他们长大报效祖国的决心。

三、讲好丰收故事，体验农耕文化

我们常说“纸上得来终觉浅，绝知此事要躬行”，为贯彻落实“立德树人，‘五育’并举”根本任务，学校组织队员来到海淀区少先队校外实践基地——弗莱农庄开展“讲好丰收故事，体验农耕文化”活动，队员亲身体验农事劳动，培养热爱劳动的良好品质，树立正确的劳动观念。

在丰富多彩的活动中，向日葵中队的队员更加凝心聚力，形成了诚实、勇敢、活泼、团结的少先队作风，并于2023年6月成功争创“全国红领巾中队”。

习近平总书记在中共中央政治局第五次集体学习时强调，建设教育强国，基点在于基础教育。作为一名新时代小学教师，作为一名共产党员，我们要始终坚守为党育人、为国育才的决心，把立德树人的使命扛在肩上，内化为工作中的点滴行动。此外，我们也要不断学习、不断充实完善自己，担起教书育人的使命，真正成为学生成长道路上的良师益友。

（三）加强党支部规范化建设

为扎实推进党支部规范化建设，根据海淀区委组织部下发的《党支部工作规范》和海淀区教工委组织科下发的相关工作要求，制订农科院附小《党支部工作手册》，规范支部党建工作。认真落实“三会一课”、民主生活会和组织生活会、民主评议党员、主题党日等制度。通过规范化建设，党支部做到班子坚强有力、党员充满活力、活动规范开展、主题政治鲜明、发挥作用突出。

加强党建阵地建设，对党建活动室进行改造和完善，使之成为党支部活动、党员学习的重要场所，各校区党支部配备了党的理论书籍，及时宣传党的理论、方针、政策和精神。

落实学校教育根本任务的过程中，党组织是学校工作的战斗堡垒，党员教师是推动学校各方面发展的重要力量。

（1）加强作风建设，提升党员干部的党性修养。党委在总结学校传统作风的基础上凝练党员精神，提出党员“五带头”的要求：带头弘扬正气、带头读书学习、带头落实学校各项要求、带头开展学校课程改革、带头上好每一节课。以党员的实际行动引领全体教职员工凝心聚力，带动全体学生积极向上，共同为建设学校生长教育新生态而努力。特别是落实“双减”政策，党员干部勇挑重担，围绕课后服务、课堂改革、作业设计、培优补差工作中的热点、难点问题承诺践诺、聚力聚智，使学校“双减”工作取得了很好的成效。

（2）以“双培养”为抓手，培养思想过硬、业务精湛的学生引路人，持续推进“双培养”机制。关心党员教师的专业成长，关心骨干教师的政治追求，为党员教师成才、骨干教师入党创设条件。近三年党委坚持每年各发展两至三名骨干教师入党。学校通过科研引领、聘请名师指导、搭设展示平台，促进党员、骨干教师专业成长。

（3）加强党风廉政建设。全体干部树牢“四个意识”，坚定“四个自信”，坚决做到“两个维护”。党委结合干部本职工作，勉励党员干部树立五种工作意识：一是服务意识，每一名干部都要有为群众服务的意识和能力；二是前瞻意识，要以发展的思维来应对新时代的教育改革；三是反思意识，干部要善于发现问题，反思自己的不足，积极采取措施，不断推进学校发展；四是创新意识，要与时俱进，不断突破自己；五是合作意识，推进党政融合、校区间配合、校区内聚合，对外交流、开放办学。

严格自律守清廉，依法合规办教育。与干部签订《党风廉政建设责任书》，与每名教师签订《廉洁自律责任书》，不断完善学校内控制度，以制度规范办学行为。

积极开展海淀区中小学有偿补课和教师违规收受礼品礼金专项整治工作。认真开展自查，教职工在自查登记表上签字。在微信公众号上发布《致家长的一封信》，教育引导家长。通过校长热线和师德师风热线请家长监督学校工作。

（四）全面加强德育和思想政治工作，牢记为党育人、为国育才使命，着力培养能担当民族复兴大任的时代新人

1. 强化思想引领，把握政治方向

落实立德树人根本任务，必须坚持育人和育才相统一，将价值塑造、知识传授和能力培养三者融为一体。习近平总书记强调，青少年阶段是人生的“拔节孕穗期”，这一时期心智逐渐健全，思维进入最活跃状态，最需要精心引导和栽培。通过思想政治教育教给他们正确的思想、引导他们走正路十分重要。因此，党委开展生长教育理念下学校思政课程体系建设的实践研究，树立课程思政意识、组建思政课程教师队伍、研制学校思政课程方案、丰富课程资源、完善评价机制，建设学校思政课程体系，形成“课程门门有思政，教师人人讲育人”的育人格局。

2. 加强师德建设，强化师风传承

（1）修炼内功，形成美德。美德的养成，离不开修身与传承：一是学习习近平新时代中国特色社会主义思想中关于教师师德方面的论述，从培养社会主义建设者和接班人的角度思考教师应具备的职业道德；二是向榜样学习，传承优良的师德师风。

（2）制度建设，形成规范。一是解读教育部《新时代中小学教师职业行为十项准则》，制订《农科院附小师德考核办法》，签订《师德师风承诺书》，倡导党员“五带头”，开展“践诺”品牌活动，积极承诺、亮诺、践诺；二是引领教职员工弘扬主旋律，传播正能量，把师德师风建设作为党建重点工作任务。

（3）心理辅导，关爱教师。开设心理健康温馨家园，邀请国家二级心理咨询师为教师提供专业的心理辅导，保障教师心理健康。

图 2-27　表彰海淀区教育系统优秀“四有”教师

3. 抓好德育工作，培育社会主义核心价值观

建立党组织主导、校长负责、群团组织参与、家庭社会联动的德育工作机制。学校通过开展年级主题综合实践活动、爱国主义教育活动、劳动教育等，让社会主义核心价值观入脑入心。

（1）开展年级德育综合实践活动。深入做好德育综合实践课程建设，开展多学科融合、多学科参与的主题综合实践活动课程。各个年级组教师从整体育人的角度出发，从学生的真实生活和发展需要出发设计实践课程。

（2）爱国主义教育永远是学校德育工作的主旋律。利用国旗下讲话，开展主题班级展示活动。2019 年以“我与祖国共成长”为主题，各班通过介绍祖国 70 年的发展变化、讲述时代故事等内容进行展示。2021 年以“学党史　颂党恩　跟党走”为主题进行展示，班级展示内容丰富，形式多样，从歌舞表演到诗歌朗诵，从情景剧表演到传统曲艺等，多样的形式开阔了学生的眼界，同时又贴近学生的校园学习生活，具有很好的教育意义。

利用新中国成立 70 周年的契机，开展热爱祖国的主题教育。开展“我和国旗有个约会”主题教育活动。2019 年 5 月 10 日，农科院附小少先队员走进国旗护卫队，开展“我和国旗有个约会”活动。

举行“争做新时代好队员　红色基因代代相传”入队活动。2019 年 5 月 31

日上午，伴随着铿锵有力的出旗曲，海淀区主题队日活动暨新队员集体入队仪式拉开了帷幕。学校876名一年级学生来到中华世纪坛参加活动，成为一名光荣的少先队员。2019年开学典礼，全校师生高唱《我和我的祖国》，将热爱伟大祖国的情感深深植入学生心田。2019年10月1日，在庆祝中华人民共和国成立70周年群众游行活动中，学校75名师生精神饱满，节奏整齐，用青春和热情接受祖国检阅，为祖国70华诞献上美好祝福。

图2-28　参加庆祝中华人民共和国成立70周年群众游行“同心追梦”方阵的少先队员

抓住建党100周年契机，开展热爱中国共产党主题教育。学校设计开发了精品云广播活动——“红领巾献礼建党百年”系列活动之“红领巾讲红色故事”云广播，带领广大少先队员学党史、学团史、学队史，听党的话，坚定信念高举队旗跟党走。

打造精品少先队课，让队员在红色教育的氛围中健康成长。李雅文老师的“追寻先辈足迹，争做时代新人”、唐录青老师的“寻找追梦人”、梁小信老师的“追寻红色记忆，传承红色精神”、迟妮老师的“永远跟党走——学习‘为人民服务’精神，践行红领巾义务”、魏伟老师的“老物件，新变化”等十几名教师的红色课程在全校范围内进行展示。裴瑞雪老师带领少先队员在中国少年英雄纪念碑前上队课，寻访少年英雄足迹，学习少年英雄事迹，发扬少年英雄精神，讲述少年英雄可歌可泣的感人事迹。刘莹老师的少先队活动课“缅怀英雄烈士争做金穗少年”在李大钊烈士陵园授课，队员们在烈士陵前立志为实现中华民族的伟大复兴而努力奋斗。

图 2–29　主题队会“老物件，新变化”

全校师生同上一节思政大课“唱支歌儿给党听”，师生用歌声抒发对党和国家的热爱之情，坚定不移听党话、跟党走。展示了学校在教育教学改革中的成果，展现学校在构建德智体美劳全面培养的教育体系中取得的成绩。开展“民族昌盛，为你而歌”书法教育活动，在活动现场，100 名学生以软笔书法、50 名学生以硬笔书法挥毫泼墨，用一幅幅精心创作的书法作品感党恩、颂党情。

【教育案例】

生长教育理念中学校“大思政课”体系建设的实践研究

李　宁　刘　芳

思政课是落实立德树人根本任务的关键课程。当前，思政课建设整体上进入质量提升和内涵发展的新阶段，迫切需要以“大思政课”建设为抓手，持续推动思政课高质量发展。

一、问题的提出

1. 党和国家对加强学校思想政治教育提出新的要求

党的二十大提出新时代教育要坚持“为党育人、为国育才”。习近平总书记主持召开学校思想政治理论课教师座谈会时强调，青少年阶段是人生的“拔节孕穗期”，最需要精心引导和栽培。我们的教育必须要培养有理想、有本领、有担当的，堪当民族复兴大任的时代新人。因此，学校要加强理想信念教育，教育和引领青少年把个人理想和人民需要、党和国家的事业统一起来。

2. 学校开展“大思政课”体系建设是落实立德树人教育目标的重要方式

“大思政课”的课程体系建设是新时代立德树人实践的重要方式之一，学校党委开展生长教育理念中学校“大思政课”体系建设的实践研究，“大思政课”坚持以马克思主义科学理论的最新成果、习近平新时代中国特色社会主义思想为指导，坚持社会主义意识形态，弘扬中华优秀传统文化。通过研究，初步形成学校课程体系，将立德树人的教育目标融入“大思政课”的课程实施中。

3. 学校思想政治教育在已有探索的基础上还需要深化

学校长期浸润在农业“绿色、生态、可持续发展”的独特氛围中，创造性地提出了生长教育办学理念。生长教育的核心理念是“全面、健康生长”。学校的培养目标是“学会做人、学会学习、学会生活、学会创造”。

学校党委长期以来十分重视思想政治教育，充分发挥党组织的引领作用，组建了以党员教师为主的专职、兼职的思政课程教师队伍。但是学校思想政治教育如何在生长教育办学目标的培育中，增强育人的整体性，增强各类课程同思政课的协同效应，如何充分挖掘社会生活中的思想政治教育元素和资源等，还需要深入思考和实践。

二、研究过程与方法

本课题自立项以来，严格按照研究计划有序推进，基本完成既定的研究任务，取得了阶段性研究成果。

（一）主要研究内容及方法

1. 研究内容

我们确定了学校“大思政课”建设目标，明确课程内容体系，重点挖掘语文、艺术等学科学习中的思政要素，找准链接的关键内容和方法。坚持开门办思政课，在少先队活动课中，利用重要节日、重大时事育人，借助社会力量，形成育人合力。探索各学科落实思政教育目标的具体实施策略及相应的评价方法。

2. 研究方法

文献研究法：通过知网、国家图书馆等平台查阅文献，了解我国思想政治教育的历史演进与研究现状；明确“大思政课”的内涵与核心要义；厘清“大思政课”课程体系的构成要素及其结构；确定研究框架与理论支撑。

行动研究法：围绕研究内容开展“大思政课”课程体系建设的实践探索。

（二）主要研究过程

1. 进行访谈，了解教师实施思政课程的问题和困惑

访谈了 8 名专职思政教师和 50 名班主任兼职思政教师，教师认为对学生加强思想政治教育很重要，希望学校的思想政治教育加强顶层设计，校内校外相结合，使学生入脑、入心。

2. 党组织领导，保障课程建设顺利开展

在调研基础上，党组织进行制度保障，加强专、兼职思政教师队伍建设，开展“大思政课”课程体系建设研究。

三、研究结果与分析

（一）构建“大思政课”课程体系

1. 坚持“全面、健康生长”教育理念，制订学校“大思政课”建设目标

学校生长教育的核心理念是“全面、健康生长”，基于此，根据学生的成长规律，确定了学校的培养目标：关注学生人格的生长，培养学生学会做人；关注学生知识经验的生长，培养学生学会学习；关注学生社会适应能力的生长，培养学生学会生活；关注学生创造能力的生长，培养学生学会创造。

在生长教育办学目标的培育中，根据《新时代学校思想政治理论课改革创

新实施方案》的要求，我们确定了学校“大思政课”建设目标。

（1）总体目标

重点引导学生知晓基本国情，尊敬国旗国徽，会唱国歌；了解革命领袖和民族英雄的生平故事，培养学生对习近平新时代中国特色社会主义思想的情感认同；知道社会主义核心价值观，初步形成规则意识，知道宪法有关常识，初步具有依据法律维护自身权益的意识；讲礼貌、守纪律、知对错；形成爱党、爱国、爱社会主义、爱人民、爱集体的情感，争做社会主义建设者和接班人。

（2）学段目标

小学低年级：教育和引导学生热爱中国共产党、热爱祖国、热爱人民，爱亲敬长、爱集体、爱家乡；初步了解生活中的自然、社会常识和有关祖国的知识，保护环境，爱惜资源，养成基本的文明行为习惯；形成自信向上、诚实勇敢、有责任心等良好品质。

小学中高年级：教育和引导学生热爱中国共产党、热爱祖国、热爱人民；了解家乡发展变化和国家历史常识，了解中华优秀传统文化和党的光荣革命传统；理解日常生活的道德规范和文明礼貌，初步形成规则意识和民主法治观念；养成良好的生活和行为习惯，具备保护生态环境的意识；形成诚实守信、友爱宽容、自尊自律、乐观向上等良好品质。

各个学科根据学校的思政课程目标深入挖掘课程本身蕴含的思政元素，落实学校思政课程目标。

2. 坚持“全面、健康生长”教育要求，构建“大思政课”内容体系

“全面、健康生长”使每一名农科学子都能成为德智体美劳全面发展的社会主义建设者和接班人。“全面”是指小学阶段的思政课程应在“道德与法治”必修课程的基础上，囊括中国特色社会主义、社会主义核心价值观、中华优秀传统文化、国家安全、法律常识、品德、公共卫生、安全教育、心理健康教育等内容。“健康”是指身心健康发展，使学生树立“我能行”的心态，通过努力实现梦想。基于此学校构建了全面融入思政教育、体现学段衔接和学科协同的课程内容体系框架。

表 2–5　农科院附小“大思政课”内容体系框架

实施路径	学科与活动	课程内容	课程目标
主导学科	道德与法治	我的健康成长、我的家庭生活、我们的学校生活、我们的社区与公共生活、我们的国家生活、我们共同的世界	提升学生思想政治素质、法治素养和人格修养等，增强学生做中国人的志气、骨气、底气，为培养以实现中华民族伟大复兴为己任的有理想、有本领、有担当的时代新人打下牢固根基
重点关联课程	语文、音乐、美术、英语、专题教育、心理健康等	社会主义核心价值观，中华优秀传统文化与革命传统，国际理解教育、遵循学科教育规律的相关内容	根据课程标准的要求和学科的特点，有计划、有目的地对学生进行思想政治教育，使教育教学活动有机结合，融为一体，促进学生全面、健康地成长
德育活动渗透	少先队活动、常规德育活动	组织意识、道德养成、信仰萌芽、成长取向	在少先队活动、德育活动中开展主题教育、仪式教育、社会实践等活动，加强爱国主义、集体主义、社会主义教育，培养少年儿童不怕困难和挫折的精神，引导少年儿童听党话、跟党走

3. 探索形成了“大思政课”实施的策略和方法

（1）挖掘学科学习中的思政要素，找准链接的关键内容

各学科中蕴含着丰富的思政要素，需要充分挖掘、精准把握。《关于深化新时代学校思想政治理论课改革创新的若干意见》指出，深度挖掘中小学语文、历史、地理、体育、艺术等课程蕴含的思想政治教育资源，解决各类课程与思政课相互配合的问题，发挥所有课程的育人功能，构建全面覆盖、类型丰富、层次递进、相互支撑的课程体系，使各类课程与思政课同向同行，形成协同效应。课题组依据课程标准，分析本学科对学生的独特发展价值，挖掘教学内容的思想政治教育内涵。进行学情分析，包括学生的年龄特点以及思想发展基础、需求、障碍点。结合教学内容分析和学情分析，找准链接的关键内容，设计学

习活动。以道德与法治学科为主，语文、艺术、少先队活动课为重点，其他学科及活动有机渗透，实现“1+3+N”全学科覆盖。

（2）以课堂教学为主阵地，形成各学科落实“大思政课”教育目标的具体实施策略

①在道德与法治学科中，通过创设灵活多样的情境，增强道德与法治课堂实效。通过创设情境开展活动是在道德与法治学科中落实课程目标行之有效的方法。所谓情境教育是指在课堂教学过程中，通过提供丰富的感性材料或真实的生活实践机会，让学生在生动、有趣的教学中，探索知识、获取信息、增长认识、培养能力，从而建立良好道德观念的教育形式。我们采取的策略有：再现故事情境，讲故事增强实效；巧设讨论情境，用辨析增强实效；设计表演情境，用课本剧增强实效；布置调查情境，用研究增强实效。为学生设计形式多样的情境来充分展示个性、发挥才能，引起学生情感意愿的变化。总之，要增强道德与法治课堂实效，就要精心打造情境，使学生始终能兴致盎然地参与活动，这样才能无声润物。

②在语文学科中利用革命传统教育文章，通过情感体验，激发学生的价值认同。语文学科在推进思想政治教育中具有得天独厚的优势，语文课文中温润的文字以及温情的故事足以打动学生。教师让学生在文字中行走，在故事中徜徉，与人物对话，心灵交融，“德”便如涓涓细流滋润学生的心田。

统编教材重视在教学中落实革命传统教育，引导学生从革命精神中树立责任意识，实现立德树人的教育目标。我们梳理了统编教材中的革命传统类课文，在革命传统类课文的教学过程中，教师紧紧围绕目标贴合教材文本，落实语文要素，使学生获得情感体验，激发学生的价值认同，促使学生受到革命精神的熏陶和革命思想的启迪，在潜移默化中实现育人价值。

③在音乐学科中实施单元整体教学设计，重构离散的知识，涵养学生的家国情怀。音乐教育是美育工作的重要组成部分。小学音乐的教学内容具有较高的育人价值，很多内容都是以中华优秀传统文化元素为主题，具有明确的育人方向。我们在音乐教学中实施单元整体教学设计，目的是把离散的知识集中到

一起，树立一个大概念。基于大概念的主题单元学习是核心素养教育背景下提出的新理念、新策略，它改变了“知识点的灌输式教学”，逐步走向学生价值观念、必备品格和关键能力的培养。

以三年级第五单元的《北京四合院》为例，本单元的单元主题是“京味儿”，就是将北京地方传统戏曲、曲艺等音乐元素与歌曲结合，用古老而富有韵味的曲调、字正腔圆的北京方言声韵，唱出北京人的生活、文化与情感。我们梳理了全册教材，找出了所有与此关联的作品，比如，北京儿歌、童谣、京歌、京剧等，将这些离散的作品重构后形成一个大单元。大单元中包括欣赏《北京胡同》《北京的桥》，演唱《北京四合院》。通过本单元的综合学习，学生更加全面准确地认识中华民族悠久的历史、博大精深的文化和丰富多彩的艺术，涵养家国情怀，不断树立为中国特色社会主义共同理想而奋斗的信念和信心，努力成为德智体美劳全面发展的社会主义建设者和接班人。

（3）在少先队活动课和德育活动中，通过实践体验，坚定学生的理想信念

①因势利导，利用传统节日、重要纪念日育人。学校利用传统节日、纪念日，宣传节日的历史渊源、精神内涵、文化习俗等，例如在端午节开展“悠悠夏日长　端午粽飘香”实践活动；在烈士纪念日进行“缅怀革命先烈　传承红色基因”主题教育；在国家宪法日组织线上宪法小卫士活动、民法进校园活动；等等。全体学生在活动中净化思想，在参与中升华境界。

② 找准契机，利用重大时事育人。针对国庆游行、建党 100 周年、北京冬奥会、中国空间站交会对接等重大时政事件，学校组织少先队员参加庆祝中华人民共和国成立 70 周年群众游行活动，开办“红领巾讲红色故事”云广播、“冬奥会知识竞赛”云课堂、天宫课堂逐梦苍穹“大师课堂”等，课内外结合，对学生进行思想政治教育，组织师生讨论，激发思想火花，坚定理想信念。

4. 设计“大思政课”课程实施评价方案

为保障“大思政课”课程实施的科学合理性、实施过程的实效性，学校确定了“大思政课”课程的实施评价方式。

图 2-30 庆祝建党 100 周年主题班会

表 2-6 农科院附小“大思政课”课程实施评价表

评价项目	评价要点	得分	总分
单元学习目标（10 分）	基于对单元课程中思政内容与学习者的分析，明确育人目标		
课时学习目标（5 分）	说明本课时中的思政内容在教材中的位置与价值，确定课时目标		
学习者分析（5 分）	分析学生在学习本课时前形成的世界观、人生观、价值观的认知情况，基于学生的认知水平，设计学习活动		
课时教学过程设计与实施（40 分）	1. 教学过程设计能明确课堂各环节的情境、资源、任务及设计意图，关注学习过程、方式，凸显素养提升，落实教学目标（10 分）		
	2. 在学习活动中，教师能够创设适合的学习情境，引导学生参与学习、合作探究（10 分）		
	3. 在学习活动中，学生能够主动搜集资料，并参考资料，了解相关背景，形成正确认知（10 分）		
	4. 教学实施中，学生有充分的空间和机会，针对思政内容独立思考、讨论和交流，以正确的立场和观点，运用科学的方法，分析问题，解决问题（10 分）		

续表

评价项目	评价要点	得分	总分
教学效果（30 分）	1. 有助于学生形成正确的世界观、人生观、价值观（10 分）		
	2. 有助于学生在情境中，探究、合作、交流，以正确的立场，运用科学的方法，分析问题、解决问题（10 分）		
	3. 有助于学生树立良好的理想信念和爱党爱国意识（10 分）		
教师素养（5 分）	教师具有政治理论修养，正确的理想信念。专业能力良好，学科思想清晰		
教师教学基本功（5 分）	教师语言亲切、规范。教态自然、得体。板书字迹工整、规范，设计合理。恰当使用教学资源		

备注：有政治性问题、科学性错误，不予参评。

此外，学校还将“大思政课”课程评价纳入学生发展评价，以保障课程实施效果及培养目标的达成。学校使用海淀区《小学生综合素质评价手册》，并结合学校的培养目标开展学生的综合素质评价。评价以诊断、鼓励学生积极性为原则展开。关注学生的学习兴趣、学习态度、学习方法和心理素质，淡化学科测试成绩，突出学生的全面发展和健康成长。

（二）研究成效

1. 通过“大思政课”课程体系建设，育人目标更加清晰

在课程体系建设过程中，学校党委带领教师查阅文献、开展讨论、学习文件，明确了“大思政课”的内涵与核心要义。在此基础上，教师开展“大思政课”的课程设计与具体实施，对落实立德树人根本任务有了更清晰的目标导向。

2. 在研究“大思政课”内容体系过程中，获得了良好的育人效果

以《新时代学校思想政治理论课改革创新实施方案》为依据，教师在本学科的课堂教学中挖掘思想政治教育的知识点或要素，增强了课程思政的意识和能力，提高了课程育人的责任感，落实了生长教育“全面健康生长”的育人目标。

四、研究结论

1. 学校的“大思政课”课程体系建设，党组织必须发挥领导作用

全面推进“大思政课”建设，学校党组织要加强领导，以制度机制建设为保障，以思政教师队伍建设为基础；党组织要加强“大思政课”建设的校内外因素的组织和协调；要着力于课堂内外、学校内外资源的共建和共享。

2.“大思政课”课程体系建设要遵循教育教学规律和育人规律

“大思政课”课程体系建设要遵循学生的成长规律，根据学生年龄、生理、心理、认知特点开展，同时要遵循教育教学规律和育人规律，确保课程建设体系科学合理。

3.“大思政课”课程体系建设，要结合学校实际

课程体系建设要结合学校实际，与学校的育人目标相结合，学校党组织在培育生长教育办学目标的过程中，要坚持“全面、健康生长”的要求，发挥所有课程的育人功能，构建全面覆盖、类型丰富、层次递进、相互支撑的“大思政课”课程体系。

4. 师资力量是“大思政课”课程体系建设的关键要素

需要培养一批理想信念坚定、思想品德高尚、综合学识扎实、热爱教育事业、关心学生成长的好教师。教师了解、掌握新时代立德树人理念有助于在课堂教学过程中主动地将教学内容与立德树人理念融合，形成“课程门门有思政，教师人人讲育人”的育人格局。

二、做好“践诺”党建品牌建设

“践诺”是农科院附小特色党建品牌名称。标识由党徽、麦穗、爱心等元素组成。中间的党徽体现了学校党组织在中国共产党的领导下，党员充分发挥先锋模范作用、党组织发挥战斗堡垒作用。党徽的四周用麦穗围成心形，体现“践诺”党建的内涵是学校党委、党支部、党员真诚为学校服务、为群众服务，党员亮明初心、践行承诺、履职尽责、担当使命，用真心实现自己的诺言。小麦穗是学校生长教育办学理念的标识，用五彩的小麦穗围成心形预示着学校党组

图 2–31　“践诺”党建品牌标识

织和党员在学校生长教育办学理念引领下，努力培养“学会做人、学会学习、学会生活、学会创造”的金穗好少年。麦穗围成的爱心又像一条道路，体现了学校在实践中坚持初心、践行承诺的理念。

（一）品牌内涵

“践诺”党建是学校以高质量的党建引领高质量的教育发展的需要。学校党委通过建设党员承诺，以及“践诺”的体制、机制，引领党员、教师弘扬农科院附小“责任、奉献、正气、旗帜”的党员精神。

敢承诺、能践诺是中国共产党的鲜明特质，做承诺、真践诺是新时代党员教育的基本要求。学校“践诺”党建的基本内涵是以诺引行、以行示范。学校党委以党的建设为统领，组织党员结合工作生活实际，在带头学习提高、争创佳绩、服务群众、遵纪守法、弘扬正气等方面做出承诺并认真践诺。通过以“诺”引领行动、以“行”做榜样示范，固“坚持党的领导”的教育之根，铸“为党育人、为国育才”的教育之魂。

（二）创建举措

开展党委、党支部、党员三级发声承诺活动，通过实施定诺、审诺、亮诺、践诺、评诺五步法，制订看得见、摸得着、做得实的学期承诺。做到定诺有实效、审诺有标准、亮诺有主题、践诺有行动、评诺有质量，确保在“践诺”行动中发挥党员先锋模范作用、党支部战斗堡垒作用。

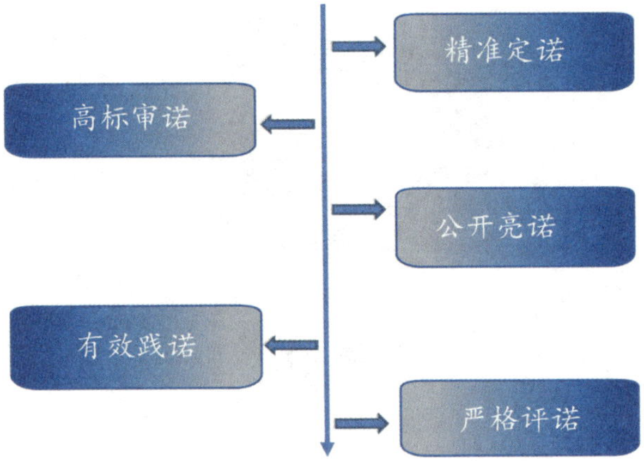

图 2–32 “践诺”五步法

1. 精准定诺

制订承诺要坚持问题导向，党委、党支部、党员为了确定真实有效的承诺内容，采取有力举措，把好细化标准关。党委紧贴学校发展实际，制订三级承诺践诺实施标准细则；建立党员联系和服务群众制度，认真听取群众意见。按照“对照标准、查找问题、定下承诺、制定措施、明确时限”的具体方法，组织党委、党支部、党员结合岗位实际确定承诺内容。

2. 高标审诺

把好组织审查关。党委、党支部围绕查先进性，看是否彰显党性；查针对性，看是否解决问题；查操作性，看是否能在规定时限内落实重点；召开党委会、支委会，集中审核每名党员的承诺书，确保承诺内容不虚、不空、不偏，真正让每名党员发挥先锋模范作用，党支部发挥战斗堡垒作用。

3. 公开亮诺

以公开亮诺为切入点。运用仪式教育法，每学期初召开支部党员大会，组织党员重温入党誓词，在党旗下让党员公开亮诺。通过公告栏进行承诺公示，既便于群众监督，又利于营造良好的践诺氛围。

4. 有效践诺

践诺的关键是解决问题，学校党组织找准两个“着力点”，确保活动见实效。

一是以搭建平台为支撑点。针对学校的教育教学主阵地工作，与学校教育教学改革、“双减”课后服务、扶贫支教等“急难险重”工作紧密结合，让党员优先承担重大任务，切实让承诺践诺聚焦学校中心工作，促进学校发展。

二是以典型引领为发力点。开展“青年岗位能手”“青年文明号”“四有教师”“优秀共产党员”“三八红旗手”“表彰工作30年老教师”等先进典型的评选，举办“师德演讲”“讲述教育故事”“党员引路课”“党员先锋岗”等活动，及时树立典型，引领学校新风尚；通过“师徒一帮一结对”“党员群众结对”等学习共同体的建立，促进教师携手前行。将创先争优、服务学校、联系群众等工作贯穿党员践诺始终。

图 2-33　为党员先锋岗授牌

5. 严格评诺

学期末，党支部坚持公正公开、实事求是的原则，严格按照“个人自评、党员互评、民主测评、组织评定”的程序考评监督，确保活动的高质量完成、严标准落实，形成长效机制。

（三）品牌效能

一是坚定了党员的宗旨意识。推动党员在“践诺”过程中加强政治理论学习，强化身份意识，提升党性修养，发挥党员的先锋模范作用，使党员的理想信念和宗旨意识更加坚定；使群众对党组织和党员的先进性有了全新的认识，对活动开展的认同感日渐增强，对党支部、党员的信任感和赞同感有了很大提高，对学校的满意度逐年提升。2021年双满意测评，党员满意度达到99.94%，教职员工满意度达到96.21%，学校的各项得分都远远高于同类学校均值。

二是搭建了党员发挥作用的平台。党员在“践诺”工作中带头攻坚克难，学校课程改革工作由党员承担，课题研究由党员负责，年级德育课程由党员带头，课程研发由党员实施，课后服务党员优先参与。激发了全体党员参加活动、服务师生、奉献学校的主动性，是发挥党员作用的重要平台。

三是提升了党组织的责任担当能力。农科院附小是海淀区的素质教育优质校，学校党组织主动开展教育扶贫工作，从2010年开始进行“手拉手同生长”教育扶贫活动，党员干部、教师赴宁夏、河北、贵州等地的农村小学，与贫困地区的师生交流学习。在援疆、援藏的过程中，党员、教师深入新疆、西藏的小学工作2年，与当地教师共同成长，党组织更加明确了为党育人、为国育才的责任担当。

四是构建了交流、展示、监督的窗口。基于新时代学校、家庭、社会协同育人的教育理念，党委建设了“金穗教育平台”。平台以全方位育人为出发点，实现校内校外、家庭学校、师生家长的全覆盖。“金穗教育平台”是交流空间和展示窗口，更是党组织接受社会监督的重要平台。现在“金穗教育平台”已经形成透明开放、自我整合、持续进化的教育生态系统，可以满足学生个性化成长和全面发展的需求。

（四）特色亮点

一是以品牌实行中的过程管控，促进党员全方位成长。自“践诺”党建品牌创立开始，学校党委高度重视品牌的机制建设，通过实施定诺、审诺、亮诺、践诺、评诺五步工作法，对践诺过程严格把控。在以“诺”引领行动、以“行”做榜样示范过程中，学校党组织的领导力、凝聚力、组织力不断加强，学校党员的思想力、信念力、战斗力与日俱增。

二是以问题为导向、以目标达成为目的，确定真实有效的承诺内容，保证集团化高质量发展。围绕集团化办学的标准和要求，党员以问题为导向，制订看得见、摸得着、做得实的学期承诺，将集团化办学的标准和要求落实、落小、落细，实现 5 个校区的教育优质均衡发展。

三是对生长教育理念的实践，生动展现了学生“拔节孕穗”阶段核心价值观的教育引导。党委开展生长教育理念下学校思政课程体系建设的实践研究，初步形成思政课程体系，培养“学会做人、学会学习、学会生活、学会创造”的金穗好少年。无论是在近几年的海淀区学习品质素质测评中，还是在国家体质监测、艺术测评中，学校的学生都取得了让家长满意的成绩。学校在落实立德树人目标过程中，努力使学生成长为德智体美劳全面发展的社会主义建设者和接班人。

【党建案例】

初心永记，践诺前行

井 印

我是一名中共党员。为保持共产党员先进性，为将中国共产党是中国工人阶级的先锋队的内涵落到实处，我响应党组织的号召，严于律己，规范行为。2020 年至 2022 年，我有幸成为一名援疆教师，在支教过程中，我始终不忘初心，践行自己对党、对人民的诺言，踏实工作、以身示范，在教育事业的道路上阔步前行。

图 2–34 井印、张关两名教师援疆

在援疆支教过程中，有很多同事问我，新疆的教师是什么样的？我回答，他们是一群特别坚韧的人。新疆和北京都使用北京时间，但是所有的活动都比北京晚两个小时，比如北京6点钟天亮的话，新疆大约8点天亮。当地的教师每天九点前到校，下午8:30甚至有时9点多才下班，每天的工作时间接近12个小时。当地教师除承担日常教学任务以外，还负责许多事务性工作，比如为了维稳经常需要整天值班，甚至是值夜班，第二天还要正常上班；他们还要进村串户，帮扶当地老百姓，帮助他们解决生活困难；他们平时还有许多临时性的会议，休息得不到保障，甚至有时休息日或节假日接到通知就必须立刻到校集合。新疆教师比北京教师承担更多的工作，但是他们从不抱怨，总是默默地完成一件又一件的事情。

到新疆后，我就发现当地的教育和北京有很大的差异。对此，作为一名共产党员，我没有退缩，而是直面困难，积极想办法克服工作和生活上的困难。

在新疆上课没几天，我就发现了几个学生的作业质量很差，还有很多空着的题没写。我特别生气，就质问他们："你为什么没写完？即便是不会做也可以问问家长啊！"有的学生一脸委屈地说："我爸妈不在身边，外出学习去了，我跟爷爷奶奶在一起，他们不懂汉语。"还有的学生说："我爸妈在身边，但是他们讲不明白。"我通过进一步了解得知，很多学生回到家以后，得不到家长在学习上的帮助。我很震惊，内心便有了一个信念：我要在接下来的时间里，尽自己所能帮助学生学会解决问题。两年对于一个家庭来说时间很长，但是对于教书育人来说，时间是非常有限的，我想用有限的时间为学生做更多的事情。

我做的第一件事就是线上答疑。线上答疑主要是放学以后的答疑，因为有些学生回到家后没人能帮助他们。我就面向全体学生公布自己的联系方式，跟大家说只要有学习上的问题就随时提问，只要有提问一定会讲解。线上答疑实施以后，有的时候需要一个多小时。有一天晚上11点多了，一个学生通过微信问了我一道应用题，她平时成绩不理想，又不怎么爱说话，能提问题不容易。我立刻画图、列算式，并标示出每个算式的意义，发过去，她看不明白；语音连线，还是不行；最后改成视频讲解，我讲了两遍，还引申同类型的另一道题讲了一遍，她才明白。讲解完后，自己虽然非常累，但内心特别踏实，特别开心。这个活动一直持续到我援疆结束，在我回到北京后，还有学生愿意和我分享他们的见闻，我相信这种远隔千里的师生情谊会延续下去。

第二件事就是提前一小时进班。每天下午 2 点到 4 点是休息时间，我在跟班主任老师协商之后，每天下午提前一个小时进班，讲解重点习题、监督学生改错，当面批改、讲解作业。冬天还好，夏天顶着烈日，必须要“全副武装”才能出门。夏天和田的气温高，湿度又特别低，站在阳光下很容易晒伤。另外，我们从驻地到学校单程需要步行半个小时，路上的阴凉路段还特别少。这样一来，原本充足的休息时间只剩下喘口气的工夫。

就在提前一小时进班实行了一个月后，我的身体出现了不适，大腿皮肤发炎，每走一步都疼痛难忍，需要每天抹药三次来缓解，医生说要尽量减少活动。但从发病到最后痊愈，有将近一个月的时间，我从未因此请假休息，坚持中午提前一小时进班，这段时间学生的成绩稳中有升。我想，自身的困难有很多种方法解决，而学生的学习一刻都不能耽误，不管是牺牲休息时间还是克服病痛换来学生的进步，我认为是非常值得的。

在和田支教第一个学期快结束的时候，工作队组织了“我在北京有个家”资助新疆贫困学生的活动，我立刻报名，自费 6000 元资助了一个二年级的贫困学生，并多次和他一起参加了互动交流活动。

承诺是金，践诺便是烈火识真金。诺言既出，就要言而信、言而行、言而果，确保不诺则已、一诺千金。作为一名共产党员，我们要把承诺高高举过头顶，落实到自觉自愿自为的行动当中，以一流标准、一流业绩树立党员“四讲四有”的好榜样。两年的支教工作中，我坚持不忘初心，在践诺中前行，出色地完成了援疆工作。同时，两年的援疆支教生活，也让我结识了许多教育伙伴，丰富了我的人生经历。援疆之路也是我的成长之路，正如学校的生长教育一样，我们在教育学生的同时，自己也在蓬勃茁壮地生长着。

第三节 制度建设让生长更有序

集团化办学是当下扩大优质教育资源供给，促进教育公平的一项重要教育实践。采用集团化办学模式，学校教师、学生等人数增加，学校规模进一步扩大，需要制度去保障学校集团化运转。制度建设在学校正常运作和快速发展过程中起到关键作用。为进一步推进中小学集团化办学，2018 年北京市教委颁布《关于推进中小学集团化办学的指导意见》，指出要深入推进教育体制机制改革，积极引导和支持教育集团发展，完善集团化办学体制、机制……多处提出了制度建设的重要意义。

农科院附小从 2015 年开启了集团化发展的道路。在“渐进式”的集团化发展过程中，学校制度建设为保障集团化持续、健康发展发挥了重要的作用。农科院附小集团化办学发展总体经历了集团初创、发展和提质 3 个阶段，学校制度建设与实践探索也走过了 3 个发展阶段，在探索过程中固化了一些促进学校集团化发展的规章制度，形成了自己的制度建设经验。

一、集团化发展不同阶段，制度建设的探索与革新

开启集团化办学以来，学校制度建设一直是整个集团化发展过程的重点，在集团化办学的不同发展阶段，学校制度建设发挥了重要的作用和价值。

（一）集团化初创阶段：学校制度共享共建，保障集团化运转畅通

2015 年，海淀区原农科院附小、向东小学和艺师附小合并，成为一个法人治理结构的集团化学校。合并初期，学校在“促进融合，平稳过渡”思想的基础上，借助制度和机制建设，保障了集团化初期的平稳过渡和运转畅通。

1. 共享、协商现有学校制度，统一制度并达成共识

合校后，学生和教师数量大幅增加，3 所学校原有的管理制度，如学校考勤管理制度、绩效工资制度、考核制度等存在差异，成为集团化办学平稳运

行急需解决的问题。干部先各自交流原有学校的基本管理制度，在充分交流的基础上，合并原有相同的制度，协商存在差异的制度，结合现实情况，形成标准统一的管理制度。例如学校的考勤制度虽然“不起眼”，但是却关乎教师的日常工作秩序；绩效工资制度关乎教师的切身利益。在协商与讨论这些制度时，学校统一尺度，参照最高标准，保护教师的权益。在干部达成一致后，邀请教师一起参与讨论，最大范围地征求教师的意见，修改并完善。最终，学校经过近一个月的讨论，出台了《学校章程》和《制度汇编》，学校制度形成规范化的文本，并且经过多次修订，学校的制度从文本转化为全体教职员工的共识。

2. 配合学校集团化发展的需要，调整组织架构

合校后，原有的学校管理组织架构已不适应“一校多址”的集团化办学发展需要，学校的组织架构急需调整。学校依据校区分布，形成了分部式领导与扁平化管理相结合的管理机制。

首先，成立由书记、校长牵头，7名各校区负责人及各部门负责人组成的校务委员会，这是学校的决策管理机构，其主要职能是讨论、决策学校的整体发展与规划、管理与协调相关工作，使5个校区步调一致，整体发展。其次，重构职能部门。在原有学生服务部、教学服务部和后勤服务部的基础上，增加科研开发部和学校办公室，明确各职能部门的任务职责。组织机构的新建和调整，让学校处于“横纵结合”的立体管理架构中，无论干部如何流动，都能保障学校畅通运行。最后，施行行政大组长和学科大组长负责制，呼应学校管理组织机构的调整，将学校管理扁平化。这种管理机制分解了过去组长教育教学的双重事务，赋予两名组长更多的自主权利，带领本组或本学科教师开展跨校区活动。

至此，在合并初期，学校确立了以校务委员会为决策中心，职能部门为督导服务中心，大年级组、大学科组为执行主轴的运行架构，确立了农科院附小“统分结合，横纵结合”的管理模式。

【教育访谈】

校务委员会：将科学民主高效决策进行到底

农科院附小校务委员会由两部分人组成，一部分是各校区负责人，另一部分是各个职能部门的负责人，包括教学服务部、学生服务部和后勤服务部。后来又增加了学校办公室和科研开发部两个职能部门的负责人，其中有的校区负责人也是集团相关职能部门的负责人。这两部分人加上书记、校长组成校务委员会。在党领导的校长负责制等国家相关政策指引下，校务委员会一直以党对教育工作的全面领导为根本原则，坚持党组织全面领导学校工作，为党育人、为国育才，统筹全校教育教学工作。随着管理的不断优化和升级，现在更名为校长办公会。

以校务委员会为学校决策机构，主要有两方面的考虑：一方面，从集团地域和空间结构维度考虑，将各校区负责人纳入决策核心，便于统一管理，各校区同频共振，形成集团一体化管理；另一方面，从集团教育教学管理结构维度考虑，将各职能部门负责人纳入决策核心，便于各部门的协同管理，形成教育教学一体化运行机制。所以，成立校务委员会，是基于集团多维发展而形成的一种横纵结合的立体化决策机制。

成立至今，校务委员会的组织框架在不断完善。一直以来，从过去农科院附小的发展、到现在的集团化办学，家长给予了很大的支持和助力。在办学空间最紧张的1年半时间里，家长默默支持着、鼓励着，极力配合教师和学校。在去年学校线上教学开展困难的时候，做到了“零投诉”。长期以来，农科院等社会力量给予了我们极大的帮助。学校处在农科院大院里，基本上没有校门的界限，学生每天上操、跑步、上体育课、学校开会等都在大院内。学校的发展，离不开家校社的大力协同。在新时代教育改革发展背景下，集团站在家校社协同、“五育”并举、可持续发展的大教育视角，将逐步融入校务、家委会、督导、少代会、社区等相关决策代表，构建更加科学、民主、高效协同的决策机制，生成一种开放的教育治理生态。

回顾集团化运行8年的历程，我们发现学校现在能够平稳、有序运行，教育教学能够高质量发展，校务委员会起着至关重要的作用。现在，各校区认真负责的状态，各职能部门带动学校良性运转的状况，让农科人越来越感到这种机制的优越性。而且伴随校务会机制的运行，赋能学校整体管理机制的创新发展，开创和健全了很多新的机制。如今，在校务委员会机制的带动下，各部门依然能够各司其职，既能够分工，又能够协同，达成共同的目标。

3. 建立促进融合与平稳过渡的运行机制

合校后，学校教师仍面临着跨校区的“物理隔断”，校区间的沟通和交流仍有局限，具体事务开展需要同步协调。面对“一校多址”的校区分布，学校建立了贯穿管理全过程的运行机制，包括协同机制、沟通机制、流动机制和榜样机制。协同机制是指各校区的发展要与学校的总体发展战略相一致，在保留各校区个性特色的基础上，由校务委员会对学校统筹规划。沟通机制是指为便于各校区、各职能部门及各年级组互联互通而建立的多级例会制度。流动机制是指为优化各校区间的资源配置，在学校的统筹管理下，让各校区的教师、课程等资源在校区间流动起来。榜样机制是指由学校全面筛选、组建成立一支高素质的核心教师队伍，培养榜样、宣传榜样，促进教师的专业发展。

合并初期，运行机制建设为学校的平稳过渡发挥了重要的保障作用。每周一次的校务会、每周一次的校区会、每月一次的全体行政例会及每月一次的全体教师会，能及时沟通和总结5个校区及各部门工作的运行情况。每周一次的教研组活动、每月一次的行政组组长和学科组组长会，能及时掌握5个校区各年级组、学科大组的工作进展与落实情况，从具体实施中统筹学校的工作安排。合并初期的教师流动，消除了教师间的陌生感，促进了教师间的融合，确保了学校的平稳运行。

【教育访谈】

让制度成为集团融合与平稳过渡的助推剂

制度是一所学校良性运行的保障和关键。合并初期，为了推进集团平稳过渡，集团全面推进制度建设，以制度建设深化集团治理，构建良性运转的农科院附小“同生共长”教育生态。

一、探索横纵结合的集团管理机制

校务委员会是集团的决策机构。每周五集团都会召开校务委员会会议，主要研讨的内容为：上级部门下达的任务；集团内部需要推进的主要工作；一些不同的项目设计方案，要到会上决策，表决通过后再根据实际情况落实到各校区执行。

在校务委员会的引导下，学校逐渐形成统分结合、横纵交错的管理模式。这种管理模式的基本流程是，集团决策层面先出方案，方案通过后，各校区根据自己的实际来执行推进方案实施。

各校区负责人要结合方案因地制宜，而不是将方案照搬挪用。比如每年集团内部人员流动、人力资源的均衡调配，这项工作虽然主要涉及教育、教学和人事部门，但是各校区负责人一定要对本校区所有岗位进行梳理和协调，要洞察校区内部的人员能力和专长，根据人员的情况安排人员流动。

经过8年的探索，集团逐渐摸索出一条管理路径。在集团内，书记和校长是决策的核心，是管理的带头人。农科院附小教育集团书记和校长的协同工作机制是根据不同工作内容，采取项目负责制，由项目主负责人提出方案，然后再到各校区落实。这样权责明确，落实到人，就不会出现推诿或无人管的状态。

“将权力关在制度的笼子里”是农科院附小教育集团一直秉承的管理理念。在管理中，强化职责权利的明晰，每个职位每个人员不可越权、不可逾矩，在自己的职责权利范围内最大限度地做好自己的工作。校区负责人的权力是较大的，但是也不能随便做主。比如考勤问题，本校区如有特殊情况，负责人必须要把教师的需求或问题反馈到集团校务会层面上，必须经过集团的决策讨论才能决定。所以，现在集团推行的是一种集体决议、民主协商机制，这种机制将个人权力最大限度地关在制度的笼子里，经过大家互相协商，达成共识，最大限度地反映民主和民意，才能往下推进。经过 8 年的磨合，现在这种机制已经比较成熟了。

二、校区例会：因校制宜推进制度落地

之前，每次校务委员会决策后，各校区就执行了，但是我们发现还有很多细节不能落实。所以集团在校务委员会之下，加了一个层级，叫校区例会。校区例会制主要讨论的是校务委员会的决策方案如何针对各校区的实际情况落实，并且要提出校本化的解决和实施途径。

比如，针对中午小饭桌浪费的问题，本部提出的解决方案是中午让行政干部去值班，看看哪个班级倒回的垃圾多，然后给年级组和班主任反馈。这个制度经校委会决策通过后，在各校区进行推广，饭菜浪费的现象大大减少了。如果有的校区例会上大家讨论认为此制度不太适合自己所在的校区，也可以不采纳。

除校区例会以外，还有行政例会和教研组例会等例会制度。这些例会制度可以保障学校的工作任务和制度真正结合本校区及职能部门进行细化和落地，能够更有效地监督校务委员会机制运行和促进学校决策执行。

（二）集团化发展期：学校制度规范集团化办学，促进均衡发展

经过一年的集团化办学探索，学校步入高速发展阶段。学校乘势借力，整合多方资源，以学生为中心，打造教师队伍，提升教育教学质量，促进校区均衡发展。这一时期，学校的制度建设围绕学校均衡发展，陆续完善《德育少先队工作制度》《教学工作制度》《科研工作制度》等学校制度，不断与时俱进。

1. 规范教育教学制度，完善课程建设制度

促进教育优质均衡是集团化办学的目标之一，学校在集团化发展期的工作重心是提升教育教学质量，促进校区间的优质均衡，陆续完善了《德育少先队工作制度》《教学工作制度》。“以学生为中心”是学校生长教育的核心理念之一，学校从德育少先队工作、教学工作方面规范了教师的行动理念。如教学管理制

度对教师的备课、上课、作业、测试等教学环节做了规范，统一了各校区的标准，明确了“以学生为本”理念的具体要求。

2015 年，北京市教育委员会印发《北京市实施教育部〈义务教育课程设置实验方案〉的课程计划(修订)》，学校以此为契机开展学科实践活动课程的探索，促进各校区的整体均衡。从多学科的实践活动到跨学科实践活动，再到以年级组为活动承载基础的主题式德育综合实践活动，在课程探索与实践的基础上不断完善《课程管理制度》；2016 年和 2018 年先后对《课程评价制度》和《课程资金保障制度》进行了修订；为进一步激发教师参与课程建设的积极性，2016 年出台了激励性质的《优秀课程开发奖励制度》。在课程开发过程中，学校逐渐形成包括开发评审、课程实施运行、课程评价指导、课程修订完善的管理制度，保障了学校课程建设的持续与健康发展。

2. 规范教科研制度，助力教师队伍专业成长

教师队伍建设是学校发展的重要工作，一支高素质的教师队伍是学校的宝贵财富，对促进校区间的均衡发展具有重要价值。高素质的教师专业成长离不开教科研的引领。为发挥教科研在引领教师专业成长过程中的作用，学校出台并完善了《学校科研管理制度》。学校研究课题的申报面向所有校区的教师，鼓励教师自主开展研究。在课题选题申报、开题论证、中期检查、课题结题等环节给予规范指导，在课题研究中给予帮助和扶持。例如在课题开题论证环节，学校不是简单地组织会议进行评定，而是本着服务教师，促进其科研能力提升的宗旨，把指导的工作前置，甚至聘请专家给教师进行学术指导，充分地设计和论证课题，进而保障教师的课题顺利推进。在课题实施过程中，《学校科研管理制度》要求教师要把课题研究与日常教育教学工作紧密相连，在研究中善于总结和反思，及时转化研究成果。

集团化以来，教科研在助推教师专业成长方面发挥了重要作用。骨干教师区级课题的申报率超过 90%，参与科研课题的教师数量占到学校教师人数一半以上，累计立项、完成 50 多项市级、区级课题，发表研究成果 20 多篇，区级以上论文评选获奖 300 多篇。

3. 补充学校组织架构，完善学校治理体系

为满足学校课程改革发展的需要，学校在现有组织架构的基础上增设了校级课程委员会。校级课程委员会由课程专家、学校代表、家长代表、教师代表组成，形成审议、评定课程开发和实施的学校组织机构。每门新开发的课程都要经过学校课程委员会的评价与审核。校本课程每学年要进行申报与评审，以保障校本自主开发课程的不断完善与改进。课程委员会还对学校课程建设的实施状况进行指导与评估，决定对学校课程建设成果的奖励。

优质均衡的学校教育离不开家长的支持。为满足家校共育的需要，学校成立了“校级—年级—班级”三级家委会，形成了三级家委会协商共育制度，让家长更多地参与班级、年级和学校的管理，让学校从管理走向多方治理。三级家委会制度充分调动了家长参与学校管理的热情，建立了家校沟通的常备机制。学校每个学期都开展校园开放日、家长会活动，邀请家长参观学校食堂，参与学生重大活动的决策。

学校在现有“统分结合、横纵结合”的组织架构基础上，增设了课程委员会和家长委员会，加强了学校的课程建设和家校协同育人机制建设，进一步完善了学校的治理结构。

（三）集团化提质期：学校制度鼓励创新，提升集团化办学品牌

“双减”政策和《义务教育课程方案（2022 年版）》的先后发布，给学校集团化办学提出了挑战，也带来了发展的机遇。面对新的形势，学校进一步完善现有制度，根据“双减”政策要求，出台了“五项管理制度”，丰富课后服务供给；落实新的课程方案，加大课程改革力度，鼓励教师创新，开展课程教学的革新。

1. 落实“双减”政策，推出“五项管理制度”和课后服务方案

学校积极推进“五项管理制度”，制订了作业校内公示制度、作业学校统筹机制，加强学科组、年级组间的统筹，合理调控作业结构，确保难度不超国家课标，提高作业设计质量，鼓励教师研究高质量的作业设计。制订了《学生校园手机管理条例》《课外读物指导意见》，加强手机和校园读物的管理。落实海淀区要求，保障“每天一节体育课，每日锻炼一小时”，提升学生体质水平，保

障学生身体健康。

为提高课后服务供给水平，学校制订了《课后服务实施方案和管理办法》，统筹社会、家长、学校多方资源，增加课后服务供给，提供“菜单式”课后服务方案，开展课后育人活动，在校内满足学生多样化的学习需求。

【教育案例】

做好“双减”下的提质增效“加法”

王　雷　李艳征

2021 年 12 月 10 日，由海淀区教委主办、北太平庄学区承办的海淀区推进“双减”工作系列现场会第十六场会议在我校举行，现场会精彩纷呈，充分展现了农科院附小“聚力‘双减’提质量，构建生长新生态”的创新举措。

“双减”政策背景下，学校采取多元举措，积极探索学校教育教学工作提质增效的“加法”。其中重要的一项举措就是大力加强制度建设，推进《学生校园手机管理条例》《课外读物指导意见》《课后服务实施方案和管理办法》等五项管理制度。

一、手机管理，提升学生学习专注力

《学生校园手机管理条例》是落实“双减”政策的重要制度。为了落实教育部办公厅《关于加强中小学生手机管理的工作通知》，学校强化学生校园手机管理，出台了此政策。《学生校园手机管理条例》规定：为保护学生视力，使学生在学校专心学习，也为了避免学生之间相互攀比，学校要求学生不携带手机（电话手表）进入校园；学生确实有紧急情况需要联系家长，可以借用学校办公室电话与家长联系。家长如有紧急情况，可以与班主任教师电话联系；如确有需要携带手机（电话手表）进入校园，须经家长同意，并书面提出申请，说明情况。进校后交由学校统一保管，禁止带入课堂……

学校为各班级配备了铁皮柜，有两把钥匙，一把由德育主任保管，另一把由学生自己保管。入校后，学生主动将手机（电话手表）锁入柜里，放学后，

自己再把手机（电话手表）取出来。一般学生带手机的不多，更多的是戴电话手表，对于电话手表学校也采取同样的管理措施。为了便于学生跟家长沟通，学校在传达室里设立了公用电话，学生可以去传达室找保安叔叔打电话，也可以找班主任联系家长。遇到特殊情况，还可以通过校长热线沟通。

二、校园阅读工程让提质“看得见”

对于小学生来说，阅读是他们汲取知识养分的阶梯，对他们的成长和启蒙意义非凡。在“双减”背景下，学校积极探索阅读这道提质增效的加法题。在《课外读物指导意见》的管理框架下，学校多举措深化校园阅读工程。

我们对市区下发的小学生阅读书目进行了筛选，把学校图书馆、阅览室、图书角、班级小书架等各类图书做了细化筛查，保留了名单内的书目，统一处理名单外的书目。

我们在落实国家“双减”政策基础上，制订了相关的管理制度，并且对这种制度提出了更多更好的办法。比如读物管理，不仅依照课外读物进校园的数据进行遴选审查，而且给学生提供更多的阅读途径和图书数量，引进了“鱼悦书柜”，在各个校区都做了布置。每个学生都有一个专属的ID号和密码，通过登录就可以免费借阅书籍。跟图书馆相比，这个书柜的优势是书籍更换频率快，两三天就更换一批图书，而且这些更换的图书是根据学生的阅读兴趣数据进行调整的。这样，学生能够根据自己的兴趣随时免费借阅自己喜欢的图书，满足阅读需求。学校还把图书馆整理出来的书籍送到各校区的各个班级里，增加班级书籍的储备量，便于学生在班里随时随地阅读图书。

另外，还从硬件设施上改善阅读环境，提升阅读的便捷性。我们给学生开辟了很多读书角和图书区，设置了小凳子、长椅，方便学生随地阅读，课间时学生就可以到这些区域安静地阅读了。

在提升硬件的同时，也强化软件和内容的建设。根据国家提倡的整本书阅读活动，学校面向一至六年级全体学生的“金穗阅读课程”已经实施了五年。每年，由语文教师组织学生开展整本书阅读活动。活动环节丰富，流程完整，不仅有项目启动的宣传海报，还有具体的活动方案，举办多样的实践活动，比如组织课本剧表演、讲故事比赛等，六一儿童节还举办了全校区的大型阅读嘉年华，把阅读课程推向高潮，受到了学生的喜爱和家长的认可。

三、为学生提供“私人订制”的课后服务

根据2021年9月北京市全市课后服务工作安排，及海淀区对全区中小学课后服务工作安排，农科院附小坚持“两个覆盖”：一是周一到周五每天下午课后服务都要覆盖，二是开展课后服务范围覆盖全体学生。

为了强化课后服务实施效果，提升学生核心素养，促进学生个性绽放和全面发展，学校为学生提供菜单式的课后服务项目和内容，供学生自愿选择。

学校提供课后服务的时间一般是周一到周五每天15：30至17：30，但也根据部分家长提出的特殊需求，提供延时的课后服务。暑假期间进行上个学年的课后服务工作总结，然后部署新学年课后服务工作。开展课后服务要先进行学生调研，了解学生对什么课程感兴趣，根据学生的兴趣开设相关课程。然后再由学生在网上选课。学校会根据学生选课的情况进行调整，比如围棋课，学生和家长特别感兴趣，报名的人数很多，就多开设围棋班，如果有的课程选课人数少于10人，就会联系家长再做出调整，让学生选择其他感兴趣的课。

每周课后服务的时间安排如下。15：30至16：30是课业辅导时间，各个学科教师进行课业答疑和辅导工作，让学生在校就可以完成作业。16：30至17：30，每天都有不同的课程：上学期，周一和周二安排红色课程，组织学生观看榜样人物的故事，开发少先队中队课程，对学生进行爱国主义教育；周三开设阳光体育活动课程，体育教师组织学生到操场锻炼；周四开设以班级为单位的选修课程，农科院校区的主题是科技，学生在自己的班级里参与科技类课程；周五，开展打破班级边界的选修课程，学生走班选修自己喜欢的课程。此外，学校还有丰富多彩的社团活动，也利用课后服务的时间段实施。

两年多的课后服务取得了突出的成效。分析《农科院附小集团化办学家长调研》《农科院附小集团化办学教师调研》《农科院附小集团化办学学生调研》，可以得出这样的结论：“双减”期间学校取得的成绩突出，各校区统筹兼顾，抓教学、抓学风、树标杆、提成绩，减负增效，落实“双减”成效显著。

四、分层次，巧设计，减作业，增素养

《关于进一步减轻义务教育阶段学生作业负担和校外培训负担的意见》提出，全面压减作业总量和时长，减轻学生过重作业负担。在此指导下，学校从多方面加强作业管理。

我们从作业管理入手，减少机械性、重复性的作业，也从作业总量上进行把控。建立了作业公布机制，每天都会在班里面公布各学科作业的内容。而且教师在布置作业的时候，也要预设完成作业的大致时间。三个学科的作业量在完成时间和内容量上，进行总体的把控，确保学生能够在学校内完成精选的作业，并进行相应的分层。

在控制作业总量的基础上，我们还利用下午15：30至16：30这个时间段，进行课业辅导，培优补差。学生根据自己的情况，选择相应的教室：比如A教室，有负责培优的学科教师，来到这个教室的学生，教师会在学校原有的作业内容基础上进行精讲精练。而一些学习能力较弱的学生，进入B教室，教师就会辅导学生完成基础性作业。这样让能力强的学生有得学，让能力弱的学生学得好。分层培优补差，因材施教，真正地实现了作业减负、学习提质的目的。

利用在校的时间组织学生完成校内作业，能够保障学生有充足的睡眠时间。之前，学生回家后还要花很长时间完成学校的作业，影响了睡眠时间，不利于身体健康。现在，学生都能在规定的时间内休息，得到了家长的充分认可。

在此基础上，还做了作业提质的研究性工作。比如单元作业设计，把原来按照基础、综合和拓展等各方面设计的作业，做了单元作业的整体设计，与教材的单元整体设计融合，在减少作业总量的基础上，提高学生做作业的兴趣。学生完成教师设计的单元作业，能更好地检测他们的学习效果，并能够通过作业更好地促进学科核心素养的提升，在减量的同时，达到提质增效的效果。

五、“体质训练营”——课后服务开展健体专项行动

身体是学习的基础，没有好身体，就没有好成长。学校按照北京市委发布的《关于全面加强和改进新时代学校体育工作的行动方案》和落实《国家学生体质健康标准》方案，全面提升学生体质，让学生养成良好的运动习惯。从

2022 年开始，结合学校特点，组建了学生体质提高训练营，从体制机制上鼓励学生动起来，力争不落下一个学生。训练营活动以游戏和竞赛为主，让学生充分感受运动的乐趣，使学生体质增强，运动成绩逐步提高。

集团多个校区同步开展学生体质提高训练营，训练营教练由组内教师担任，由各校区体育召集人负责。结合上学期学生体质测试成绩，各校区体育教师汇总体质健康测试中，出现问题的学生名单，并告知学生本人和家长此项活动的意义，结合自己的时间安排自愿参与。活动要保障学生身心健康安全，鼓励学生积极主动地参加各类活动，提升学生训练兴趣和体质健康水平，养成良好的运动习惯。

通过两个学期体质提高训练营训练，集团很好地落实了“双减”政策，强健了学生体魄，提高了学生运动成绩，使学生感受体育运动的魅力。活动得到了社会和家长的一致肯定，带动了更多的学生参与体育活动。在学校的操场上随时看到学生热情高涨地运动着，校园处处洋溢着朝气蓬勃的运动激情与青春活力。

2. 落实新课程方案，深入推进课程改革，满足“五育”并举目标要求

过去的攻坚克难阶段，学校不断升级线上教学方案，从 1.0 版本的线上教学资源的供给到 3.0 版本的全过程的线上直播教学，教师的线上信息化教学水平不断提高，也得到了学生和家长的认可。

2022 年，《教育部关于印发义务教育课程方案和课程标准（2022 年版）的通知》发布，旨在培养“有理想、有本领、有担当”的德智体美劳全面发展的社会主义建设者和接班人。为进一步激发教师的活力和创造力，发挥教师在课程改革中的先锋作用，学校形成了“青苗教师—青穗教师—金穗教师”三阶段教师队伍建设机制，开展新课程方案和新课程标准的学习培训，鼓励支持教师探索高效的教学方式革新。

锻造农科品牌是集团提质的努力方向，为了打造学校品牌，集团依托各校区周边的优质丰富的资源，创建特色校本课程，例如科技的“小小新农人”、劳动的“古籍劳动——耕织课程”、体育的“跳绳课程”、美术的“四季课程”等。

学校在《课程管理制度》中鼓励教师依据新的课程方案，开发、设计满足学生全面发展的跨学科实践类课程和个性发展的社团类课程。

【教育案例】

以制度规范课程建设

孙恩渠　谭　丞

2017 年，学校成立了课程委员会，在委员会管理框架下制定了《课程管理制度》。制度的主要内容是：无论校本课程开发，还是德育实践课程开发，相关课程内容、目标、实施、计划等都要向课程委员会呈报，然后委员会进行预算评估，评估可行再实施。课程委员会和《课程管理制度》从组织管理层面规范了学校课程建设，保障课程决策的科学性和法制化。对于德育综合实践活动课程，要有一个年级组长搭配一个核心骨干统筹推进。在课程建设过程中，形成完整的评价机制：每一个活动前要有计划，活动中要有推进，活动后要有总结。制度是行动的保障，在《课程管理制度》的指导下，学校推进各类校本课程建设，形成了一批课程成果。

学校在课程建设中，注重利用周边的资源。在新时代“五育”并举、以劳育人的背景下，学校结合生长教育理念，大力推进劳动课程建设，突出“科技 + 农业”的农科院附小校本特色。

一、“小小新农人”：科技和劳动的深度融合

学校将紧邻中国农业科学院这一优势条件和生长教育的办学理念结合起来，在 2017 年 9 月成立了金穗少年科学院植物研究所社团，社团的目标是以自然植物之盛唤醒学生对生命的热爱，用绿色生命之美点燃学生对生活的热忱。在社团中，学生几乎每天都能和植物接触，与自然植物产生了紧密的“联结”。社团课程之余，会开展丰富多彩的活动，比如社团会举办成果展和售卖活动、社团学生被中国气象局邀请参加开放日活动、参观国家农业科技创新园等。但社团课程能面向的学生只是很小的一部分，好的课程怎么让更多的学生受益？怎么

能让社团课程的知识传播得更远、更广？在这种思考和需求中“小小新农人”学校课程由此诞生，“小小新农人”学校课程从2022年初开始筹备，目前已在四年级和五年级尝试进行教学实践。

以“小小新农人”为主题的课程设计背景是现在越来越多的年轻人在城市扎根，导致下一代少年儿童的农业知识严重缺失。许多学生对农业的认知停留在稻田插秧、人工除草、老牛耕地的传统农业劳作上，甚至一部分学生根本不知道食物是如何种出来的，而目前的农业发展已经逐步实现机械化，迈入信息化时代，现代新农民的劳作方式也已经发生了翻天覆地的变化。根据上述情况，我们以现代新农业技术也就是“小小新农人”为主题开展课程，通过学习，学生初步了解了现代农业知识。

最初的纲目和章节的打磨阶段，我们对外请课程专家、农科院专家以及编辑为本次课程的开发助力，对内挖掘科学组的优秀教师为工作提供支持。项目初期，每周的工作研讨会采用线上会议的方式，大家从确定主题、研讨纲目、撰写样章开展工作。每周召开一次工作研讨推进会，会后，教师针对专家提出的建议进行纲目的完善和样章的修改。大家众志成城，共同攻克大小难关。

分析“小小新农人”课程的实践效果，可以发现该课程对学生的知识水平、实践能力、创新能力和合作精神的培养有着显著的效果，为学生的未来发展打下坚实的基础。

二、“古籍劳动”：传统古籍＋科技劳动，做有特色的劳动教育

中国农业科学院有丰富的农业文化和资源，成为学校开展劳动教育、实施劳动课程、培养正确劳动观念的实践基地。农业生产劳动是推动我国古代社会发展的重要力量，农耕文化是中华优秀传统文化的根，新时代背景下我们更应汲取农耕文化的养分，让下一代树立正确劳动观念，让劳动教育成为人生成长的必修课。在中国农业科学院的国家农业图书馆中收藏着《御制耕织图》等农业古籍资源，所以我们结合农科院的资源优势，设计农耕文化校园环境，以研发的“古籍劳动”课程为载体，将传统古籍文化融合现代农业科技，逐步建立具有农科特色的科技融合型劳动教育模式。

“古籍劳动”课程建设基于清康熙三十五年（1696 年）内府刊刻的《御制耕织图》农业古籍资源，以劳动教育为突破口，以语文、书法、美术、科学等课程为基础，突破单独设科带来的片面性和碎片性，横向打通学科壁垒，进行学科重组，给学生提供较为完整的学习体验，引导学生关注农业生产劳动，于生活、劳动中感受成长的力量，提升综合思维能力。

“古籍劳动”课程群覆盖幼儿园、小学学段，基于学校的“生长课程”体系，构建了面向全体和个体的基础型课程、拓展型课程和实践创新型课程，在构建不同学段的课程内容中还实现了纵向贯通，将同一学科或主题下不同学段课程在纵向上进行有效关联和衔接，进一步引导学生进行知识迁移和自主建构，形成高阶思维，助力学生自主发展和可持续发展。

《御制耕织图》包括耕图、织图各 23 幅，共计 46 幅图，课程选取其中的 16 幅图，其中耕图、织图各 8 幅，每幅图为一个课程，因此“古籍劳动”课程其实是由 16 个课程构成的课程群，每一个课程又分为“知”和“行”两个任务

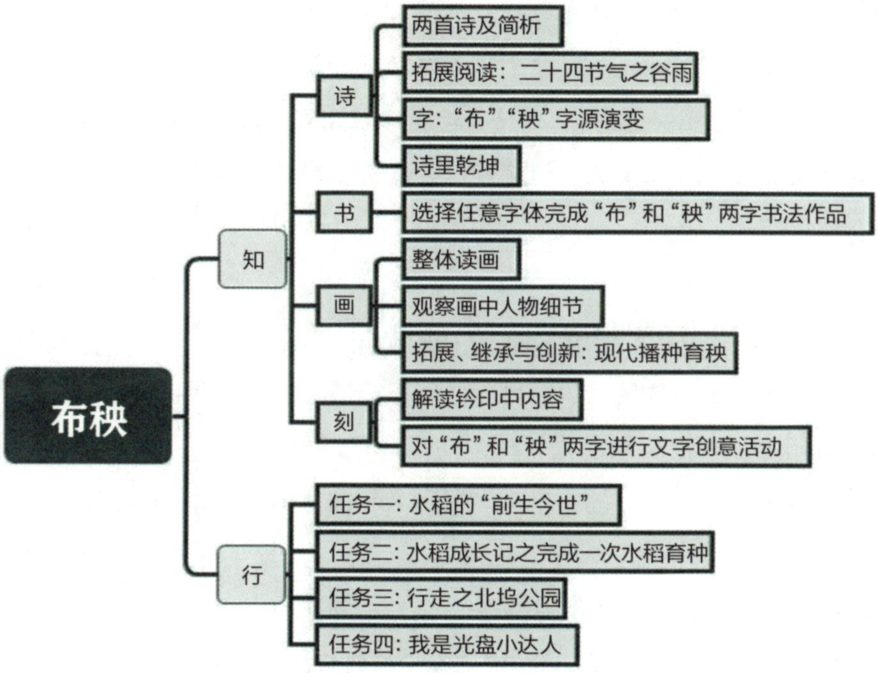

图 2-35 “布秧”课程结构图

群，而“知”任务群分为“诗”“书”“画”“刻”四个模块，“行”任务群是由若干个与“知”任务群相关联的活动任务组成。

为更好地开展“古籍劳动”课程，我们利用中国农业科学院国家农业科技创新园丰富科研资源和种植基地平台，形成校外资源，在校外基地带领学生学习“古籍劳动”课程中现代农业部分的内容，例如耕作方式、多个蔬菜品种的无土栽培实践操作，学习育苗、管理、采收等，让学生感受农业生产劳动高效率、高品质的种植方法，激发学生对劳动的热爱，获得初步的职业体验。在校园内举办义卖、交换活动处理采收后的蔬菜，学生将蔬菜带回家练习菜肴烹饪。

针对“古籍劳动”课程的行走课程，我们特别设计了农耕文化实践系列活动，活动共分为三个部分：第一部分是由红领巾讲解员讲解耕织图和京西稻相关的知识内容；第二部分是农业科普，进行海淀农业观摩；第三部分是农事劳动，安排学生进行农事劳动。

开展“古籍劳动”课程中与植物相关的课程，可以让学生通过与植物的亲密接触，学习自然知识，拓宽视野，提升自信与实践能力，以植物的生长过程作为载体，带动学生的成长。学生观看自动化种植流程，体会科技种植的重要性，从而培养科学创新意识。“古籍劳动”课程能够帮助学生树立正确的劳动观念，让劳动教育成为人生成长的必修课，能够帮助学校建立具有农科特色的科技融合型劳动教育模式。

二、集团化办学制度建设的成效与启示

经过8年集团化建设，学校目前已经形成适应一校多址办学格局的组织机制和规章制度，学校从规范化管理走向高质量治理，固化了一系列学校制度，保障了学校集团化持续、健康发展。回顾8年的集团化办学制度建设，反思总结如下。

（一）要注重制度的顶层设计

制度建设作为一只“无形的手”，在学校管理、运行过程中发挥基础作用。制度具有稳定性，不能朝令夕改，制度颁布后，将对组织的后续行为产生全方

位的影响。因此，制度建设要在学校整体发展规划的引领下做顶层设计。2015年，学校借助合校后假期的空档，确立了未来发展的理念、战略、机制和主要任务。8年后再回头看，2015年学校整体发展战略规划在8年的集团化建设中起到了“施工蓝图”的作用，学校制度建设也在这张蓝图的指导下逐渐完善。

（二）要依法依规，从管理走向治理

制度用来引领和规范人的行为，归根到底需要人来遵守与执行，否则就只能沦为纸面上的文字，无法落实到具体行为中。制度建设要依法依规，确保制度合理合法，程序规范。学校制度的产生不能仅由学校管理者理解与参与，要打破自上而下的建构，广泛征求意见，让制度的执行者参与到制度的制订过程中，做到自上而下和自下而上结合。通过制度建设，凝聚共识，广大教职员工参与学校治理，对学校发展产生责任感和使命感，使其主人翁地位得到真正的确立。

（三）要实事求是，不断发展完善

制度的建设不是一蹴而就的，要不断根据形势的发展做出动态的调整。在农科院附小8年的集团化办学实践中，制度随着内部的发展需要和外部的发展形势不断做出动态调整。在集团化建设初期，制度建设为三校合并、平稳过渡提供了保障；在发展阶段，通过教育、教学、科研等制度建设以及组织结构调整，规范了教师的教学行为，鼓励教师创新，满足了课程建设和家校共育机制建设的需要，促进了校区的均衡发展；在提质阶段，通过出台相关政策，满足“双减”“线上教学”等新形势的需求，促进学校各项工作高质量发展。制度高质量建设的过程就是制度不断优化的过程。

（四）要形成制度文化

制度建设的目标之一就是在制度的执行者群体中产生文化自觉。自2015年开始，学校给每一名教师印发了《制度汇编》手册，每个学期都会给全体教师印发《教师手册》。《教师手册》中包含了学校的基本发展理念和整体发展计划，而且全体行政人员还分解制订好的工作计划，变成操作性很强的每月工作重点，每周安排，甚至具体到每天的工作内容，最终形成校历。每一名教师拿到《教

师手册》，对本学期的工作一目了然，就可以规划自己的学期工作。《教师手册》就是学校管理制度、流程的可视化载体，“制订计划—落实执行—总结反思”这一工作流程逐渐在8年的集团化办学过程中演化成农科院附小的制度文化。

第四节　锤炼队伍赋能高质量生长

培育一支高水平的教师队伍是学校高质量发展的基础，也是谋求集团化高品质办学的关键。农科院附小教育集团创建之初，教师队伍建设面临诸多困境：骨干教师少，缺乏具有示范引领作用的学科带头人，无法满足全面提供高质量教学的需求。探索提高全员教师教学能力、打造一支素质过硬的骨干教师队伍，就成为学校的重要任务。农科院附小教育集团开启了以下路径的探索之旅。

一、制订轮岗制度，实施师资共享模式

教育集团合并初期，制订了《教师轮岗工作制度》，实行“优质师资共享模式”。集团指派农科院校区的优秀骨干教师流动至教育基础薄弱的校区，发挥骨干教师的辐射引领作用，带动其他校区的教师逐步改进教学方式，促进各校区教学质量提升。例如，集团向气象路校区输送语文、数学、英语三个学科的骨干教师并兼任教研组组长。他们用先进教学理念和工作经验为分校的同伴进行示范，引领大家开展教学实践，稳步提升教学能力。随着优秀师资的融入以及骨干教师责任心和教学能力的全面展现，加之示范引领产生的凝聚效应，激发了所在校区教师队伍的教学积极性，教学质量逐年提高。

集团还采取了反向师资流动的策略，安排校区普通教师调入主校区，同样参与了跨边界流动，有机会跟随骨干教师跨边界学习、研讨问题，在跨界流动中通过思想火花的碰撞又形成新的知识，推动着教师专业成长和教师队伍整体水平的提高。跨边界的教育共同体中人员的动态流动、知识的动态流动，充分盘活了集团内部的现有资源，使沉闷的跨校区组织中出现了积极竞争的场景和流动的生机。

【教育案例】

共生共创　自觉自为
——集团化办学中交流轮岗促进教师专业发展的实践探索

刘　芳

集团化办学的实质或关键支持是教师队伍的优质均衡，而交流轮岗正是促进教师队伍优质均衡采取的重要手段。促进教师交流轮岗，关键是激发教师发展的内动力和促进教师的专业成长。教师交流轮岗不是为轮岗而轮岗，而是给教师创造更大的发展空间。同时，教师发展与集团发展相得益彰，成为促进集团化办学可持续发展的根本保障。

农科院附小教育集团有5个校区、123个教学班、5000多名学生、340多名教师，到目前为止，集团内、学区内、省市间流动的教师占比86.7%，行政干部100%参与集团内的交流轮岗，大部分干部轮岗的校区在2个以上。集团化办学以来，学校积极探索交流轮岗促进教师专业发展的路径。

一、合并初期：情感相融、制度创建，为教师交流轮岗筑牢根基

海淀教委于2015年7月正式成立农科院附小教育集团，优化教育资源配置，满足学区内百姓“上好学”的诉求。从一所学校拓展为5个校区的教育集团，集团化办学面临诸多困难与挑战。不仅有来自社会、家长的质疑、观望，还有来自校内干部、教师的困惑、担忧。打造一支高素质、专业化的教师队伍，就成为解决集团化办学难点、痛点的首要任务。

合并初期，学校确定了“促进融合、平稳过渡”的工作思路。集团除了调研需求、开展融合活动，还做到“五项统一”：一是管理机制统一；二是资源配置统一；三是课程教学统一；四是学生培养统一；五是评价标准统一。在“五项统一”中，实现“六个重点突出”：一是重在健全架构，突出党建引领；二是重在发展规划，突出精准管理；三是重在资源统筹，突出优势互补；四是重在学生培养，突出共享创新；五是重在评价激励，突出整体提升；六是重在迭代发展，突出稳中求进。这些制度与机制的确立，使教师轮岗交流在公开、公平与公正

的和谐氛围中得以推进。

合并初期虽然本部仅有3名党员干部、教师到气象路、政法路校区轮岗交流，但他们就像一簇星星之火，点亮了所在校区、教研组教师专业成长的积极性。傅逻莎老师作为一名党员教师，主动响应集团党委号召，第一个流动到之前教育基础比较薄弱的政法路校区，和英语教研组的教师一起进行教案研讨、组织教学、个性辅导，现在政法路校区学生的英语学业水平在集团名列前茅。

二、发展期：乘势借力、资源共享，为教师交流轮岗搭建平台

集团进入发展期，各校区的教师配置和骨干比例仍然不够均衡，这是掣肘集团发展的重大问题。此阶段，集团内骨干教师和优秀教师的数量、质量都有限，需要加紧培养。集团在“十三五”规划中明确提出：要实现各级各类骨干教师、优秀教师占全体教师的25%以上。集团也在各级各类骨干评选、职称评定、评优评先工作中把教师参与集团内岗位交流作为优先条件，并强化教师岗位交流的监督考核与评价机制。与此同时，集团有目的、有计划、有针对性地为这些教师搭建不同层级的平台，为他们创造专业成长的机会。有针对青年教师的“青穗杯”教学基本功展示活动，针对骨干教师的“金穗杯”课堂教学交流活动，针对资深教师的“农科因你而精彩”教育智慧沙龙活动。还鼓励这些教师参与区级、市级、国家级的课堂展示活动。集团还聘请专家、特级教师等为教师进行科研指导、课堂诊断、论文修改等，不断促进教师的专业成长。因为我们深知，学校对教师的专业引领和培养是教师最大的福利，也是对轮岗交流教师最高的奖励。

到2018年，学校从合并初期仅有3名党员教师轮岗交流，到发展期有41.5%的教师参与轮岗交流，各校区的骨干教师比例也逐步均衡，实现了集团“十三五”规划中提出的目标。气象路校区骨干教师吴婷婷说：“无论在哪个校区，不同发展阶段的教师都能够根据自身特点和发展目标，规划职业成长路径。学校为我们搭建了很多平台，科研、教学、课程、论文均有对应的服务部门进行组织，还有高水平专家指导，以赛促练、以展促研、带题授课，教师教研水平和课程设计与实施能力都大幅度提升。”

三、提质期：使命担当、自觉自为，实现教师交流轮岗可持续发展

进入提质期，集团把培养优秀的学生和教师作为集团高质量发展的第一要务。为实现这一目标，集团始终坚持举旗定向与使命引领相融合，党员亮诺言、践诺言，个个奋勇争先。每学期开学第一课由党委书记讲师德，请每一名教师讲述《我心中的好老师》育人故事。通过13年不间断的教育帮扶，上百名教师走进新疆和田、西藏拉萨、贵州赫章、宁夏银川、四川汶川等20多个地区支教交流。2020年井印、张关两名教师援疆支教2年。在援疆报名公示后，张关老师义无反顾地报了名，她说："新疆很大、很美，但我不想只当一个看客，我想成为这里的参与者、建造者，我会和当地的教师一起践行学校的生长教育。"2021年，青年教师贺丽颖克服种种困难，赴西藏支教2年。这些普通的教师用他们的实际行动践行教书育人的非凡使命与担当，为教师交流轮岗树立了榜样。

这几年大家已经把交流轮岗作为提升教师立德树人、社会责任感和专业发展的新常态。随着"双减"政策及新课程方案和新课标的颁布，为了培养全面发展的优秀学生，教师在各校区组成不同的研究共同体，在学生研究、丰富课程供给、提高课堂教学质量、改进育人方式、创新科技教育、家校社协同育人等方面进行卓有成效的探索。目前集团有特级教师、市区级带头人、骨干教师近百人，学校有5名骨干教师在海淀区、北太平庄学区成立自己的学科工作室；45%以上教师是博士、硕士研究生学历。学校承担国家级课题1项、市级课题数十项、区级课题立项上百项，学校教师编写、出版书籍13部，每年教师在各级各类比赛中获奖数百项。集团也获得了全国海洋教育示范校、首都劳动奖状、北京市课程建设先进单位等几十项荣誉称号。集团内各校区的社会满意度逐年提升，我们可喜地看到，5个校区的社会满意度差异越来越小，近几年政法路、气象路校区作为全区进步最大的校区而受到表扬。气象路校区的家长感慨道："短短几年时间学校做了很多努力，采取统一的办学理念、统一的领导管理，最重要的是统一了师资力量的调配，各校区尽量做到了公平化和均衡化，家长的顾虑少了很多。"而最受益的是学生，在对各校区的学生进行随机采访时，出现的高频词就是：课程安排合理、丰富多样，师风优良，学校氛围好，设施配套

齐全等。学生对教师的评价是认真负责、教学经验丰富、课堂生动有趣等。

值得一提的是，集团化办学8年探索过程中，得到了海淀区教工委、教委各级领导的大力支持，特别是在2019年，为了更好地促进各校区优质均衡发展，区教委投入大量的资金改善明光路校区的办学环境，把原来一个破旧不堪的出租小院，变成了可以解决集团青年教师子女入园的附设幼儿班。幼儿班的建设不仅使政法路校区生源数量的增加，更促进了集团内青年教师交流轮岗的积极性，他们都争先恐后地申请到政法路校区轮岗交流。

农科院附小教育集团8年的办学实践，历经融合、发展、提质等阶段，并聚焦不同阶段的突出问题，抓住教师专业发展这个核心，积极干预，开展实践探索。未来，农科院附小教育集团将按照区教育“两委”“十四五”区域发展定位的要求，稳步有序推进5个校区的布局调整，借助气象路校区新址建成及2个基地建设，为教师专业成长搭设更大的舞台，教师轮岗交流会更加广泛和深入。我们期待更多的教师走出舒适区，迎接新的挑战，通过教师专业发展的自觉自为，实现与集团发展的共生共创！

【教育案例】

努力做一名新时代优秀教育工作者

李　霞

“践诺”党建是学校以高质量党建引领高质量教育发展的需要。学校党支部深刻认识建立健全定诺、审诺、亮诺、践诺、评诺制度对于推进创新争优活动深入开展的重要性和必要性，紧密结合实际，用身边事教育身边人，精心组织、引导广大党员以定诺为起点，以亮诺为指南，以践诺为标杆，以评诺为推动，使学校党支部和广大党员增强责任感和使命感，坚持有责必诺、有诺必亮、有亮必践、有践必评，做到件件有着落，事事有回应。

紧贴学校发展实际，按照“对照标准、查找问题、定下承诺、制订措施、明确时限”的具体方法，我结合自己的岗位实际，每学期都会确定承诺内容，做好班主任的具体工作，关心学生的身心发展，顺利完成幼小衔接工作，解决家长的后顾之忧。根据学生的特点，调整自己的教学设计，让每个学生都能在班里快乐成长。

2018年9月，我被调到气象路校区当一年级的班主任。大家都说气象路校区的学生不如农科院校区的学生，学习上有一定的差距，我却不这么想。作为党员，要服从组织安排，“只要思想不滑坡，办法总比困难多”。抱着这样的信念，我开始了在气象路校区的教学。通过一段时间的教育教学工作，我发现这里的学生懵懂、可爱，但是思维不够灵活，对学习要求不高，快乐就行。教师所提的要求，总有学生问：“是什么呀？”他们接受新事物的速度快慢不一，两极分化有些严重。我感到了沮丧和束手无策，当时自己总是唉声叹气。作为一名党员教师，总向别人哭诉不是我的风格，只有慢慢适应学生的现状，改变他们的同时也改变自己，才能改善现状获得提升。教书育人的责任感和不认输的决心让我做出了一些调整。

我适当地改变了教学方法，放缓了课堂的教学进度。每天光是让学生听懂、学会课上的重点内容并能够运用还不够，还要让他们学会总结和反思。所以我在复习课上，以一个两位数11为例，让学生学会通过这个数来回忆学过的有关知识，在这个过程里让学生想起数的意义、数的组成和数的运算，这也就是我们常说的构建思维导图。课上讲清了复习方法之后，我又让学生想一想，就复习这么一个数可以吗？那其他的数怎么办呢？让学生意识到其他的数也可以借助这种方法来复习。接着，我就留了一份实践性作业，让他们自己选择一个两位数进行知识梳理。我开始以为他们是一年级学生，这项任务不会完成得多好，我也怕他们听不懂或者不知道梳理什么内容。可学生的潜力是巨大的，是不可估量的。一部分学生依葫芦画瓢，做得有模有样。看到学生的作品，我发现他们对每个知识点梳理的效果还是不错的。这使我信心大增，如果长期坚持下去，他们必然未来可期。所以我们要相信，给学生多大的空间，他们就会有多大的惊喜呈现给我们。

我在教学生知识的过程中，也曾备受打击，遇到过讲了很多遍学生依然听不懂的情况。我嘴上说放弃，但是看到他们与自己亲近，听到他们暖心的话语，作为一名光荣的人民教师，责任感油然而生。我不能愧对这个称呼，更不能愧对自己的良心。所以对于后进生我就不厌其烦地给他们讲，努力做到不让每一个学生掉队。对于班里生病半年多不能上学的学生，我先安抚家长不要着急，让学生安心养病。等学生的病好一些了，我就主动打电话联系家长，每周对学生进行2至3次的补习，通过线上批改作业让他不掉队，并不时地夸他聪明、有潜力，不断地增强学生的自信心，让他能一直跟着大家的脚步前进。

作为党员，在个人利益与学校利益面前，应自觉服从大局，确立高尚的人生追求和健康向上的生活情操，做到不仁之事不为、不义之财不取、不正之风不染、不法之行不干。党员教师的责任和担当很重要，改变学生的同时也要尝试改变自己，要学会适应和自我疏导。

我认为除了学习，思想教育也很重要。我们班男生多，一下课就在操场上追跑打闹，打架事件时有发生。我认为说服教育是不够的，如果有个契机，能让他们切身感受一下严明的纪律，学会控制自己的行为就好了。我与家委会沟通时说到了这些，家长也很认同，大家开始集思广益。正好班中一名家长有这样的资源，我们就开始筹备带领学生去天安门国旗班开展爱国主义思想教育活动。学生在国旗班看到了解放军叔叔干净明亮、整齐划一的内务，矫健统一的步伐和军姿，感受到了严格的军事化管理。当时学生雄赳赳气昂昂的，小身板挺得直直的，崇拜和敬畏之情油然而生，他们感受到了解放军叔叔那种用实际行动爱国报国的情怀。作为党员，我知道亲身感受比说服教育更重要。如果能让学生参与其中，榜样作用和身体力行的教育，会潜移默化地影响他们。通过这个活动，学生更爱学习、更爱班级、更爱学校了，他们对自己的行为认知有了新的改变，学习方法也改进了，进步就自然而然地呈现出来了。家长看到孩子的进步时都很高兴，他们就会更信任教师，积极配合教师共同教育好自己的孩子。所以家校合作共育学生是我们的重要目标。

作为党员教师，我们不做言语的巨人、行动的矮子。做任何事，都要脚踏实地，不骛名，秉良心，尽人事。在带头学习提高、争创佳绩、服务群众、遵纪守法、弘扬正气等方面做出承诺并认真践诺既是要求和纪律，也是责任和义务。学校的“践诺”党建品牌，为大家提供了一个实现诺言的平台。在承诺、践诺的过程中，我们把更多的热情投入日常的工作和学习中，能够更好地保持党员的先进性，为其他同志做好榜样，起到先锋带头作用。我相信，只要我们不放弃、不抛弃，不忘初心、牢记使命，在努力争做新征程新时代优秀教育工作者的道路上，一定会取得意想不到的收获。

二、实施“双培养”计划，实现增量提质目标

当集团进入发展期，骨干教师队伍建设的第二个目标就是“增量”。为了培养一批政治素质过硬、师德师风优良、专业能力突出、示范引领能力较强的教师队伍，集团制订并实施“双培养”计划。“双培养”计划是指把符合党员条件的优秀中青年骨干教师发展成党员，扩大教师队伍中党员教师的比例。同时，注重发挥党员教师的先锋模范作用，整体提升教师队伍的政治素质和业务能力。充分发挥基层党组织的战斗堡垒作用和广大党员、教学骨干的模范带头、示范带动作用，为加速学校集团的教师队伍发展提供坚强的组织保障和人才支持。

集团聘请专家、特级教师、市级学科带头人等到学校建名师工作室、带徒弟，通过做项目、开发科研课题、听评课、开办系列讲座等活动，引领非骨干党员教师专业发展。

集团积极创建“双培养”实践载体平台，优先安排“双培养”对象参加各类研修培训，承担教育课题研究或到基层薄弱学校支教，并开展党员示范课、观摩课教学展评活动，助力“双培养”对象尽快成长为教师队伍的领头雁和排头兵。“双培养”计划既加强了骨干教师的党性修养和政治素质，又提升了党员教师的专业能力，在壮大党员与骨干教师队伍的同时，锤炼了一支德才兼备的优秀教师队伍。

三、开创“让实践者培训实践者”的新模式

集团致力于探索创新教师培训模式，突破单一的理论讲座和教学竞赛等传

统形式，探索了“让实践者培训实践者”的新模式。由骨干教师触发教师群体同频共振，掌握新技能，创造新资源。随着信息技术发展对教育教学的积极影响逐渐扩大，“慕课”“微课”“翻转课堂”等网络学习方式蓬勃发展，加速了学习效能，扩宽了学习空间。学校各学科骨干教师借助录制市区“微课”资源的机会，学习并摸索“微课”制作流程、模板、技术手段。骨干教师通过微讲座、线上指导等方式，培训其他教师录制精品“微课”，推动了教师互动学习，促进了信息技术与教育教学深度融合，提高了教师的信息化教学能力。让实践者培训实践者，让骨干教师培养教师，新模式唤醒了教师自主教研的内生力，提升了骨干教师的领导力。

【教育案例】

薪火相传　“裴”我成长

马　莹

两年前，作为新教师，我带着憧憬和激情入职了农科院附小，也带着一丝懵懂和彷徨开启了这里的工作生活，有时会出现课堂效果不尽如人意的情况，班级中也会出现诸多问题。此时，学校给我们新教师提供了一个“实践者培养实践者”的学习平台，让我和裴老师结为师徒。裴老师有着丰富的班主任工作经验，在她的帮忙下，我的学习能力和带班能力都得到了提高，而我也在裴老师和组内同事的关心爱护下渐渐适应班主任工作。

一、结合实际，制订切实可行的师徒计划

和裴老师成为师徒后，她为了及时帮助我解决在班级管理上遇到的问题，为我制订了一套切实可行的师徒计划，包括听她的班会课、讨论班级问题、探讨家校沟通策略等。我们还建立起“陪（裴）你赢（莹）”班级问题解决会，大到如何和家长沟通，小到如何带队出楼，她都会在讨论时指导我，我也会对我们每次的指导进行记录，两年下来，我们已经形成了好几本师徒帮扶记录手册，手册里都是师父对徒弟毫无保留的经验分享和谆谆教诲，是我终身受益的宝贵财富。

二、抓主要矛盾，从根源解决问题

回想刚接班的时候，我每天都在处理各种班级事务，常常感到心力交瘁。裴老师看我焦头烂额的样子，主动来帮助我，她告诉我："班级事情的确很多，然而迷宫再大，也有起点与终点，而班级管理的出发点应当就是建设良好的班集体，发挥集体力量，让集体影响个人，通过集体成长滋养个体，让每一个学生在集体成长中进步。"裴老师进一步引导我，一个优秀的班集体应该有完善的班级文化和评价体系，从那之后，我明白了我的工作要聚焦在班集体整体建设和班级文化建设上。裴老师和我一起根据我们班的班情，引导我启发学生，发挥学生的主动性，和学生一起设想班级理念、制订班级公约、设计班级口号、设计班徽等，在共同班级价值目标的引领下，学生的心也聚在了一起。裴老师还总能用善于发现的眼睛去看待学生，每个学生都是有优点的，因此，她还根据每个学生的特点给学生设置"荣誉称号"，让每个学生都能找到自己的生长点。在评价体系上，裴老师引导我关注学生良好习惯的培育，为学生今后的发展奠定基础。裴老师还指导我用具体的班级过程性评价来多元化多角度关注每个学生的闪光点和进步点，通过激励来帮助学生实现良好行为的内化，让学生逐渐得到成长的内驱力。在班级文化和评价体系的引领下我们班逐步走向正轨。

在班集体的建设上我听取师父的建议，发挥每个学生的主观能动性。要给每个学生都设置一个班级岗位，"我是被集体需要的"，这样可以让所有学生都有集体归属感，调动所有学生的积极性，增强他们的主人翁意识，做到人人有事做、事事有人管。师父还告诉我要发挥班干部的班级领导核心作用和班级一些优秀学生的带动作用。对于班干部的任用，最重要的是做好班干部的思想工作，团结内部成员，增强凝聚力，鼓励班干部要有以身作则的意识。她经常利用课间时间找学生谈心，关注他们遇到的难题并给予具体的方法指导。我也会经常找班干部聊天，帮助他们解决问题，使班集体的良好班风得到进一步加强。

三、做好示范，做好指导

子曰："其身正，不令而行；其身不正，虽令不从。"裴老师给我最深的印象是她总能和学生打成一片，学生总能从她那儿获得一种亲切感，学生往往具有更强烈的向师性。所谓“亲其师，信其道”，这为今后师生融洽沟通打下良好基础。

裴老师不仅能在学生面前身体力行地做一些示范，还善于抓住机会进行良好的身教。如她在每次大课间都会用标准的动作与学生一起学习踏正步、跑圈；每天比学生来得早，给班级通风并安排学习任务；会在办公桌上张贴自己的学期计划并邀请学生观摩；会和学生一起制作手工艺品；升国旗时会站得比学生挺拔得多等。虽是区区小事，裴老师却总以“一言一行或许就会影响学生一辈子”的观点鼓励自己做好学生的表率。

生有涯而学无涯，教龄有长短而教学无止境。再次感谢学校为年轻教师搭建学习平台，让我们受惠于师父的悉心指导，得以最快速地成长，也万分感激裴老师对我的指导和帮助，让我能更快地成长。以后我将和师父进行更多的学习和探索，携手同行。

四、开展“教育帮扶”，扩大骨干教师影响力

集团的影响力是通过教师影响力的积累与提升不断扩展的。因此，集团积极发掘能够扩大教师影响力的有效途径。集团借助上级下达的跨省市“教育帮扶”任务作为提质期打造骨干教师队伍的重要路径。农科院附小从 2010 年“手拉手同生长”寻访留守儿童公益活动开始，在教育扶贫的道路上已经走过了 10 余年。从单纯的物质帮助发展成建设对口校、合作校等多种形式，通过输出资源、分享课程、共建平台、多元合作等多种途径，教育扶贫在不断走向深入，越来越多的教师参与到教育扶贫工作中。自 2019 年开始，集团在中国教育学会的组织下与贵州省毕节市赫章县的 3 所小学和 1 所幼儿园建立教育帮扶关系。学校教师多次赴赫章县开展教学交流活动，将学校的优质资源与课程分享给当地教师。学校还在当地建立了语文、美术、音乐、体育等学科名师工作室，借助此平台，开展更加深入的教学交流活动。集团将筹备策划的“金穗教育平台”向贵州、宁夏、新疆等地的帮扶学校开放，共享互联网教育成果，成为集团线上教育帮扶的新助力。

在教育帮扶的过程中，骨干教师更新了教育观念，对“教师”有了全新的

理解。同时，作为代表集团进行教育帮扶的主体，肩负了更加神圣的使命，骨干教师的思想觉悟也在活动中得到升华。在教学方面，骨干教师创新信息手段，通过“双师课堂”“‘微课’共享”等方式，将“生长教学模式”“优质校本课程”“精品‘微课’资源”及时有效地传播至教育相对落后的地区，让该地区的学生也能享受优质的教学资源，提升能力。

【教育案例】

我与我的新疆娃娃

张　关

为践行“社会稳定和长治久安”的新疆工作总目标，书写“建设美丽新疆、共圆祖国梦想”的崭新未来，2020年10月16日，我肩负重任，怀揣一颗拳拳之心，来到了塔克拉玛干沙漠之畔的大美和田，开启了为期2年的援疆生活。

这里极度干燥，白日里最常见的就是一片昏黄，因黄沙蔽日，天空似乎永远挂着幔帐，不肯露出真容。这里是少数民族聚居地，维吾尔族同胞占当地人口90%以上，所以绝大部分学生汉语基础薄弱，并且缺少学习环境。还有部分学生家庭成员多，家中经济条件十分困难。面对这样的情况，我秉持“首善、实干、团结、奉献”的援疆精神，立志让戈壁开出最美的“教育之花”。

两年的时间里，我组织及参与了京和教育交流研讨会、班主任系列讲座、联盟校师德师风专题培训、书写爱国情怀硬笔书法比赛、红歌唱响校园合唱比赛、弘扬传统文化经典古文吟唱活动、学雷锋月、清明祭英烈、校园足球赛、春季运动会、送教下乡等活动，帮助当地教师提升专业素养，带领学生开阔视野，取得了良好成效。

此外，我还担任了二年级4班的语文老师，与54个新疆娃娃一起学习、生活。教学中我注重习惯培养，因材施教，深入浅出，让学生在40分钟的有限时间里享受学习过程：我们在课堂上看中国——小兴安岭、西沙群岛、日月潭、巍峨天山、黄山奇石、秀丽西湖，纵横南北，连贯东西，祖国的大好河山尽收眼底。在书籍中明道理——懂得谦虚做事、友善待人、知错能改、勤于思考。在有趣的实践活动中感受生活的美好——寻找美丽的四季、共度传统佳节、召开班级趣味运动会、评选故事大王、争做冬奥小使者、与植物交朋友、畅游海底世界……通过及时肯定、奖励学生的成果与进步，改变以往的学习模式，学生对语文学科的喜爱程度与日俱增。课下我与新疆娃娃们成了好朋友，他们会在节日亲手为我制作礼物，休息时跟我说悄悄话，还会往我手里塞好吃的。

通过“我在北京有个家”青少年助学帮扶项目，我与麦尔孜耶·买吐送结了对，她成了我的“新疆女儿”，我成了她的“北京妈妈”。结对仪式上，我激动地搂着我的“新疆女儿”，对她诉说着自己的爱意与希望，而她的小脸上也洋溢着幸福的笑容！

“妈妈”这个词崇高而伟大，我总担心自己做得不够好。幸好麦尔孜耶是我班中的学生，我们能够朝夕相处，让我可以随时随地在学习和生活上给予她关心和帮助。课间，我拉着她的小手，和她一起读书，给她讲故事，陪着她一起做游戏。她的普通话水平有限，我便常常利用课余时间给她补习功课，帮助她提高成绩，鼓励她积极发言，建立自信。除了捐助6000元助学金，我还一直和她的父母保持联系，主动了解她家的生活情况。在六一儿童节，我购买了她梦寐以求的芭比娃娃；假期里，我送给她课外书籍，激励她养成读书的好习惯；开学前，我早早地为她准备好漂亮的新书包和各种学习用品，鼓励她在学习上更加刻苦努力。后来她悄悄地告诉我她舍不得用，把它们都藏在了小书桌的抽屉里，她说这些都是最珍贵的礼物，要好好珍惜。

转眼间到了分别的时候，临行前她特意回学校找我，并交给我一封信，信中写道：“妈妈，我爱您！我一定好好学习，将来到北京去看您！”看着曾经那么腼腆的小姑娘，现在用水汪汪的大眼睛深情地望着我，嘴角含笑自信地说出自己的心声，我感到无比幸福，也为她感到骄傲！

万里援疆付真情，大漠两载写华章。教书育人润心田，民族团结情意浓！我把一颗赤诚之心留在了玉龙喀什河畔，留在了巍巍昆仑脚下。如今我虽然离开了这片被我视为第二故乡的热土，但我始终忘不了那些纯真的面庞——爱踢球的安萨尔、喜欢绘画的谢孜睿、擅长唱歌的萨比热、热心的阿卜杜萨拉木……我把每一个新疆娃娃都当作自己的孩子，相信在温暖与关爱中成长起来的他们一定是阳光自信的，他们的未来一定是灿烂美好的。

百年大计，教育为本；教育大计，教师为本。作为一名教师，我将继续做好培根铸魂的育人工作，用实际行动为民族团结、文化润疆、教育脱贫做贡献，成为文化的传播者、爱心的传递者、经验的传送者，助力伟大祖国在复兴路上走得更加自信而坚实！走向更加灿烂辉煌的未来！

五、升级线上学习方式，研发线上教学模式

2019 年至 2022 年既是集团的提质期，也是集团化办学攻坚克难的关键期，是对集团教学管理、教师教学能力的全面考验。农科院附小教育集团不但经受住了严峻的考验，而且化“危”为“机”，出色地交出了一份令家长和学生都满意的答卷。骨干教师在线上教学期间发挥了关键作用，为化解危机、提升线上教学质量、扩展教学方式做出了贡献。

2020 年是农科院附小教育集团攻坚克难的起始期，集团积极探索在线教学新模式。全体师生及家长在学校引导下从初期的盲从，到中期对教学质量的关注，再到后期对教学方式提要求，促使集团对线上教学的学习方式及时改进和调整。集团关心家长的诉求，始终将学生的健康成长和学业成绩作为首要的工作目标，预先谋划，整体改进，加速线上学习方式的迭代升级，为学生提供学习互动体验充分、学习效率有保障的学习方式。从 1.0 版面向 4 种学习条件的点播学习，到 2.0 版利用“微课”手段进行录播教学，再到 3.0 版全学科线上直播教学，骨干教师率先实践，承担任务，创新引领，带动全体教师克服困难，提升线上教学质量与效果，满足家长和学生的迫切需求。

骨干教师基于课标导向，自主研发线上教学模式，探索如何提升学生素养。包括创设学习情境，设计学习任务，组织学习活动，提供学习工具，进行全过程评价。此模式在线上教学的实践中取得了良好效果，学生的学习积极性和探究兴趣得到了提升，综合学习能力也得到了发展，改变了以问答讲解为主要方

式的低效线上教学。

骨干教师边实践边总结，将自己行之有效的实践经验转化为系列成果，包括《思维品质视角下的小学英语线上教学设计与实施策略》《“双减”背景下小学语文作业的优化设计》《“双减”政策背景下小学课堂体育中的游戏化教学模式》《“双减”背景下小学低年级语文非书面个性化作业的设计与实施》等。这些有益探索都为有效落实“双减”政策和线上教学要求提供了丰富资源。

【教育案例】

勇于担当，尽职履责

邓亚庆

2020 年 3 月 17 日，英语学科主管陈卫卫老师告诉我，她为我争取到给海淀区六年级学生录制单元线上课的机会。刚得知这个消息，我的内心瞬间被各种情绪覆盖。我的第一反应是吃惊，还有一丝惊喜。要知道，全海淀区六年级那么多教师，我能录制其中一个单元，是多么小的概率，多么大的荣幸！随之而来的情绪是感激，这样难得的机会，学校和陈老师能想到我，是对我的信任。可是这样的惊喜和感恩马上被莫名的压力替代，这样一个单元的“微课”，可能会被全海淀区几百名六年级的教师看到，也可能会被全海淀区几万名学生看到，每一名学生背后还有家长。也因为是录播课，可能会被反复收看，这样庞大的观课队伍，相当于是超级大型公开课。备课和讲课都要精益求精，绝对不容许一点点差错。哪怕一丁点的错误，都会让我自己、我的学校，甚至整个海淀区受到质疑。带着这样的压力，我有些退缩了……我把我的担忧告诉了陈老师，陈老师一边鼓励我，一边也给我时间让我充分地考虑，和家人商量。

挂了电话，我开始思考自己目前的状况：我自身的情况特殊，爱人长期在外地工作，目前家里只有我和我妈妈带着一个 13 个月大的孩子。这个时候的孩子，需要充足的陪伴和照料，平时我和妈妈两个人带这一个孩子都有些忙乱，何况现在又有这样艰巨的任务。这个任务绝对不是一两天就能完成的，前后需要一个半月的时间。这段时间里，需要严谨的工作态度、高强度的工作时间和绝佳的工作效率，我能出色完成吗？我要保证长时间的高强度工作，也就意味着家庭的琐事和生活的杂事都交给我妈妈，她的身体允许吗？

思来想去，作为一名新时代党员教师，有命令怎么能不执行？作为一名研究型青年教师，面对困难，怎么能轻易退缩？现在受疫情的影响，多少人勇往直前，逆流而上，跟他们比，我这算什么困难呢？学校和陈老师这样相信我，面对他们的信任，我又怎么能不敢于担当？最后，在学校和家人的支持下，我决定勇于担当，为自己，也为学校，更为社会，贡献自己的微薄之力。

2020年3月17日到4月27日，一个多月的时间，在完成海淀区空中课堂“微课”录制的过程中，我遇到了很多困难：家庭琐事和工作之间的矛盾，主要是时间上的矛盾，很难有大片的工作时间；学校工作和录制“微课”的矛盾，主要还是工作时间不够，任务繁多；因为第一次录制“微课”，也存在一系列技术性问题；同时由于时间紧任务重，压力巨大导致的心态崩塌，如何重建……

但是在学校、领导、家人的支持与关怀下，我都逐一克服了困难，并出色地完成了此次录课任务。有了这次录课经验，在接下来的3年里，我又相继完成了教育部国家中小学智慧平台“同上一堂课”4节课的“微课”录制任务，该任务从2021年6月持续到2021年10月。同时在2022年5月到2022年8月，及2022年11月到2023年1月，我积极配合学校开展线上教学，设计、实施学校英语线上教学2.0版计划及3.0版计划，出色完成了线上教学任务，做好了线上线下教学的衔接。在过去的几年里，面对种种困难，我总结出如下几点经验。

一、制订工作计划，规划工作内容

制订工作计划可以帮助我们明确每个阶段或者每天的工作目标和内容，缩短工作时间，提高工作效率。我有一本笔记本，分别列出阶段工作计划和每日工作计划。阶段工作计划是一个总体计划，而每日工作计划是在前一天晚上临睡前计划第二天要做的具体工作，这样可以把一些临时性的工作加进来。计划后面一定要加上截止日期，并且督促自己必须在截止日期前完成，有截止日期的计划才有意义。我对自己的要求是每天必须完成计划清单的任务，完成任务会让我有安全感，我才会安心休息。

规划工作内容，能够帮我们更清楚在什么时间完成什么计划。我的工作按照内容，分为本职工作、视频“微课”录制工作、学校教研组工作、家校工作；按照工作性质，分为深度工作（用脑，比如设计课时教学）、安静工作（需要安静的环境，比如录制“微课”）、事务工作（可以利用碎片时间处理的，比如修改PPT、批改作业等）。

二、创造工作条件，提高工作效率

创造工作条件包括合理安排时间和打造工作空间。我会根据每日工作计划规划一天的工作时间。线上办公期间，我们总会被一些琐事打断，所以应该尽量选择连续的时间段来处理比较耗时且复杂的工作。对于我，14：00至16：00和22：00以后是孩子睡觉的时间，这个时间家中很安静，且没有其他事打扰，这个时间段工作效率非常高。打造工作空间也是为了屏蔽干扰，特别是线上办公期间，要给自己一个独立的办公区域，保证工作时间不被打扰。另外，独立的办公区会让我时刻保持清醒，提升工作效率。独立的办公区域也是获得仪式感的重要途径，而仪式感能帮助我们的大脑提醒自己：要进入工作状态了。

三、适当调整心态，积极学习调整

面对艰巨的任务，人会产生压力和焦虑。我们需要做的就是积极调整，我也有很多次感觉到焦虑甚至崩溃的时候，但是每当这个时候，我就会选择停下工作，喝点水、吃点零食、听歌，或者跟家人聊聊天，都能缓解不少。特别是每天适当的运动，不仅可以保持身体健康，而且可以保持每天都有充沛的精力。

我深知，社会的高速发展，知识的爆炸式增长，对传统教师的成长路径形成了巨大的挑战，作为新时代的青年党员教师，应当不断学习、高效学习，及时、主动更新知识与思想，才能不断应对时代发展的需要。第一次录制“微课”，我的电脑因为是苹果系统导致一系列不兼容，我在网上学习了装系统，为我的电脑装了双系统；教学课件也出过一系列问题，最终我通过在网上查找资料，请教同事得以解决。所以经过这几次“微课”录制，我也学到了很多新的技能。

四、获取多方支持，保持自我肯定

家人的支持让工作事半功倍，我很感激我的家人一直很支持我。家人跟我们其实是有“利益”关系的，比如我和我妈妈，本来共同分担家务，但是我要忙工作，她就一定会照顾家里多一些，就会损害到她的“利益”。我也不认为家人的支持是理所应当的，我们要多站在对方的角度思考问题。比如我妈妈支持我，我也很理解她的辛苦，经常把“妈妈辛苦了”“谢谢妈妈”挂在嘴边；一有时间也会帮她做些家务，必要的时候也可以使用物质“犒劳”她，比如给妈妈买颈椎仪等；多跟妈妈聊天，分享我工作中的趣事，也可以让妈妈更理解我的工作，从而更加支持我。

作为教师，我们都知道自我效能感的重要性。在这里我要感谢学校和陈老师对我的信任，给我很多学习进步的机会，让我越来越相信自己。也感谢教研组的同事和班主任老师，帮我分担很多工作，给我提供很多思路。

作为教师，需要努力坚守，勇于担当，不断学习，高效工作，兢兢业业。唯有这样，才有能力紧跟时代发展的步伐，履行教育使命。

集团化办学以来，学校骨干教师队伍建设取得了显著成效。最先体现在骨干教师的数量显著增加。合并初期骨干教师总数为 33 人，如今已增加至 80 人。骨干教师整体素质水平和教研能力也有长足进步，2022 年教师获奖论文数量达到 200 多篇，相比融合期数量增加了 64%；市、区级立项课题累计 42 项，科研成果 8 项，填补了合并初期的空白。各校区骨干数量得到了均衡增长，相比合并初期，增加了约 49%，完全满足各校区对骨干教师的需求。至此，农科院附小教育集团骨干教师队伍建设已经完成预期目标，形成了梯队完善、数量充足、素质全面、能力突出的集团发展核心力量。

农科院附小教育集团的发展并未止步于此，在发展期的实践探索中，骨干教师队伍将继续发挥重要作用，伴随集团的发展不断壮大，集团与教师的影响力将由区域内扩展至更大范围，为实现学校确立的“金穗教育”品牌愿景不懈努力。

第五节　构建滋养生命的生长课程体系

农科院附小由于长期浸润在农业“绿色、生态、可持续发展”的独特氛围中，创造性地提出了生长教育的办学理念。生长教育的核心理念是“全面、健康生长”。因此“生长课程”既要突出全面，又要突出健康。“全面”体现在面向全体学生，促进每一名学生德智体美劳全面发展；“健康”体现在生理健康、心理健康、道德健康、社会适应健康，指向学生的可持续发展。“生长课程”的开发与实施是新时代立德树人的重要方式之一，是落实《义务教育课程方案（2022年版）》的具体实践，是把每一名农科学子培养成为德智体美劳全面发展，有理想、有本领、有担当的社会主义建设者和接班人的重要手段。

一、“生长课程”的背景分析

（一）教育改革与发展背景分析

1. 国家课程改革背景分析

2014年，教育部发布了《关于全面深化课程改革落实立德树人根本任务的意见》，指出要把立德树人落在实处，充分发挥课程在人才培养中的核心作用，进一步提升综合育人水平，更好地促进学生的全面发展和健康成长。“生长课程”中“全面”“健康”的理念就是指向立德树人根本任务。2019年中共中央、国务院颁布了《关于深化教育教学改革全面提高义务教育质量的意见》，坚持“五育”并举，全面发展素质教育。2022年，教育部印发《义务教育课程方案和课程标准（2022年版）》，为学校课程深化改革提供了纲领性文件，发挥课程教材培根铸魂、启智增慧的作用，全面贯彻党的教育方针，遵循教育教学规律，发展素质教育，明确“培养什么样的人”“为谁培养人”，优化学校育人蓝图。

2. 北京市课程改革背景分析

2015年北京市教育委员会发布了《北京市实施教育部〈义务教育课程设置

实验方案〉的课程计划（修订）》。这次课程改革是北京市深化教育综合改革的具体体现，突出了义务教育课程的实践性、综合性、活动性，标志着北京市的课程理论与实践迈进了一个新时代，是一次历史性的课程变革。2022 年 8 月，北京市教育委员会印发《北京市义务教育课程实施办法》，指出要立足首都特点、中国特色、世界水平的现代教育，以改革创新激发活力，巩固北京课程改革和“双减”工作成效，增强学校办学活力。

3. 海淀区课程建设分析

2019 年 5 月，海淀区召开教育大会，研究部署了《海淀区提升教育现代化水平建设教育强区行动计划（2019—2022 年）》等一系列文件，为海淀区未来教育发展开出了任务单，其中坚持立德树人、深化“五育”并举人才培养模式改革尤其引人注目。文件还指出如何坚持以德为先，全面发展，统筹推进，探索创新，深化思想品德教育、学习能力培养，提高学生身心健康水平，提高学生审美素养，培养学生劳动精神，形成以社会主义核心价值观为统领、彰显海淀教育特色的一体化育人体系，建立德智体美劳有机融合、协调发展的长效育人机制，形成全员、全程、全方位的育人新格局。2022 年 9 月，《海淀区义务教育课程实施办法（草案）》颁布实施，为学校落实国家课程方案提供了具体性指导。

（二）学校背景分析

1. 校情

农科院附小于 1950 年建校，至今已走过了 70 多年的办学历程。学校经过两次合并，目前已有 5 个校区，122 个教学班，5 000 名学生，占地面积 26 601.07 平方米，是海淀区的一所超大规模学校。学校坐落在海淀区的中东部，地跨两个街道。辖区内自然环境优美，古迹众多，文化氛围浓厚，为学校课程建设提供了良好的外部氛围。此外，学校还处在一个高校及科研院所聚集的地区，为学校课程开发与实践提供了良好的外部环境支持。

2. 学情

学校地跨两个辖区（北下关街道、北太平庄街道），招生范围较大，生源素质差距明显。从学生的家庭背景上看，农科院社区的学生家长，80% 以上都是本科及本科以上学历，其中研究生学历比例约占 38%，家庭的经济收入也比较高。90% 以上的学生都是京籍，95% 以上的家长都能陪伴孩子，对孩子的关注度较高，对学校的期望值也较高。气象路校区和政法路校区的学生家长文化层次差别比较大。既有高学历的科研工作者，也有外来务工人员，非京籍学生占比在 60% 以上，有 30% 的家长与孩子交流频率低，50% 的家长对学生的在校情况了解一般或不太了解。

学生家庭背景的差异及家长对高质量教育需求的不同，都对学校课程改革提出了挑战。学校为此力图打造公平而又满足不同学生发展需求的课程体系：基础型课程面向每一个人，落实国家核心素养；拓展型课程指向个性发展和未来素养要求，供学生选择修习；实践创新型课程面向全体学生，锻炼学生的综合能力。

3. 师情

学校现有在岗教职员工 321 名，其中，专任教师 306 名。专任教师中拥有博士、硕士学历的教师共计 60 人，约占学校教师的 20%，本科学历的教师有 246 人，约占学校教师的 80%；专任教师中具有高级职称的有 43 人，一级职称的有 114 人。学校有特级教师，市、区级学科骨干教师和带头人共计 40 人，区级班主任、辅导员带头人 6 人。市、区级优秀教师及师德先进个人 60 人，他们在各岗位上发挥着示范引领作用。学校教师中有 50.3% 是 35 岁以下的青年教师，他们富有朝气与活力，乐于接受新鲜事物，创新意识及实践能力强，是课程研发与实施的主力军。不过，青年教师的课程理解力和执行力有待加强，这是学校课程改革中面临的挑战。

（三）“生长课程”的发展历程

1. 第一阶段：课程建设初级阶段（2001 年—2011 年）

这一阶段以落实国家课程为主，依托学校周边资源开设小梅花京剧社团和管乐团，这是最初的校本课程。之后又依托北京海洋馆和中国农科院开发了一些特色校本课程，如海洋课程、种植课程等。

2. 第二阶段：课程建设发展阶段（2012 年—2015 年）

学校从 2012 年开始尝试开发种类多样的选修课程。在教师的集体研讨与精心设计下，学校开发了 100 多门选修课程。学校利用每周二下午两节课的时间，实行年级学生的走班制，每个学期开学初学生按照自己的意愿和兴趣在网上选报课程。

3. 第三阶段：课程建设成熟阶段（2016 年—2023 年）

随着中国特色社会主义进入新时代，习近平总书记指出，培养什么人是教育的首要问题。我国是中国共产党领导的社会主义国家，这就决定了我们的教育必须把培养德智体美劳全面发展的社会主义建设者和接班人作为根本目的。此阶段我们围绕在各个学科落实并发展学生的核心素养，更加突出德智体美劳“五育”并举，特别是加大美育课程、体育课程、劳动课程的开发与实施力度。还针对学生的个性化需求，开发出了基于学科实践、学生兴趣、未来成长需要的拓展课程。学校利用“金穗教育平台”对家校社资源进行整合，形成了全员、全程、全方位育人格局，努力汇聚起学校教育与社会的更大力量。

二、课程目标

（一）办学理念与培养目标

在农科院附小 70 年积淀的学校精神的基础上，我们创造性地将生物学中“生长”一词借用到教育上，将生长教育定位为学校的办学理念，旨在营造能影响学生一生的、有正确价值导向的、充满爱的环境，充分调动学生主动发展的灵性，让学生的品德、智力、体质、审美、劳动五个方面健康生长，使他们的潜能得到最大限度的发挥，能够在动态发展的过程中为自己美好幸福的人生打下基础。生长教育的核心理念是“全面、健康生长”。

基于生长教育的核心理念，根据学生的生长规律，学校确定了培养目标——关注学生人格的生长，培养学生学会做人；关注学生知识经验的生长，培养学生学会学习；关注学生社会适应能力的生长，培养学生学会生活；关注学生创造能力的生长，培养学生学会创造。

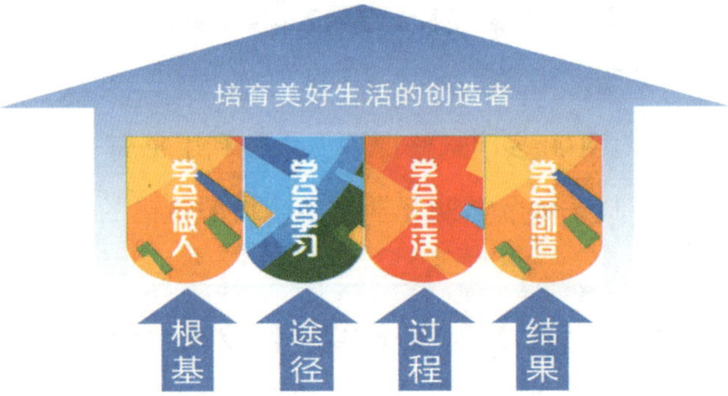

图 2-36　培养目标路径

（二）课程建设目标

通过整合、优化三级课程，健全课程机制，构建具有农科院附小特色的课程体系，使学校课程目标进一步聚焦核心素养，课程内容更加注重综合实践，课程实施更加注重体验探究，课程评价更加多元。既有表现性评价，又有综合素质的发展性评价，使学校课程建设体现生长教育的办学理念，提升学校的办学品质。

三、课程结构

学校在整合国家、地方、校本三级课程体系的基础上，构建涵盖五个领域的基础型课程、拓展型课程和实践创新型课程三层课程结构，实现让每一名学生都能享受优质课程的目标。

图 2-37　课程体系图谱

基础型课程强调促进学生基本素质的形成和发展，体现国家对公民素质的最基本要求，由各学习领域体现共同基础要求的学科课程组成，在学校主要是以国家课程为主要代表，是每个学生的必修课程。例如语文、数学、英语、体育与健康、道德与法治、科学、音乐、美术、劳动、综合实践等。

拓展型课程强调培养学生的兴趣爱好，激发学生的潜能，促进学生的个性发展及满足他们未来成长的素养需要，具有一定开放性、选择性。在学校，拓展型课程又分为必修和选修两类。指向学生未来成长素养需要且反映地域特色的课程为必修类课程，促进学生个性发展的课程为选修类课程。必修类拓展课程如阅读、中华传统优秀文化、小小新农人、书法、校园足球、我爱北京、学做志愿者等；选修类拓展课程如戏剧、单片机、无线电测向、机器人、管乐、弦乐、合唱、足球、篮球、健美操、红领巾志愿者等。

实践创新型课程强调培养学生的实践能力，体现在真实的活动情境下，学生对知识能力的综合运用。实践创新型课程在学校主要以实践活动的形式实施，为全体学生的必修课程，课程安排一般为每周一个半天，采用集中授课的方式开展。

四、课程设置

表 2–7　农科院附小 2022—2023 学年课程安排

科目	各年级学时					
	一年级	二年级	三年级	四年级	五年级	六年级
道德与法治	1	1	2	2	2	2
科学	1	1	2	2	2	2
语文	7	7	6	5	5	6
书法（备注 1）	–	–	1	1	1	1
数学	4	4	4	4	4	4

续表

科目		各年级学时					
		一年级	二年级	三年级	四年级	五年级	六年级
英语		1（地方学时）	1（地方学时）	2	3	3	2
体育与健康（备注2）		5	5	5	5	5	5
信息		–	–	1	1	1	1
艺术	音乐	2	2	2	2	2	2
	美术	2	2	2	2	2	2
劳动		1	1	1	1	1	1
综合实践活动（备注3）		1	1	1	1	1	1
地方校本课程（备注4）		–	–	–	–	–	–
班会、少先队活动		1	1	1	1	1	1
周学时总量		26	26	30	30	30	30

备注1：书法在三至六年级语文课程中开设，每周1学时。

备注2：体育与健康课程每周5学时，使用地方课时1学时。

备注3：综合实践活动课程包含开展跨学科主题学习、社区服务、社会实践等专题形式的活动。一至六年级每周1学时。

备注4：地方校本课程，一至二年级英语用地方校本课时，每周1学时。三至六年级体育与健康占用地方课时，每周1学时。地方校本课程使用课后服务时间，开设中华优秀传统文化课程、红色课程等。

根据育人目标和课程目标，学校设置语言与文学、数学与科技、艺术与审美、体育与健康、社会与生活五大领域。在“生长课程”三级结构体系下，学校以“立德树人、‘五育’并举”为目标，把三级课程结构与五大学习领域结合起来，构建了学校课程体系。

表 2-8 农科院附小“生长课程”结构表

类型 领域	基础型课程	拓展型课程		实践创新型课程
		必修	选修	
语言与文学	语文、英语	阅读、中华优秀传统文化	经典诵读、中文戏剧、英文戏剧	阅读周、戏剧节、诗词大会、演讲比赛
数学与科技	数学、科学、信息	计算、未来工程师、小小新农人	数独、单片机、机器人、未来工程师、无线电、天文、航海	玩转“科技节”、“玩具总动员”、跳蚤市场
艺术与审美	音乐、美术	国画欣赏、歌曲欣赏、书法	管乐、弦乐、合唱、舞蹈、中国画、面塑、书法	炫彩“艺术节”、校园文化节、红五月歌咏比赛、创意大赛、四季绘画展、书法大赛
体育与健康	体育	跳绳、校园足球、青春期健康教育	篮球、足球、乒乓球、健美操	活力“体育节”、趣味运动会、心理月
社会与生活	道德与法治、劳动、班队会、综合实践	懂规矩守规则、我爱北京、学做志愿者、古籍劳动课程	小家政、红领巾志愿者	主题公益活动、博物馆课程、传统节日课程、二十四节气课程

五、课程实施

（一）课程实施原则

在课程实施的过程中，为凸显实践、创新、生成、自主、整体发展等特性，遵循以下原则。

1. 全面均衡原则

切实落实教育部《义务教育课程设置实验方案》的要求，开齐、开足课程，均衡设置课程，促进学生全面、健康发展。

2. 整合优化原则

整合国家、地方、校本三级课程，加强课程实施的可操作性和实效性；整合学科教学内容，加强学科间的互相配合，开展跨学科的实践活动，转变学生学习方式，实施多元评价方式，提高学生的学习效率和综合运用知识解决实际问题的能力。

3. 自主选择原则

尊重学生的兴趣和差异，增强课程的多样性，为学生提供自主选择的空间，满足不同发展层次、不同兴趣爱好学生的需求。

4. 实践创新原则

为学生提供多样化的实践场域，鼓励学生自主创新，搭建丰富多样的课程展示平台，展示学生的学习成果，满足学生多样化的成长需求。

（二）课程实施基本策略

1. 科学规划课程实施

学校在原有课程体系的基础上，依据《义务教育课程方案（2022 年版）》《北京市义务教育课程实施办法》《海淀区义务教育课程实施办法》进行完善，构建涵盖五个领域的基础型课程、拓展型课程和实践创新型课程三层课程结构，让每个学生都能享受优质课程。

学校制订三级课程实施方案，整体规划“生长课程”体系，全面落实培养目标、基本原则、课程设置的要求。学校选择“中华优秀传统文化”地方课程进行校本化实施，利用学校特色资源，打造特色课程。依据《海淀区校本课程开发与实施指导意见》开设校本课程，加强校本课程开发建设和备案审议管理，明确课程开发背景、课程目标、内容、实施、评价等要求，并按要求建立校本课程开发机制，构建集团校内部、学区内和学校间优质课程资源共建共享机制。

2. 严格落实课程实施要求

学校加强课程实施管理，开齐、开足、开好各类课程，不随意增加或减少课程门类，严格按照课程标准开展教学。坚持零起点教学，不赶进度，不增难度，不突击教学，不提前结课备考，引导学生认真学习每门课程，打牢基础。坚持把教材作为学校教学的基本依据，落实义务教育教学基本要求、基本规范和基本规程，合理安排教学计划。

（三）持续深化教学改革：挖掘课程育人价值，落实育人为本理念

1. 坚持素养导向：分层级实施基础型、拓展型、实践创新型课程，凸显学科育人价值

在“全面、健康”理念的指导下，学校全面落实基础型课程，坚持素养导向，做到“五育”并举，强化学科育人；丰富拓展型课程，构建必修地方课程和选修兴趣课程体系，发展学生兴趣，满足个性化发展需要，深化学科素养；优化实践创新型课程，引导学生参与“节日课程”“主题课程”“竞赛课程”，综合运用多学科能力，体验并展示学习成果，培养学生的综合素养。三级课程具体的实施路径均通过五大领域逐步落实，依据各学科新课标的要求与建议，发挥学科优势，凸显学科特性，组织并引导学生在真实的学习情境中，参与学科实践活动，全面提升学生的核心素养。下面以“语言与文学领域”的三级课程实施为例加以说明。

（1）以“学习任务群”为组织形式，应用“体验性活动链”开展教学实践，落实国家课程。在“语言与文学”领域中，语文学科开展了多年的专题研究。2014 年开展“全视角语文校本教研改革”实践研究，应用“逆向教学设计”理论，运用“体验性活动链”设计情境化、体验式、实践性的学习活动，取得良好成效，为学科教学改革打下坚实的基础。2019 年统编语文教材开始应用，学校语文教研团队在原有教学方式的基础上，开展“单元整体教学”实践研究，围绕“双线”要素，基于学习目标，创设主题情境与单元大任务，设计丰富多样的学习支架，根据学习目标对学习成果进行过程性、表现性评估，形成完善的单元教学设计框架。2022 年新课标颁布，语文教研团队坚持素养导向，深刻理解课程育人价

值，落实以文化人的理念。准确把握课程核心素养，明确教学内容和教学活动的素养要求，培养学生正确价值观、必备品格和关键能力，设定教学目标，持续改进教学，把立德树人根本任务落实到具体的教育教学活动中。

语文学习任务群是《义务教育语文课程标准（2022 年版）》中提出的教学新概念，也是教学的一种新形态。语文学习任务群是深度学习的一种有效方式，是语文教学的新实践、新探索。新课标强调从关注碎片化学科知识技能的习得，到关注复杂的、不确定的现实问题的解决；从关注对前人知识的理解和反映到关注综合运用和主动创造知识；从关注学什么到关注如何学习和学会学习；从关注自我学习到关注团队合作和沟通。

语文学习任务群注重“情境性、实践性、综合性”，追求课程内容、学习情境、学习方法、学生生活、语文实践等诸多要素之间的协调和融合。构建语文学习任务群，注重整体规划，进行大单元教学。“单元”不再是单篇教学的简单组合，而是作为一个独立、完整的教学单位呈现，它要求教师对单元内容进行整合，进行单元统整式教学的新设计，指向以学科核心素养为导向的大任务、大项目，从而有效调动学生的学习积极性，促进学生深度学习，全面提高学生的语文核心素养。学校语文教研团队梳理并提炼了“基于‘学习任务群’的教学实施流程”，为基础型课程的实施提供了策略和路径。

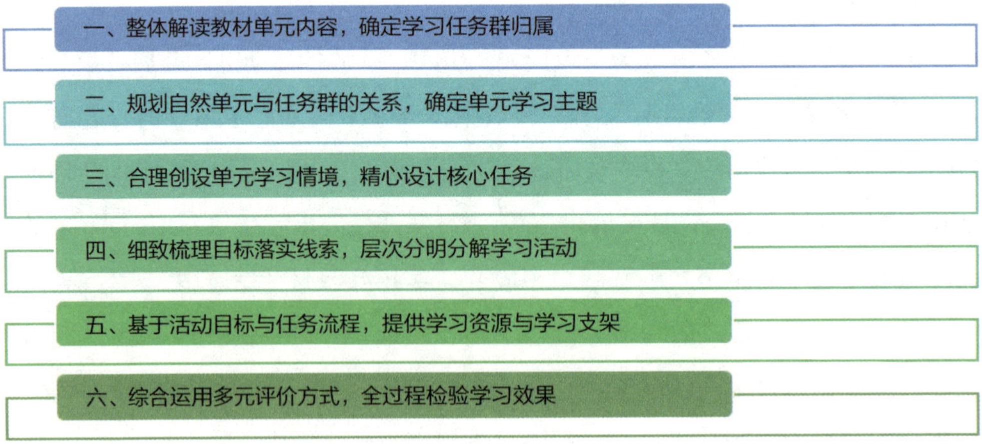

图 2-38　基于“学习任务群”的语文学科教学实施流程

按照教学实施流程，设计单元整体教学框架，确立单元学习目标，创设真实学习情境，设计单元大任务，分解大任务构建子任务链，延展学习活动，提供学习资源与学习支架，实施过程性评价，形成“教—学—评”一体化教学模式。引导学生在情境中阅读文学作品、学习阅读方法、形成阅读能力、进行创意表达、提升学科核心素养。

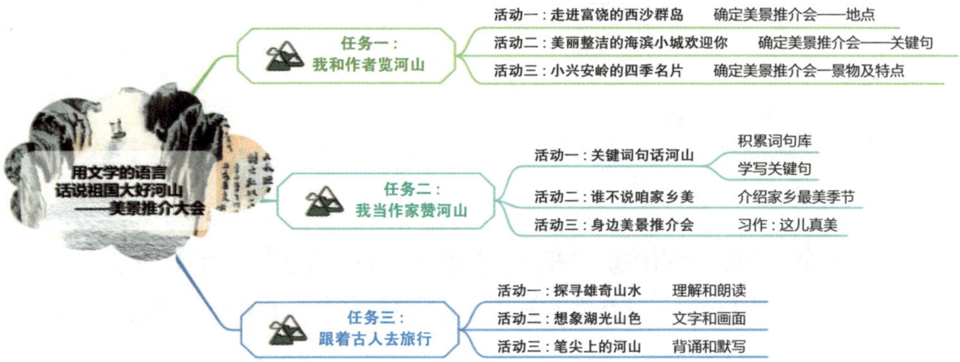

图 2-39　基于“文学阅读与创意表达”学习任务群的单元整体教学结构示例图

“学习任务群”落实在课时教学中，语文教研团队运用了“体验性活动链”的教学方式。“体验性活动链”指为促进学生语文素养的形成与发展，针对具体学习内容设计的一系列在有意义的情境中展开的、相对完整的、学习运用语言文字的活动系统，并且为学习活动提供相应的学习支架与资源，针对活动结果或效果进行相应的过程性评价。“体验性活动链”与新课标的理念相契合，强调“目标—情境—任务—活动—支架—成果（效果）—评价”完整的学习过程，关注学生在情境中的身心体验，重视体验活动之间的“链”性关联，以及学习能力的螺旋上升的关系。教研团队建构了“体验性活动链”学习活动设计框架，指导教师开展教学实践研究，促进学生“全面、健康”发展，始终坚持素养导向，实现立德树人的根本任务。

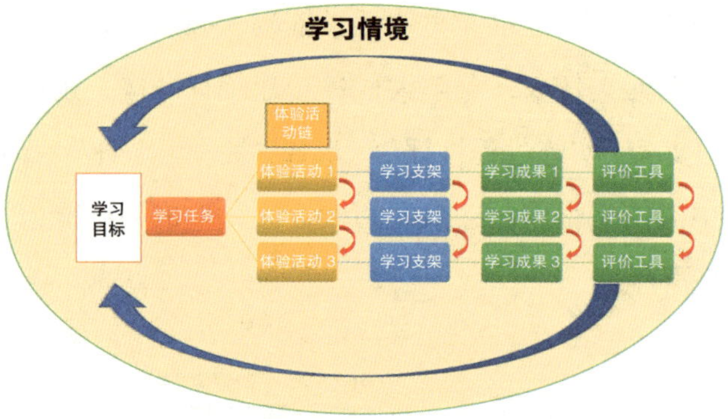

图 2-40　“体验性活动链”学习活动设计框架

【教育案例】

“体验性活动链”在小学语文教学中的应用研究

——以统编版语文四年级上册《夜间飞行的秘密》为例

一、引言

《义务教育语文课程标准（2022 年版）》强调语文课程是一门学习国家通用语言文字运用的综合性、实践性课程。回顾多年来的语文课程改革历程，我们发现：全面提高学生的语文素养，积极倡导自主、合作、探究的学习方式等理念，已经成为教育者的共识；以百花齐放的姿态探索实践，将理念转化为教学行为，也取得了突破性的进展。但“工具性与人文性的统一”这一本质问题，仍未在广泛的教学实践中得到很好的解决。人文性需要体现在确切的真实情境里，工具性强调在情境中为完成特定的学习任务而运用语文的能力、策略。二者在理论上是统一的，在教与学的活动中也应该是相互融合、彼此促进的。

在统编版语文教材推行后，教师尝试以组织学习活动的方式开展课堂教学，课堂模式逐步从“讲授”转向“活动”。此类学习活动多为“验证式学习”，其中的活动只是一种形式，学生依然处于“接受”的学习状态。在参与学习活动之前，学生已经知道了答案，只是变换一种方式，使课堂由教师讲授变为学生进行验证，学习方式并未发生实质性的转变。学生学习的主动性与思维的发展均受到了制约，与新课标倡导的理念还存在较大的差距。

二、“体验性活动链”的内涵

如何兼顾语文学科的特点与学生的语文学习心理，构建以学生语文素养形成与发展规律为主线的教学实践体系，是目前亟待解决的关键问题。北京教科院陈晓波老师提出了“体验性活动链”理念，该理念将体验学习描述为“以体验为基础的持续过程”“运用辩证方法不断解决冲突的过程”“个体与环境之间连续不断的交互作用过程”“创造知识的过程”等，并创造性地提出“体验学习圈”概念，将体验学习程序化、科学化。“体验学习圈”是由4个基本阶段构成的、完整的学习系统，即具体体验、反思观察、抽象概括和主动应用。这4个阶段揭示了一个相对完整的“体验学习”过程的本质特点。库伯关于“体验学习”的阐述，为语文“体验性活动链”提供了坚实的理论基础。

“体验性活动链”指为了促进学生语文素养的形成与发展，针对具体学习内容设计的一系列在有意义的情境中展开的、相对完整的、学习运用语言文字的活动系统，并且为学习活动提供相应的学习支架与资源，针对活动结果或效果进行相应的过程性评价。

三、“体验性活动链”在教学中的设计与应用

“体验性活动链”与新课标的理念相契合，强调“目标—情境—任务—活动—支架—成果（效果）—评价”完整的学习过程，关注学生在情境中的身心体验，重视体验活动之间的“链”性关联，以及学习能力的螺旋上升关系。

“体验”作为一种活动，即主体亲历某件事并获得相应的认识和情感；“体验”作为活动的结果，即主体从经历中获得的认识和情感。“体验”具有以下特点：1. 参与过程的个性化。个体参与实践体验活动，获得直接经验，并逐渐形成认知能力；参与情感体验，激活记忆，产生共情，深化感悟。个体的经历与认知均会影响体验的过程与结果。2. 认知过程的整体性。体验既是活动也是结果，形成一个整体。学生经历实践、发现、抽象、反思、再实践的过程，是一套完整的体验过程。因此，在实际教学中应用“体验性活动链”是落实课标要求，统一人文性与工具性，促进学生学科核心素养形成的有效途径。

下文以统编版语文四年级上册第二单元《夜间飞行的秘密》课时教学设计

为例，阐述“体验性活动链”的设计与实施策略。

（一）深度分析教材，创设单元大任务，制订“体验性”学习目标

本单元是围绕“提问”编排的阅读策略单元，编排本单元旨在教给学生提问方法，培养问题意识，提高阅读能力。单元中编排了《一个豆荚里的五粒豆》《夜间飞行的秘密》《呼风唤雨的世纪》和《蝴蝶的家》4篇课文。单元的教学从感受提问策略，到学习多角度提问，筛选出对理解课文最有帮助的问题，再到综合运用提问方法尝试独立阅读，层级推进。因此，本单元的大任务为“小小记者营”，赋予学生“小记者”身份，驱动学生以小组合作的方式，以4篇课文为载体进行提问阅读策略的学习、练习与运用。通过细化语文要素，从单元角度明确《夜间飞行的秘密》所承担的教学任务，由“想问”向“会问”进阶，为“善问”奠定基础。据此，《夜间飞行的秘密》的学习目标可以表述为：以“记者”的身份，学习在交流时从不同角度提问；以“科学家”的身份，在对问题的思考中进一步理解文章。

（二）基于学习目标，创设体验情境

北京师范大学吴欣歆教授认为“素养”是个体在特定情境下，能够成功地满足情境的复杂要求与挑战，顺利执行生活任务的内在先决条件，是个体在与情境的有效互动中生成的，适应未来社会发展要求的生存能力和竞争实力。语文实践活动情境是学生语文核心素养形成、发展和表现的载体。学习情境的创设需要基于学习目标，从学生、教材、生活三个维度考虑。适当的学习情境能够引导学生主动进入情境，提升学习兴趣，明确学习动机。

基于本课的学习目标，笔者创设了“科学研究成果发布会”的体验情境。此情境中主要有两类角色：研究科学原理的科学家和参加发布会的记者。通过对课堂环境的布置与教学课件设计，营造出“发布会”的环境，增强学生的情境体验。学生将扮演相应的角色，在有效的互动中完成相应的学习任务，学习并掌握语文要素。“科学家”需要完成实验与研究，并且借助学习支架汇报成果，系统且富有逻辑地表述研究的过程与结论。“记者”需要在发布会上随机提出问题，既有对实验的提问——内容角度；也有对研究顺序、实验次数的提问——

写法角度；更有对相关科学原理与生活关系的提问——生活经验、启示角度。“科学家”进行探究—梳理—提炼—归纳，“记者”进行提问，“科学家”对问题进行解答，所有的学习活动都是在情境中自然发生的。

（三）联系目标与情境，设计“体验性”任务

新课标提出以学习任务为载体，整合学习内容、情境、方法和资源等要素。在以学习任务为载体的学习活动中，学生不是先“学知识”再“用知识”，而是在“用知识”的过程中“学知识”，在活动探究中掌握知识。基于学习目标，结合学习情境，设计“体验性”学习任务，能够有效驱动学生开展学习活动。本课设计的学习任务为“探索夜间飞行的秘密，发布科学研究成果及答记者问”，以此来统领、分解实施的学习活动（子任务）。此任务围绕“探索夜间飞行的秘密”开展体验式的实践活动，提炼出原理或者结论，驱动学生逐步完成探究活动，既需要解答自身对文本的提问，也需要应对记者关于文本的问题。学生为了完成任务，积极阅读文本，借助思维工具提取信息，形成解释，甚至还要搜集资料，回答问题。学生积极主动的学习意识被任务激活，学习方法在过程中得以运用，思辨能力与创意性表达能力也得到了锻炼。

（四）分解学习任务，构建“体验性活动链”

北京教育学院陈晓波老师认为“活动”是指在真实、完整且有意义的情境中，以学生为实践主体，教师为主导，共同完成由目标驱动的、学习语言文字运用的特定学习任务的过程。活动的主体必须是学生，教师是学习活动的组织者和引导者。“活动链”所描述的是活动与活动之间的相互连接关系，实质是学生语文学习由浅入深、由低到高、由模糊到清晰的过程，即实践与体验的过程。而且，这个过程不是直线式推进的，而是呈螺旋上升的状态。

在“科学研究成果发布会”的情境中，将学习任务分解为互相衔接且线性关联的、具有内在逻辑关系的学习活动，为学生搭建了学习的路径与台阶，学生将朝着明确的学习目标，沿着学习路径，完成学习任务。本课设计的学习活动为：编写成果简介；发布蝙蝠飞行实验报告；解释雷达的设计原理；揭示夜间飞行的秘密。成果简介的编写意在引导学生运用识字、写字的能力，在语境中

完成编写任务，形成整体感知；发布实验报告的目的在于分析清楚三次实验的过程与结果，进行完整表述；解释雷达设计原理需要将蝙蝠飞行实验报告与雷达的工作原理进行对照关联；揭示秘密是从整体的视角，具体介绍蝙蝠—雷达—飞机之间的关系与内在联系，呈现科学原理。从外显的角度看，4 个学习活动是相互关联的一条清晰的“链条”；从思维发展的角度看，4 个学习活动引导学生在逐层深入的过程中，先构建起由具体的形象思维到抽象的逻辑思维的思维“链条”，再用直观的图示表现出来，最后运用语言进行表述。学生不但对文本内容有了更加深入的理解，思维能力和表达能力也得到了提升。

以 4 个活动为主体的发布会，学生不仅体验“角色”，转换身份，以情境中的人物视角进行思考，而且都体验了完整的学习过程。他们在听取报告的同时，还会对比自己的探究结论，随机提出问题：“为什么要做三次实验？”“为什么第一次实验写得具体，第二、三次实验写得简单？”“雷达还可以运用在哪些领域？”“自然界还给人类带来了哪些科学启示？”以上提问是从内容、写法、生活经验等角度提出的，他们在提出问题时并非刻意按照不同角度提问，而是自然而然地生发出问题，本课的学习目标也在学习活动中顺势达成。

（五）依据“体验”活动，提供学习支架

支架式教学的思想最早源自苏联著名心理学家维果茨基的社会建构主义理论和“最近发展区”理论。美国教育心理学家布鲁纳在维果茨基“最近发展区”理论的基础上，首次明确地提出“支架式教学”。

我们将支架式教学界定为一种教学模式，它是在建构主义理论和“最近发展区”理论的基础上，为学生搭建概念框架，引导学生主动建构知识，最终实现学生独立学习能力提升的一种教学模式。在这种模式中，师生角色与传统有所不同，学生是知识的建构者，而教师要把学习的“舞台”交给学生，扮演指导者、协助者和促进者的角色。

本课为每一个学习活动都设计了相应的学习支架，提供学习资源。由于学习活动存在“体验”与“链”的关系，因此为学习活动设计的学习支架之间也呈现出相互关联的特点。学生在学习实践中不仅要明确任务目标，还要学习并

掌握应用支架参与体验活动，完成学习任务。

在设计学习支架时，首先应考虑每个体验活动的目的是什么，考查学生哪个方面哪个层级的认知能力，再摸清学生相应的能力起点在哪里，然后在“起点”与“终点”之间搭建支架，引导学生在参与体验活动过程的同时，实现提升。

活动 1 编写成果简介学习支架，根据语境和拼音提示，规范地填写词语，完成简介。

> yán jiū
> **科学家□□了蝙蝠，从它的身上得到启**
> léi dá　　　　jī shī
> **发，发明了□□，装在飞机上，□□在夜间，**
> jià shǐ yuán　　jià shǐ
> **□□□也能□□飞机安全飞行。**

图 2–41　编写成果简介

活动 2 发布蝙蝠飞行研究报告学习支架，以表格的方式，引导学生复现并经历实验过程，关注实验道具的选取与设置、实验方法的差别与顺序、实验结果的共性，最终得出实验结论。提供学习资料，辅助学生更加具体地理解蝙蝠飞行的秘密。

【蝙蝠飞行实验报告单】

实验目的：揭开蝙蝠夜间飞行的秘密

<table>
<tr><th>实验次序</th><th>实验道具</th><th>实验方法</th><th>实验结果</th><th>实验结论</th></tr>
<tr><td>①</td><td rowspan="3">（　）绳子
（　）铃铛</td><td></td><td>铃铛一个没响</td><td rowspan="3">蝙蝠夜间飞行靠的不是（　　）而是（　　　）</td></tr>
<tr><td>②</td><td>塞耳朵</td><td rowspan="2"></td></tr>
<tr><td>③</td><td></td></tr>
</table>

图 2–42　蝙蝠飞行研究报告

资料卡片

蝙蝠虽然视力很弱，但是它的耳朵和嘴特别敏锐。有相关研究表明，蝙蝠在 1 秒钟内能捕捉和分辨 25 组回声，而且它能将昆虫反射回来的信息与其他树木、房屋反射回来的信息准确地区分开来。如果是食物就吃掉，是障碍物就立即躲开。

图 2–43　蝙蝠飞行研究报告资料卡

活动 3 解释雷达的科学原理学习支架，运用思维导图分别呈现蝙蝠和雷达的科学原理，然后将两个思维导图进行关联对比，发现两者之间的关系。

尝试用示意图描述蝙蝠探路的秘密。

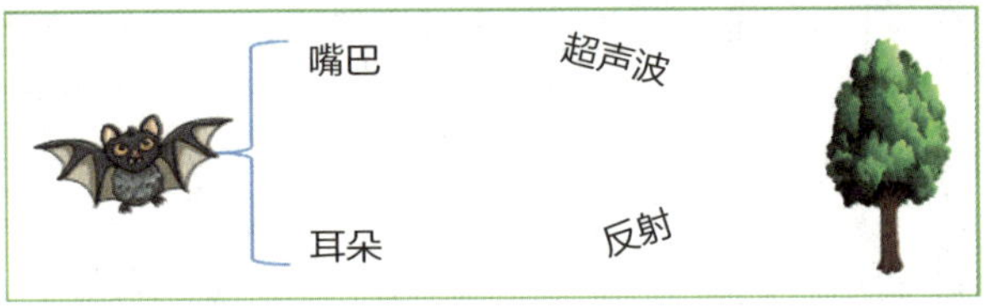

图 2–44　蝙蝠飞行示意图

画出雷达的工作原理。

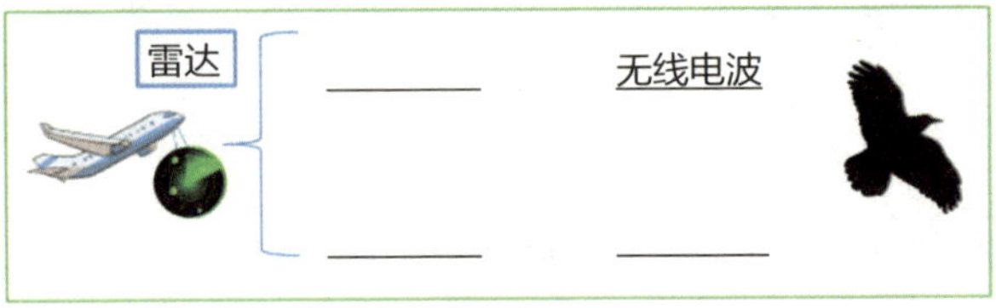

图 2–45　雷达工作原理示意图

活动 4 揭示飞机夜间飞行的秘密学习支架，提供语言支架，引导学生将蝙蝠—雷达—飞机三者关联起来，理清飞机夜间飞行的技术原理。

【原理大揭秘】

蝙蝠夜间探路的方法和雷达的工作原理有很多相似之处。雷达的天线就像是蝙蝠的______。雷达发出的无线电波就像是蝙蝠的________。雷达的荧光屏就像是蝙蝠的________。

雷达的工作原理是____。

这就是飞机夜间安全飞行的秘密。

图 2–46　飞机夜间飞行原理揭示

在学习支架支持下，学生逐步完成学习活动，有利于最终完成学习任务。学习支架的运用，适当调整了任务难度，助力学生更加快捷地达成学习目标。

（六）针对学习成果，进行过程评价

新课标尤为注重评价，强调要实现“教—学—评”一致性。将评价嵌入“教”与“学”的全过程，评价要与教师的“教”和学生的“学”保持一致，要收集学习过程中的各种信息，为改良“教”和“学”提供依据，促进目标达成。新课标专门制定了语文课程的过程性与终结性相结合的评价模式，在“评价建议”中特别强调，让过程性评价“贯穿语文学习全过程”。本课的过程性评价既是对每个学习活动（子任务）的学习成果（效果）进行的评价，也是对学习目标是否有效达成进行的评价。由于体验活动、学习支架、学习成果均表现出内外关联，因此对应的评价量规之间也是相互联系的。例如蝙蝠飞行研究报告的评价指向关键信息的完整提炼，及实验结论的准确完整。再如解释雷达的科学原理的评价指向对阅读收获的梳理，以及能否对蝙蝠与雷达的关系进行准确表述。

表 2-9　蝙蝠飞行实验报告评价表

评价内容	星级评定	总体评定
1. 能够准确完整提取实验信息，填写学习单		
2. 能够正确且简练地表述实验结论		
3. 能够回答记者关于实验的问题		

表 2-10　解释雷达工作原理评价表

评价内容	星级评定	总体评定
1. 能够按照正确的顺序完成思维导图填写		
2. 能够正确且简练地解释科学结论		
3. 能够回答记者关于实验的问题		

四、结语

“体验性活动链”不仅仅是一种教学方式，更是一种教学理念。它较好地解决了语文学科逻辑与学生语文学习心理逻辑之间的矛盾，指向语文核心素养的语言与思维的形成和发展，巧妙地将“人文性”与“工具性”融为一体。在小学语文教学活动中运用“体验性活动链”开展实践研究，是改进学习方式的一种有效途径。同时，学习方式的变革也是为了更好地体现育人功能。本课的整体设计与实践效果，均表明“体验性活动链”在培养学生探究意识、提升学习兴趣、改进学习动机、提高学习能力等方面，发挥了重要作用。

（2）以学科实践推动育人方式变革：拓展型课程促进学生个性发展、健康成长。在《义务教育课程方案（2022 年版）》的指导下，为了学生全面发展，突出优势潜能培养，学校依据《海淀区义务教育课程实施办法》，结合地方课程与校本特色，创设“拓展型课程”。该课程基于学生的兴趣和优势，从“五大领域”进行拓展。拓展型课程又分为必修类拓展课程和选修类拓展课程。

基于学生未来成长素养需要，开设必修类拓展型课程。课程的开设综合考虑了国家对未来基础教育人才培养的需求和学校所处区域的发展特点，涵盖学生发展的五大领域，指向学生未来的生活需要。课程采取必修的形式，考虑到学生的学段衔接，在不同学段开设，利用地方课程的课时实施，每周一个学时。

语文学科必修类拓展课程参考语文新课标“学习任务群”中“整本书阅读”学习任务群的实施建议，创设“金穗整本书阅读”课程。该学习任务群重在引导学生总结阅读整本书的经验，探索适合自己的个性化阅读方法，形成良好的阅读习惯。阅读课程选择的书目均考虑了学生的学段特征和素养发展需求，体现了对学情的关照。同时书目与统编语文教材相呼应，对应课文所在的册次、单元，与“快乐读书吧”紧密结合，有助于达成单元核心学习目标。阅读手册的设计是将各类学习单、学习策略、学习资源融入阅读全过程，呈现阅读经验的构建历程和阅读方法的运用过程，体现了整本书阅读的统筹关照、学习支持和过程化引导的特点。

同时，“双减”政策的出台，为阅读活动的有效开展提供了空间和契机。阅读素养是学生全面发展的基础素养，阅读是学生终身成长的重要路径。“双减”为学生开展深层次阅读活动提供了时间保障，解决以往“没时间读书”的突出问题。通过课后服务认真组织开展中小学生阅读活动，可以推进全员阅读，建立阅读生态圈，这是深入贯彻落实“双减”政策的有力举措。

整本书阅读活动以年级为单位，利用课后延时服务时间，由语文教师作为领读员，使用阅读手册，引导学生有策略地开展阅读。在阅读中运用跳读、对比读、借助插图阅读、绘制思维导图、制作人物名片等方式，欣赏精彩的故事情节，认识性格各异的人物，定期开展主题交流，感受阅读的魅力，引导学生走向深层次、多角度的深度阅读，同时理解课内习得的阅读策略在课外阅读中的作用与价值，最终形成独立阅读的能力。

阅读手册作为整本书阅读的重要学习支架，在阅读课程中发挥了重要作用。以语文教师为主的研发团队遵循科学规范的研发思路，利用假期休息时间，完成了一至六年级共 6 本阅读手册。年级阅读书目的选择综合考虑教材与学生双方的因素。低年级以绘本阅读为主，通过随文识字、借助插图识字、增加识字量，强化识字能力。阅读策略主要采取选择、判断、连线、绘画、讲故事、演故事等适合学生能力的方式设计阅读活动。中年级以阅读童话故事为主，通过绘制旅行图、梳理人物成长脉络、调查访谈、绘制手册等方式，强化学生整体感知、提取信息、做出评价等能力。高年级以民间故事、名家名篇为主，通过对比阅读、思维导图、搜集资料等方式，培养学生审美品鉴与审美创造方面的语文素养。课外拓展阅读，为学生在课内习得的阅读方法提供了实践运用的有效途径。同时，也为课内阅读奠定了基础。在阅读活动中，学生积累语文知识、提升语文能力、培养阅读兴趣、应用阅读策略，语文学科核心素养得到进一步提升。

表 2-11 "金穗整本书阅读"课程课表

年级	整本书阅读书目	阅读工具	指导教师	活动时间
一年级	《猜猜我有多爱你》	阅读手册	语文教师	每周二 16:30–17:30
二年级	《小巴掌童话》	阅读手册	语文教师	每周二 16:30–17:30
三年级	《爱德华的奇妙之旅》	阅读手册	语文教师	每周二 16:30–17:30
四年级	《绿山墙的安妮》	阅读手册	语文教师	每周二 16:30–17:30
五年级	《中国民间故事精选》	阅读手册	语文教师	每周二 16:30–17:30
六年级	《朝花夕拾》	阅读手册	语文教师	每周二 16:30–17:30

以语文教师为主体的阅读策略研究凸显了教师个性化的阅读理解与实践方式，有利于阅读策略多样化样态的建立。以语文学科为主体开展阅读活动，目的在于使阅读活动普及至全体学生，形成长周期、阶梯式的阅读模式。每个学期，各年级依据教材拟定阅读书目，学生在假期准备阅读材料，教师在前期进行以年级组为单位的内容分析与方案制订。开学后，各年级统一按照阅读方案的流程，开展导读、交流、分享、展示等活动，并且进行评价奖励，形成全校规模的阅读浪潮。

表 2-12　“金穗整本书阅读”课程方案

年级	阅读书目	目标	流程	展示方式	评价奖励
一年级	《一粒种子的旅行》	1. 初步了解植物种子的不同传播方式，产生探索植物种子的兴趣 2. 在阅读绘本的过程中能细心观察、展开想象，对科普读物产生阅读兴趣，享受阅读的乐趣	1. 导读激发兴趣 2. 亲子阅读打卡 3. 种子旅行小报	1. 亲子阅读 2. 种子旅行小报	1. 亲子阅读——贵在坚持 2. 旅行小报——图文并茂
二年级	《兔子坡》	1. 产生阅读的兴趣，能自主阅读自己喜欢的故事，了解故事的主要内容 2. 能通过阅读积累一定量的词语，并在阅读后复述故事中的某些情节 3. 有自己的阅读感受，能够感受课外阅读的快乐，乐于与大家分享课外阅读的收获	1. 读前指导 （1）聊书目，激发兴趣 （2）引导阅读，了解目录 （3）预测内容，制订阅读计划 2. 读中推进 （1）提升阅读速度，养成阅读习惯 （2）分享阅读记录，学习阅读方法 （3）交流阅读收获，探讨解决办法 3. 读后分享 （1）朗读精彩片段 （2）讲述生动故事 （3）展示阅读成果	1. 朗读：精彩片段读一读 2. 表达：生动故事讲一讲 3. 阅读积累：阅读成果展示	1. 最佳朗读者 2. 最佳风采奖 3. 阅读之星

续表

年级	阅读书目	目标	流程	展示方式	评价奖励
三年级	《昆虫记》	1. 激发阅读兴趣，养成积累有新鲜感词句的习惯 2. 结合《昆虫备忘录》，在习作“我的植物朋友”的基础上，将观察对象的特点写清楚，同时也可以适当地写出观察感受与收获 3. 体会作者字里行间流露出的对生命的尊重与热爱	1. 学习《昆虫备忘录》，回顾《装满昆虫的口袋》 2. 按兴趣分组，分享与交流 3. 观察昆虫或观看昆虫相关视频 4. 成果汇报：展示名片，介绍昆虫，分享心得	1. 课上玩猜“昆虫名字”游戏 2. 课间分享阅读积累与感悟 3. 午间阅读时间展览昆虫名片	评选并颁发最佳名片奖和最佳介绍奖
四年级	《草房子》	1. 交流阅读感受，加深对小说人物性格特点的理解，感受小说诗一般的语言 2. 采用“班级读书会”的形式，促进个性化阅读与合作性阅读的融合 3. 感受作品的人文魅力，领悟作品的生命诠释 4. 推荐优秀儿童书目，激发学生的阅读兴趣	1. 导读课 2. 阅读打卡（小程序打卡或早读时集体阅读） 3. 分享交流（品味人性之美、环境之美、语言之美）	1. 选取背景音乐，剪辑电影片段，充分体现各种令人感动的真情，或者为《草房子》设计一张电影海报 2. 完成对小插图的分析 3. 请你为小说绘制一幅插图或写信给索尼娅，请她为你绘制心中的油麻地	1. 最佳插图奖 2. 最佳表达奖 3. 最佳创意奖

续表

年级	阅读书目	目标	流程	展示方式	评价奖励
五年级	《俗世奇人》	1. 通过摘录的任务，细致阅读奇人们的外貌和动作描写，感受奇人的“奇” 2. 通过完成制作人物卡的任务，对奇人的“奇闻轶事”进行整合、概括，提炼奇人的奇特之处，对人物形象形成更加全面的认识，感受作品所描写的风土人情和生活风尚	1. 导读课 2. 初读摘录 3. 通读走近奇人，了解俗世	1. 摘录 2. 制作人物名片	最佳人物卡片设计奖
六年级	《汤姆·索亚历险记》	1. 对阅读外国文学名著或历险类题材的小说产生兴趣 2. 能够运用多种阅读方法做读书笔记 3. 在读书交流会上，能够引用原文内容说明观点，认真聆听他人观点，并围绕同一内容进行探讨	1. 导读活动 2. 读书交流 3. 深度阅读	1. 人物卡 / 手抄报 2. 人物思维导图 3. 情节发展时间轴	1. 人物形象理解丰富全面 2. 情节梳理清晰有条理

表 2-13 “金穗整本书阅读”课程目标

年级	具体目标	评价
一年级	1. 通过阅读图画书，激发阅读兴趣，产生爱读书的情感，并在读书中感受乐趣，形成初步的审美情趣 2. 通过观看图片与文字，展开合理想象，并采用多种形式将自己的理解表达出来 3. 借助图书，增加识字量，产生热爱祖国语言文字的情感。在多种文体类型的阅读中，丰富对自我、自然等内容的认识，形成初步的社会观	1. 根据学生年龄特点，开发以“生长”为主题的系列阅读课程，激发学生阅读兴趣，并在阅读体验活动中，落实“四个学会”的教育理念 2. 养成每日阅读 30 分钟的习惯，做到有读必思、思必有法，通过课上、课下系列的体验性阅读指导，提升阅读能力 3. 预计 6 年阅读总量不少于 600 万字
二年级	1. 以图画书为主，尝试开展桥梁书阅读，从图画书顺利过渡到文字书的阅读，在阅读中展开想象，保持阅读的兴趣，感受中国文字的魅力 2. 能知道图书的大致内容，能跟小伙伴或家人介绍所读图书的大致情节，并尝试学习迁移运用到自己的生活中 3. 尝试整合其他学科资源，学习创造性地编写简单的绘本作品或童谣，增强运用与表达能力	
三年级	1. 继续开展桥梁书的阅读，尝试开展全文字的整本书阅读，通过多种阅读活动，学习阅读方法，尝试建立文本内部以及与其他文本多方面知识的联系 2. 在阅读过程中，学习积累语句的方法，加深对文本的理解，并尝试在日常表达中运用 3. 学习制订整本书阅读计划，并学会对自我的阅读情况进行评价 4. 了解整本书的大致内容，并学会选择精彩的部分与同伴分享	
四年级	1. 开展全文字的整本书阅读，能够复述自己喜欢的章节。对于科普类作品的阅读，学会抓住主要信息，初步体会作者严谨的科学态度以及科学的思维方法 2. 养成良好的阅读习惯，摘录精彩语句，尝试点评所摘录的语言 3. 尝试针对自己阅读的内容提出问题，并借助其他方法解决问题	

续表

年级	具体目标	评价
五年级	1. 能基本把握文本的主要内容，提出有质量的、引人深思的问题，并尝试运用多种方法解决问题 2. 初步建立自我的阅读倾向，并能对这一类文本作初步的评价，尝试比较阅读 3. 继续积累语言，并以批注的方式作点评。对于文本的表达方法和特点具有初步的认识，并尝试运用到自己的日常表达中 4. 逐渐形成较为清晰的思考问题的方法，学习将阅读中的经验迁移到日常生活中，并尝试创造性地解决生活问题	1. 依据学生年龄特点，开发以“生长”为主题的系列阅读课程，激发学生阅读兴趣，并在阅读体验活动中，落实“四个学会”的教育理念 2. 养成每日阅读 30 分钟的习惯，做到有读必思、思必有法，通过课上、课下系列的体验性阅读指导，提升阅读能力 3. 预计 6 年阅读总量不少于 600 万字
六年级	1. 能运用多种阅读策略进行广泛的阅读，在对文本的选择上有一定的价值判断能力，能向同伴推荐图书，并说出至少 3 点有价值的推荐理由 2. 能用多种方式展示自己的阅读成果，与同伴分享阅读体验，形成自己的阅读观点，并能有理有据地与同伴就不同观点展开讨论，形成一定的思辨能力	

“金穗整本书阅读”课程充分体现了拓展型课程理念，凸显了整本书学习任务群的典型特征，为学生形成学科核心素养提供有效路径。此课程具体特征如下：情境设计注重激发学生学习兴趣、活动设计重视学生体验、任务设计凸显进阶性、评价贯穿整体阅读过程。阅读课程作为语文学科基础型课程的延伸，实现了学科的拓展与素养层级的进阶。

基于学生的兴趣特长，开发选修类拓展型课程。此课程关注学生人格的健全发展，充分利用学生的生活经验和社会文化资源，鼓励学生进行体验性、探究性、反思性学习，为学生提供生动有趣、丰富多彩的内容，拓宽视野、提升整体素质，使学生的学习更有趣，让每个学生都获得成就感。

基于兴趣特长的拓展型课程为选择性修习方式，按照五大领域进行扩展，采取“走班制”，由学生根据兴趣自主选择，利用课后服务的时间落实，每周不少于 2 个学时。

针对语文学科的选修类拓展型课程为“鉴赏与朗诵”“演讲与辩论”“戏剧表演”。“文学阅读与创意表达”“实用性阅读与交流”“思辨性阅读与表达”三个学习任务群引导学生掌握不同文本类型、不同文学体裁的阅读方法，更加注重能力的培养，以写作、创编、朗诵、演讲、辩论等方式，提升基于主题和情境的表达能力，展示课内学习成效，发展兴趣特长，增强口语交际能力。

（3）实践创新型课程：培养学生的综合素养，让学生在真实活动情境下实现学以致用。实践创新型课程是基于学生综合素养发展的需要而开设的课程，该课程主要以校园实践活动的形式展开，发挥实践活动独特的育人价值，由年级组或学校统一组织实施，集中在某一个时段进行，是全体学生的必修课程。

表 2-14　实践创新型课程一览表

领域	主题节日课程	实施时间
语言与文学	阅读节、戏剧节、诗词大会、演讲比赛	3 月
数学与科技	玩转“科技节”、玩具总动员、跳蚤市场	11 月

续表

领域	主题节日课程	实施时间
艺术与审美	炫彩“艺术节”、校园文化节、红五月歌咏比赛、创意大赛、四季绘画展、书法大赛	5月
体育与健康	活力“体育节”、趣味运动会、心理月	9月
社会与生活	主题公益活动、绿色环保小大使活动、低碳生活伴我行、社区护筒行动、垃圾分类我先行、博物馆课程、社会实践	每学期一次主题公益活动
	传统节日课程、清明节课程、端午节课程、中秋节课程、二十四节气课程	节日前后

实践创新型课程注重为学生创设真实的情境，与其他类型课程相互配合、统筹安排，为学生知识和技能的运用提供实践的平台，培养学生真实情境下的综合能力素养。

语言与文学领域的“金穗悦读节”综合实践课程，是为了满足学生通过文字认识世界、表达交流、拓展精神世界的成长需要；夯实学生的汉语根基、精神根基和文化根基；促进学生形成语言个性与风格，发展以语言为核心的独特精神世界，拓宽观察和理解外部世界的视角和思维方式。每学年定期开展一次节日课程。

课程目标：引导学生深入阅读，能够把握阅读书目的主要内容，体会人物情感，联系生活实际说出自己的理解和体会；引导学生在阅读的过程中发挥想象力、创造力，学会以多种形式与他人分享自己的读书心得；以阅读活动激发学生的自主阅读兴趣，培养学生的创新精神和实践能力。

课程实施第一阶段（3月）：在阅读教学活动中，创设单元实践任务情境，指导阅读方法，说明展示方式与评价标准。第二阶段（4月）：学生在教师的指导下阅读书籍，积累素材，编写文字。第三阶段（5月）：学生以个人或小组的形式，完成作品展示，进行班级内评比。第四阶段（6月）：班级推选出优秀作品，进行年级评比。第五阶段（7 月）：组织颁奖活动，在金穗平台上宣传并展示精品作品。

表 2-15　评价与奖励标准

年级	主题	内容	评价奖励
一年级	字族花——汉字积累	汉字积累	一等奖：每班 10% 奖状 + 奖品 二等奖：每班 30% 奖状 三等奖：每班 60% 奖状
二年级	寻找古诗里的春天	诗配画	
三年级	讲寓言故事　明人生哲理	讲寓言故事	
四年级	品红色经典　感英雄情怀	绘制电影海报	
		经典片段配音	
五年级	品味经典名著　演绎智慧人生	课本剧表演	
六年级	“奋斗的历程”诗歌朗诵会	诗歌朗诵	

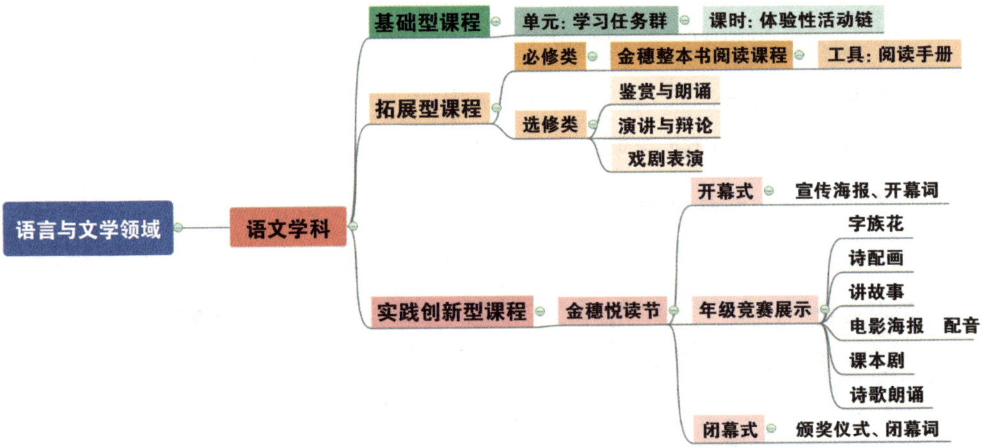

图 2-47　语文学科三级课程实施路径

2. 强化学科实践：注重真实情境的创设，提升解决真实问题的能力

好奇、好动、探索、发现是儿童的天性，新课标倡导科学选择启发式、探究式、主题式和合作式等教学方式，发挥不同教学方式的优势以促进学生核心

素养的培养。学校教学中特别关注学生从现实世界出发，发现、提出问题，分析、研讨问题，最终解决问题的过程。在学习过程中关注学生的表达、交流等与学习相关的活动，确保学生在获得知识、掌握方法的同时让核心素养落地。

以数学学科为例，游戏化学习也是一种常用的教学方式，小学数学游戏化学习是聚焦学科素养，依据数学学科知识和学习目标，通过设计有游戏元素的学习活动，激发学生的学习兴趣，促使学生主动投入到数学知识的探究过程中，从而获得数学活动经验和情感体验的一种学习方式。把规则、时间、反馈、合作、竞争等游戏元素巧妙融入学习过程，是实现数学游戏化学习的关键。

学校将十巧板课程与数学国家课程对接，以国家课程为基础，在国家课程实施过程中以十巧板学具为载体设计教学活动，既承接低年级的七巧板活动又联结中高年级对图形的认识与测量、运动与位置的相关教学内容。十巧板课程除了应用于日常教学，还被应用于拓展型课程，开展研究性学习、游戏化学习两种现代教与学方式的探索，旨在提高教学效率，体现学生在学习活动中的主体性，培养学生的创新思维能力；十巧板课程中的实践创新型课程，强调学生综合能力和实践能力的培养，分别在第二学段和第三学段设计了“益智玩具跳蚤市场”和“玩具总动员”两个创新实践课程，开展主题式学习，突出学生在真实世界中与真实问题进行对话，学会用数学的眼光观察现实世界，在解决实际问题中培养学生的应用意识。

表 2-16　“拼法小达人”教学活动设计

阶段	活动内容	课程目标	活动组织	前期经验	积累经验	课时
阶段一：指定几何图形自由拼	活动一：补全三角形	1. 深入感知图形特征，运用经验进行迁移 2. 培养图形变换能力、方位识别能力 3. 发展空间观念	1. 任选三块板与9号一起拼成指定形状的三角形 2. 通过想象完成任务，用自己喜欢的方式记录 3. 选择合适拼板与5号、9号一起拼成指定形状的三角形 4. 用自己喜欢的方式记录	理清十块板之间的关系，用三块板拼规则图形，有序思考	把不规则图形变成规则图形，再思考问题，总结拼组图形的方法	1
阶段一：指定几何图形自由拼	活动二：试拼长方形	1. 在拼长方形的过程中，发展空间想象力 2. 培养从多角度思考问题的能力 3. 学会合作 4. 培养规则意识	1. 思考如何拼出“2×3”的长方形 2. 进行尝试和检验 3. 记录小组的方法 4. 小组内汇报交流，利用方格纸进行方法说明 5. 寻找其他方案	用三块板拼长方形的经验，巧板之间替换的方法，有序思考	综合考虑替换的方法，同一长方形的多种拼法，借助方格纸说明等量代换的方法	2

续表

阶段	活动内容	课程目标	活动组织	前期经验	积累经验	课时
阶段一：指定几何图形自由拼	活动三：试拼正方形	1. 拼正方形，发展空间想象力，体会等量代换的思想 2. 体验方法的多样性，培养概括问题的能力 3. 培养规则意识	1. 思考如何拼出“3×3”的正方形 2. 进行尝试和检验 3. 记录小组的方法 4. 小组内汇报交流，利用方格纸进行方法说明 5. 寻找其他方案	能够掌握借助方格纸进行说明的方法，能在拼长方形时总结出拼摆的方法，能够从等量代换的角度进行说明	综合考虑替换的方法，正方形的多种拼法的迁移，等量代换的方法	1
阶段一：指定几何图形自由拼	活动四：试拼三角形	1. 渗透等积变形的思想 2. 发展合作能力和空间想象力	1. 思考如何拼出“3×3”的三角形 2. 进行尝试和检验 3. 记录小组的方法 4. 小组汇报交流，进行方法说明 5. 寻找其他方案	掌握借助方格纸进行说明的方法，能在拼长方形、正方形时总结出拼摆的方法	有序思考的方法，三角形的多种拼法的迁移，理解等量代换的方法	2
阶段二：全部板拼摆几何图形	活动一：试拼几何图形	1. 丰富几何图形的认识 2. 培养创新思维能力	1. 小组设计研究方案 2. 小组分工 3. 记录研究成果 4. 反思研究方法和研究成果之间的关系	有序思考，用不同块数的巧板拼长方形、正方形、三角形等平面图形	设计研究方案，合理分工，理清图形间的相互关系	1

续表

阶段	活动内容	课程目标	活动组织	前期经验	积累经验	课时
阶段二：全部板拼摆几何图形	活动二：探究用十块板拼长方形	1. 能够设计研究计划 2. 培养推理能力和解决问题的能力 3. 培养创新思维能力	1. 小组设计研究方案 2. 小组分工 3. 记录所有的拼摆情况	有序思考，制订研究方案，了解巧板间的相互关系	设计研究方案，合理分工，理清图形间的相互关系	2

教师为方便课程活动的开展，为学生量身研发了《十巧板学习手册》。把学习活动分为读懂规则、动手实践、交流反思等环节，意在鼓励学生自主探究、反思与提升。

这个课程活动不仅激发了学生的学习兴趣，而且培养了学生的空间观念、创新思维能力和审美能力，同时学生的耐心、专注力及团队精神也得到了很好的培养，实现了智育、美育、德育的综合发展目标。

【教育案例】

十巧板诞生记

葛　芬

2015 年 9 月至 2019 年 6 月，我参与了学校海淀区教育科学“十三五”规划一般课题“项目学习在小学数学综合实践活动中的应用研究”。

2016 年 8 月，学校以原四年级数学团队为核心对平面图形益智玩具进行深入的研究。当时朱主任和我说：是否能备一节到哪个学校都能讲的课。我看了大量关于平面玩具的课程资料，一直在想为什么不能自己发明一款平面玩具呢？于是我开始不断地尝试，并主动和朱主任沟通，邀请课题组成员和刘琳娜老师进行论证。

从“十六巧板”到“十五巧板”我不断研究改进，历经2个月，终于发明出了“十巧板”。并带领四年级组教师研发了“十巧板”校本课程。2017年5月，为了在北京教育学院“协同创新”项目中做好“十巧板”观摩课，我的教学设计从第一稿修改到了第九稿，上课用的十巧板教具和学具也完全是自己手工制成的。教育学院的刘林娜老师和超脑麦斯首席讲师王圣昌老师先后对我进行了2次现场指导，我还多次主动与王圣昌老师利用微信沟通交流。历经9次试讲，最后的现场课得到了专家和教师的好评。学生们更是收获满满，从最初的不解到后来的深有感悟，再到下课时意犹未尽。

在此基础上，我持续深化对“十巧板”项目的研究，撰写的论文《通过十巧板玩具综合实践课程，提升学生数学核心素养》获2017—2018学年度北京市基础教育科研论文一等奖，《十巧板学具的开发与教学应用》获2018—2019学年度北京市基础教育科研论文二等奖，并于2019年7月发表在《中小学数学》小学版上。2021年4月，《十巧板学具的开发与教学应用研究》在海淀区优秀教育科研成果评审中获一等奖。

3. 推进综合学习：设计“跨学科”学习，强化协同育人

《义务教育课程方案（2022年版）》特别强调要加强课程内容与学生经验、社会生活的联系，强化学科内知识整合，统筹设计综合课程和跨学科主题学习，强化课程协同育人功能。

以科学学科为例，学校严格按照新课标要求开齐、开足科学课，以提升学生的科学核心素养为主要目标，以学生为主体，采取以实践性主题化活动为核心的探究型学习模式，加强科学课与德育、智育、劳动教育等的融合，通过开展跨学科教学交流，整合多学科资源，将跨学科内容、思维能力发展与真实生活环境联系起来，启发和提升学生的认知水平、学习积极性与创造力，并与价

值观教育有机结合，强化协同育人。

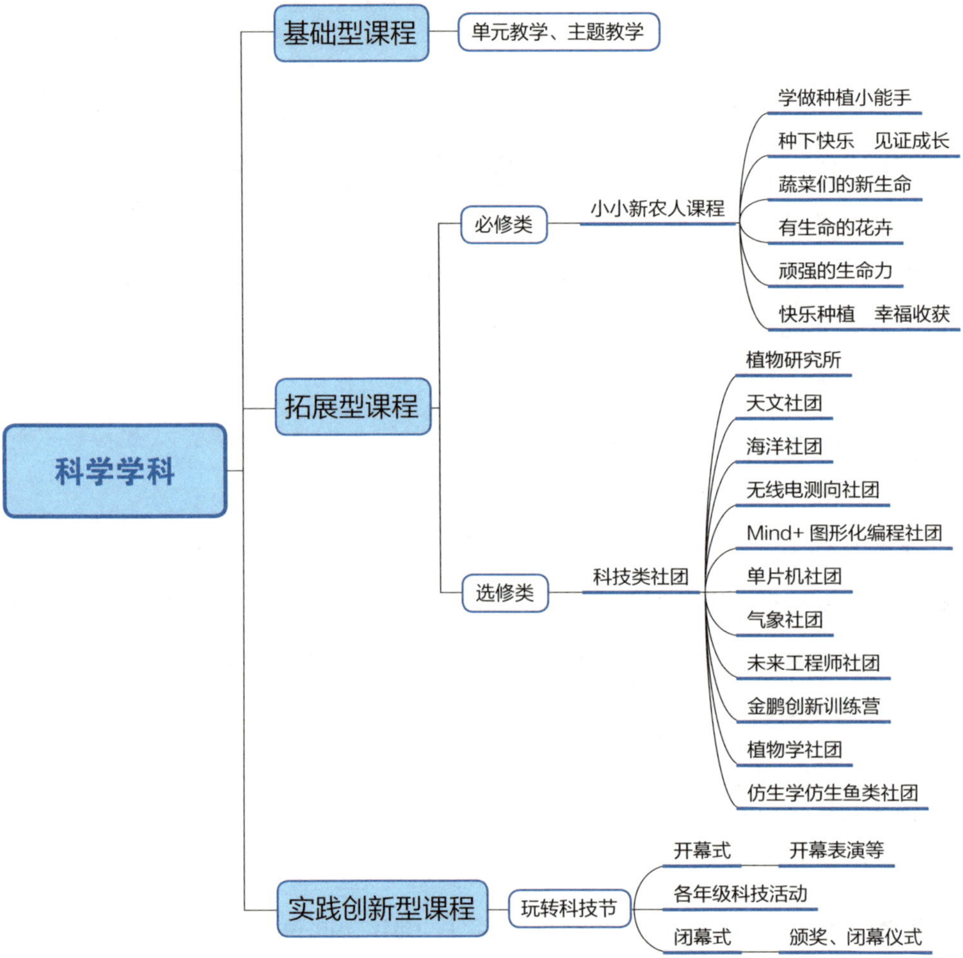

图 2-48　科学学科课程体系结构图

表 2-17　“种子的力量”主题课程具体信息表

课时内容	学习目标	学习内容	涉及学科	涉及场域
选种	认识到选出健康的种子是保障农业生产顺利进行的重要一步，种质资源是国家的宝贵财富	1. 探索挑选健康种子的方法 2. 其他选种方式 3. 走进国家种质库	科学、劳动、德育	学校、社会

续表

课时内容	学习目标	学习内容	涉及学科	涉及场域
种子里孕育着新生命	探究种子的内部结构，了解各部分在萌发过程中的作用，感受种子的生命力	探究健康种子的内部结构与植物根茎叶的关系	科学、德育	学校
种植	用不同的方法种植植物，知道种子萌发需要适宜的温度、水分，乐于长期养护植物，能用绿豆芽炒一盘菜	用土、水、工具种植绿豆，收获绿豆芽后炒一盘菜	科学、劳动、德育	学校、家庭、社会

“种子的力量”主题课程设计了主题化跨学科的学习模式，在课程实施过程中更是把劳动教育课程加入基础型课程领域，将科学观念和科学精神、劳动观念和劳动精神教育贯穿学生培养的全过程。学生进一步认识到植物与人类生活密切相关，甚至关系到国家安全。该课程帮助学生形成人与自然的核心观念，贯穿家庭、学校、社会等方面，形成三位一体的整体育人格局。

4. 落实因材施教：开展学习品质研究，促进学生全面发展、健康成长

2017 年构建“9L 学习品质评价体系”，关注影响学生学习发展的五大系统和九个维度，既关注学生在学习过程中的学习认知、情感，也关注学生的学习动机、策略、意志力等内容，将教育教学重点转向了学生本身。

从长期来看，学习品质指向的是“学会学习”“如何学习”，具备积极学习品质的学生会有更积极的学习态度和更高质量的学习效果，因此更重要的是教会学生学习，重视学生在教学中的主体地位，落实因材施教，突破传统课堂格局性和结构性的问题，培养学生的核心素养。

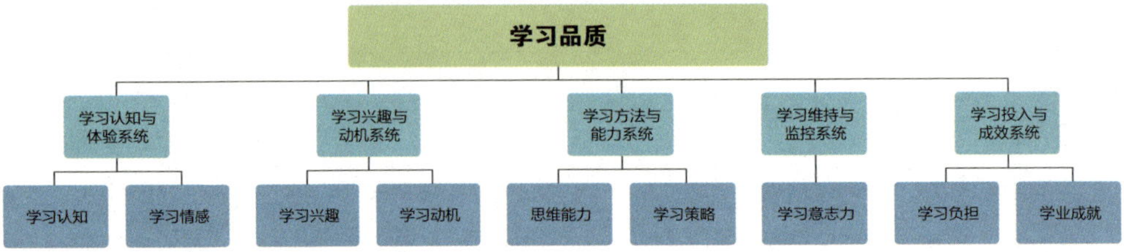

图 2-49　学习品质维度

鉴于学生学习品质在其成长及其终身发展中具有的广泛性和长期性影响，对于教师而言，明确学生学习品质的内涵特质，分析学生学习品质发展的影响因素，在实践中探寻培养学生学习品质的具体路径，有着重要的实践意义。因此学校成立了青苗教师团体，在专家的带领下围绕学习品质展开群体课题研究。在此过程中涌现了许多非常优秀的课例，提升了教师的教育科研水平。

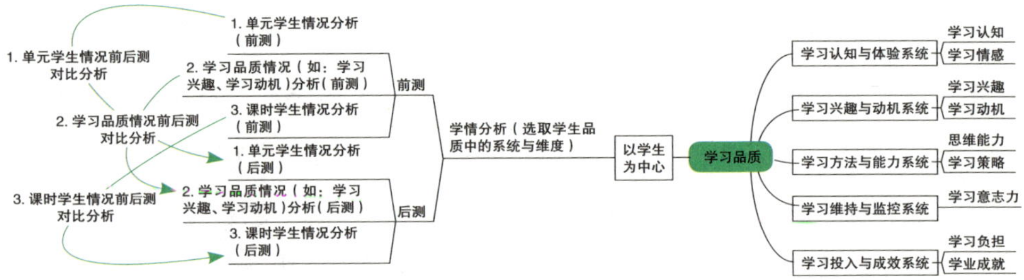

图 2-50　以学生为中心的学习品质研究路径

因材施教首先要关心了解学生，关注学生的学习过程。充分的学情分析是以学生为中心的前提，前测是学情分析的重要一环，可以让教师从多角度了解不同学生思维的障碍点和发展点，有助于更准确地确定学习目标和教学重难点，选择更恰当的教学策略，教师也能掌握学生在学习品质方面的情况，针对需要提升的学习品质，改变原有的教学方法，创新教学模式，结合学科自身的特点尝试改进课堂活动，使得在学科教学中或者课堂中能够提升学生某些方面的学习品质，达到“润物细无声”的效果。学情分析（前测）包括：单元学生情况分析（前测）；学习品质情况分析（前测）；课时学生情况分析（前测）。

后测也是学情分析中很重要的一环，是落位学习评价的方式之一，学情分析（后测）包括：单元学生情况分析（后测）；学习品质情况分析（后测）；课时学生情况分析（后测）。在后测中教师可以发现问题，并及时反思和调整，对比分析前、后测内容，又可以很快地了解到学生对知识的掌握程度以及学习品质是否得到了提升，检验出学生学习的效果和教师教学的效果，以便教师确定下节课和今后教学的策略和起点。

创设以学生为中心的学习环境，满足学生多样化的学习需求，加强个别指导，并注重对学生核心素养的培养是新时代课程发展的需要。通过学习品质这一指标可以衡量区域、学校、班级、学生的综合发展状况，破解唯分数论的顽疾，对落实学生关键能力、必备品格培养，引导学生树立科学的质量观，全面提升育人质量具有重要意义。而将学习品质融入教育教学中，兼顾了学业评价与非学业评价，关注了学习过程及学习结果，凸显了学生的学习主体地位，落实因材施教，促进了学生全面发展、健康成长。

5. 探索“互联网 +”基础教育新模式，推进信息技术与教育教学深度融合

为了落实“五育”并举，促进学生综合素质培养，改变片面追求某一个或某几个方面教育的现象，学校整合学校、家庭、社会优质教育教学资源，以云计算、人工智能、大数据以及社群化运营等技术手段，搭建学校、家庭、社会协同育人的教育教学生态平台，通过大数据分析和人工智能算法，形成透明开放、自我整合、持续进化的教育生态系统，以满足学生个性化成长和全面发展的需求，实现校内校外、家庭学校、师生家长的全覆盖。

平台通过科学设置版块、后台主动介入管理，以德智体美劳全面发展作为前端板块呈现，形成品德养成、劳动素养、体育素养、文艺素养、社会实践、公益活动以及语文素养、数学素养、英语素养等全方位的版块设置，并使用大数据分析，通过后台智能化推荐，针对不同学生的特点，以置顶、推荐等方式对学生进行引导。教师结合学校的教育目标和阶段性的教育重点，主动介入教育教学内容的设置和创作过程，对学生及家长进行引导。

通过设置家长课堂，主动邀请优秀家长分享家庭教育经验，回应家庭教育的热点和难点问题；邀请教育专家进行专题分享，解答家长关注的家庭教育问题；结合家长的职业特点，邀请家长以校外专家的名义为学生授课以开拓视野。充分发挥家庭第一课堂、父母第一任教师的作用，用优良的家风、良好的榜样、科学的教育方法，帮助学生扣好人生的第一粒扣子。

开放分享是未来学校教育的模式。平台为每一名教师、学生、家长构建专属空间，结合教育教学设置多角度的标签，每个人都可以根据自己的兴趣和特长进行分享，每个人都可以结合话题和兴趣进行交流，每个人都能找到成长学习的伙伴甚至建立学习小组和社团。通过功能板块的设置，让师生、生生、师师、家校、家长五个维度之间实现广谱性、个性化、定制化的评级、互动和交流。让维度之间得以实时交互反馈，满足各种教育主题的需求。在教育分享的过程中，师生、生生、师师、家校、家长五个维度之间进行教育互动。在教育分享的过程中，通过后台的大数据分析、算法运用后，形成具有共同兴趣爱好、共同价值观的生长社群。

与此同时，平台充分尊重学生的个体差异，充分彰显学生的兴趣，因材施教，让学生、家长和教师自己做主，在教育新生态平台中实现自我完善、自我提升。每个学生都能够在平台上展示自我，找到乐趣，获得一些自己需要的助力，那么每个学生的潜能就能得到充分开发。每个学生都可以定制自己的课程，都能有个性化的生长。平台通过云计算、人工智能、大数据以及社群化运营等技术手段，对每个学生的个性、特长进行分析，反向推送学生的“短板”内容，发起交互对话，引导学生全面发展。

借助“互联网+”新技术，学校尝试搭建“金穗教育平台”，创设以学生为中心的学习环境，打通家、校、社的教育壁垒，打造平等、互动、共享的教育生态，创新教育教学方式，拓展课堂教学边界，落实“五育”并举，促进学生综合素质的提升。

六、课程评价

课程评价是教育领域中教师、教育管理者或者其他相关人员进行的一种特殊的认识活动，其目的在于对课程做出各种决策，保障课程的科学性、有效性和合理性。学校全面落实新时代教育评价改革要求，改进结果评价，强化过程评价，探索增值评价，健全综合评价，着力推进评价观念、方式方法改革，提升考试评价质量。

（一）课程评价原则

1. 发展性原则

课程评价要突出评价的发展性功能和激励性功能，重视对学生学习潜能的评价，立足于促进学生的全面发展。

2. 多元性原则

课程评价内容的范围很广，既包括课程计划本身，及参与课程实施的教师、学生、学校，还包括课程活动的结果，即学生和教师的发展。同时建立由学生、家长、社会、学校和教师等共同参与的评价机制，采用自评、互评和他评多种评价方式。

3. 过程性原则

课程评价应贯穿课程的设计与实施过程，关注学生在学习过程中的具体表现与学习效果，注意过程性评价和综合性评价相结合，定性评价和定量评价相结合。

（二）课程开发设计与实施评价

学校根据北京市、海淀区课程设置指导意见以及自身办学特色和周边资源，自主开发了“农科院附小课程开发设计实施评价表”。评价表从课程目标、课程内容、课程实施与课程评价四个方面展开。每门新开发的课程都要经过学校课程委员会的评价与审核，审核合格后才可以实施。校本课程每学年初要进行申报与评审，确保校本自主开发课程得到不断修正与改进。

表 2-18　农科院附小课程开发设计与实施评价表

评价项目	评价标准	自评	他评
课程目标	1. 能依据国家课程标准制订此课程标准 2. 能依据学生的认知特点制订此课程标准 3. 课程目标清晰，具有可操作性		
课程内容	1. 课程内容的选择基于学生的认知特点，难度适中 2. 能依据所设定的目标确定课程内容		
课程实施	1. 课程实施细化目标 2. 对学生的学习情况有过程性的指导，方法适当 3. 有能够激发学生不断探索的教学策略 4. 能鼓励学生不断提出问题，并鼓励学生用多种方式解答 5. 关注学生学习过程中健全人格的形成，如意志品质的建立、团结协作的意识的形成等		
课程评价	1. 能根据目标确定合理的评价标准 2. 能关注评价主体的多元性 3. 能关注评价标准的可操作性，尽量避免主观臆断		

（三）改进结果评价，强化过程评价，探索表现性评价

1. 改进结果评价，优化考试评价

全面推进基于核心素养的考试评价，强化考试评价与课程标准、教学的一致性，促进“教—学—评”有机衔接。学校在语文、数学、英语等科目中采取学业质量评价的方式，综合学生平时多次练习表现和期末考试表现，给予学生学业阶段性发展的评价。学校严格加强考试管理，规范测试的内容，难度适中。优化试题结构，增加探究性、开放性、综合性题目，引导学生关注自身综合素养的提升，指明教师教育教学的方向，改进教学方式。

2. 重视过程评价，注重对学习过程的观察、记录与分析

教学评价和教与学的过程相融合，是教与学过程的必要部分。教师通过教学评价和及时反馈，增强课堂“教—学—评”的一致性，达到以评促教的效果。各学科教师集体研究本学科的评价量表，注重过程性评价和结果性评价相结合。注重核心价值观的引导，充分挖掘学科的育人功能。同时，随着学习方式和课堂教学方式的不断改进和完善，进一步研究不同学习方式的评价量表，构建更合理的评价制度和评价体系，保持评价的开放性和规范性。

教师评价主要针对学生运用所学学科知识与技能解决具体问题时体现出的学科核心素养水平。运用恰当的评价方法，系统搜集和科学分析、处理学生的有关信息，综合发挥检测、诊断、激励、引导、调解、反馈等多方面的功能，准确判断学生学科核心素养的发展程度。在评价过程中，随时发现学习目标、学习内容、学习方法以及创设问题情境、解决问题等方面的不足，及时改进，保障以发展学生学科核心素养为纲的课程有效实施。

例如活动类课程一般都采取“大主题、长周期”的课程实施方式，针对活动类课程的实施特点，学校开发了“农科院附小主题活动类课程评价表”，对活动准备、活动实施以及活动总结等阶段开展评价，引导学生、教师关注学习的过程和实际收获。

表 2-19　农科院附小主题活动类课程评价表

评价项目	评价指标	评价			
		优秀	良好	一般	不合格
活动准备阶段	1. 充分结合学生经验（以学生为中心）				
	2. 为学生提供活动主题选择以及提问的机会				

续表

评价项目	评价指标	评价			
		优秀	良好	一般	不合格
活动准备阶段	3. 鼓励学生提出感兴趣的问题				
	4. 及时捕捉活动中学生动态生成的问题				
	5. 确立活动目标内容				
	6. 让学生参与活动方案的制订并不断优化、完善方案				
活动实施阶段	1. 创设真实情境				
	2. 为学生提供亲身经历与现场体验的机会				
	3. 让学生体验多样化的活动方式				
	4. 动员学生积极参与活动过程				
	5. 通过现场考察、设计制作、实验探究、社会服务等活动，发现和解决问题，体验和感受学习与生活之间的联系				
	6. 加强对学生活动方式与方法的指导，帮助学生找到适合自己的学习方式和实践方式				
	7. 鼓励、启迪、点拨、引导，做好学生指导				
	8. 指导学生做好活动过程的记录和资料整理				

续表

评价项目	评价指标	评价			
		优秀	良好	一般	不合格
活动总结阶段	1. 指导学生选择合适的结果呈现方式，鼓励采用多种形式呈现和交流				
	2. 对活动过程和活动结果进行梳理和总结				
	3. 启发学生自我反思与表达，鼓励和同伴交流与对话				
	4. 指导学生撰写活动报告、反思日志、心得总结				
	5. 根据同伴及教师提出的反馈意见和建议，查漏补缺，进一步明确探究方向				

3. 探索表现性评价在学科教学中的应用

积极创新评价方式方法，捕捉学生有价值的表现，倡导基于证据的评价，关注学生的进步。目前，多个学科正积极探索表现性评价在教学中的应用。例如，数学学科关注学生的思维路径和思考方式，在教学中尝试运用表现性评价促进学生高阶思维、创新意识、应用意识的培养。在实际运用中，除了在综合实践领域设计实施表现性评价，在数与代数、图形与几何、概率与统计领域中也设计开展表现性评价，将表现性评价和日常教学活动结合起来，让表现性评价发挥更大的作用。教师可以根据学习目标、学生特点在教学过程中设计实施表现性评价，在设计表现性评价活动中可以利用布鲁姆目标分类法确定评价的目标和内容，预测学生表现；可以利用教材资源、游戏资源、其他课程资源、社会资源为设计表现性任务提供参考，借助表现性评价的教学可以更好地促进学生的学习。

表现性评价弥补了传统测试评价方式的不足，能够关注学生高阶思维的发展，引导学生关注学习的进阶。

【教育案例】

让数学作业发挥表现性评价的作用

朱　立

作业是学生学习生活中的重要部分，作业既巩固知识、发展能力、促进学生核心素养提升，又帮助教师了解学生对新知识的掌握情况，及时发现问题，促进教学改进。因此，加强作业设计对学生的学和教师的评都有十分重要的作用。表现性评价是对学生的高阶思维、创新意识、应用意识进行评价的一种方式，将表现性评价和作业设计结合起来，可以让作业发挥更大的作用。

一、具有表现性评价功能的作业设计的原则与策略

（一）明确作业目标

作业有很多类型，每种类型的作业设计都要与学习目标相对应，具有表现性评价作用的作业也一样，教师设计这类作业前需要明确单元的学习目标是什么，并对目标进行分类，哪些目标是常规作业可以实现的，哪些目标是常规作业不能实现的，或者使用具有表现性评价功能的作业实现效果更好。作业是否具有表现性评价功能，关键还是看作业的目标是什么，因为表现性评价评的不是常规或机械性的思考，不是回忆信息、事实、定义、术语或执行简单的任务，所以，具有表现性评价功能的作业一般用于评价较复杂的或者综合的学习目标的达成情况，评价那些综合运用知识等高阶认知目标。

（二）好的问题情境

相比传统作业，具有表现性评价功能的作业有其独特的优势。表现性评价作业在现实情境或模拟现实情境中让学生解决问题，需要学生综合运用所学知识完成任务。表现性评价重视学生在现实情境中综合运用自己所学的知识去理解问题、批判性地思考问题和创造性地解决问题。具有表现性评价的作业情境要能让

学生明确相应的学习目标，可以选择有时代感的或者密切联系学生现实生活的情境，对学生的学习和生活有意义的情境更能吸引学生主动完成作业。这样的作业既可以提升学生的学科素养，又能帮助教师了解学生在解决真实问题时的表现。在情境的呈现方式上，可以由教师进行讲解，也可以通过视频等电子产品帮助学生了解要做的事情是什么，并帮助学生确立目标。

（三）设计评价量规

对于传统的作业，教师通过对错评价学生表现，而具有表现性评价的作业需要借助评价量规对学生的学习过程和学习结果进行分析判断。使用评价量规是为了方便教师观察学生的水平，具有表现性评价作用的作业一般为开放性作业，如果没有使用评价量规，教师会纠结于结果的对错，使用评价量规后教师专注于学生的思考过程，这样的评价为教师后续改进教学提供可视化的依据。

二、开发具有表现性评价功能的作业案例

（一）依托教材习题设计

课时是单元的最小单位，单元的目标要落实到每个课时中。教师从教材入手，通过分析教材中的练习题，将一部分课后练习题改造成大作业，让教材中的习题成为具有表现性评价功能的作业，以下文的练习题为例。

1. 下面的图形分别是上面哪个盒子的展开图？想一想，连一连。

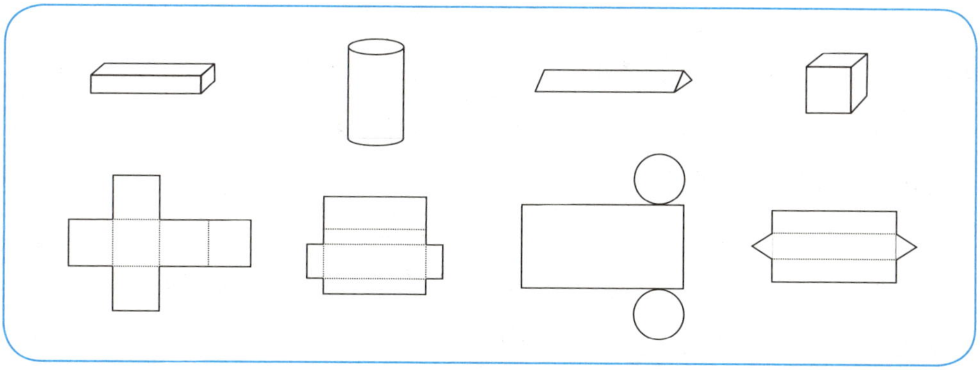

图 2–51　数学练习题示例

这是一道常规练习题，找不同形状盒子的展开图，目的是通过练习帮助学生梳理立体图形与其展开图之间的关系，发展学生的空间想象能力。通过教师

访谈发现，学生解决这道题主要是以下两种思路：一部分学生是通过观察立体图形中某一个面的特点判断展开图；另一部分学生是通过平面展开图想象立体图形的样子从而进行判断。通过立体图形的折叠与展开，教师能看到学生是如何理解“面”与“体”之间的关系的。学生对立体图形要素的认识除了面和体，还有棱，在折叠与展开中学生对于“体”“面”“棱”之间的关系是怎么理解的，学生之间有什么差异呢？教师将这道练习题改为“请你设计心中的教学楼”，学生需要画出立体效果图、设计展开图，并制作出立体模型。这样，一道常规练习题就变成具有表现性评价作用的作业了，教师通过学生完成任务的过程考查学生对于体、面、棱之间关系的理解和应用，了解学生空间想象力的水平。

借助教材中的练习题设计具有表现性评价功能的作业，将学生的学习活动和评价结合起来，帮助教师更好地了解哪些活动可以引起学生的兴趣，可以为学生提供学习实践的机会。但是，并不是所有的练习都可以改编成这类作业，将习题转化成这类作业需要对习题进行分析，关注学生的学习需求和学习目标，同时还要关注学生对问题的熟悉程度和解决问题的方法。

（二）利用实践性作业设计

教材中有一个板块是“数学好玩”，这是一类以问题为载体、以学生自主参与为主的学习活动，这部分的内容无法单纯通过纸笔测试。教师可以将“数学好玩”中的活动内容延伸到课下，设计课后作业，既可以让学生课下继续研究，又可以检验学生的学习效果。六年级下册“数学好玩”中有一个板块是“神奇的莫比乌斯带”，在课上学生边玩边研究，但这节课结束后学生提出问题、分析问题、解决问题的水平怎样无法确定，因此教师安排学生课下完成对莫比乌斯带的二次探究活动，要求在课上对莫比乌斯带的研究基础上继续研究设计心中的莫比乌斯带作品，并试着将这个作品与莫比乌斯带的边和面进行比较，看看有什么发现。

学生完成任务后通过交流、分类，验证自己的猜想。将“数学好玩”中的内容延伸到课下，使作业成为表现性任务，作业交流的时候学生既可以展示在综合实践课上的学习效果，也可以在交流中评价别人、反思自己，促进学习能力的提升。

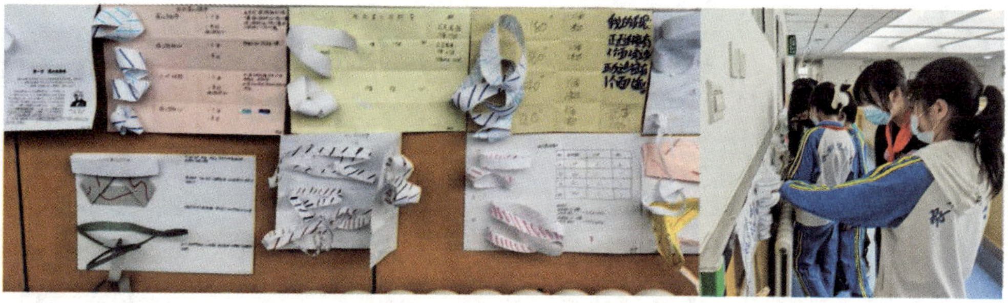

图 2-52 学生数学作品展示

（三）利用拓展类活动设计

游戏是学生喜欢的一种活动，游戏类作业既能提高学生的参与度也能展示学生的知识、技能、方法及与人合作的能力，学生可以边游戏边学习边进行评价。

2021 年恰逢中国共产党建党 100 周年，各年级组织学生开展了解党史的活动，旨在激发学生爱党、爱国的热情，增强历史责任感和使命感。四年级在“认识三角形和四边形”单元结束后设计了“党在我心中”十巧板拼摆作业，利用十巧板展示自己学习党史的成果。教师通过活动对学生的分类意识、空间观念、问题解决能力、合作意识等方面进行综合评价。

表 2-20 学生综合评价维度表

评价项目	评价标准		
	水平 1	水平 2	水平 3
分类意识	没有分类意识，所有十巧板图形堆在一起	有分类的意识，但分类标准不太明确	有明确的分类标准，能根据实际情况对十巧板进行分类

续表

评价项目	评价标准		
	水平 1	水平 2	水平 3
空间观念	利用十巧板中一个图形的特征进行拼摆，没有关注到图形与图形之间的关系	关注到同一类图形边与角的特点，能按照一定的比例关系，制作出其他大小的十巧板进行拼摆	能根据作品的内容特点选择合适的图形进行缩放，制作合适大小的十巧板进行拼摆

在开展这次任务的过程中，学生学习热情很高。他们主动查阅资料，有的去图书馆借阅相关书籍，有的上网进行学习，还有的结伴去首都博物馆参观《伟大征程——庆祝中国共产党成立 100 周年特展》。学生通过不同的渠道对党史有了更深入的了解，并利用课上所学的数学知识，研究十巧板中每一块板的特征，设计本组的作品方案。学生还利用课余时间，一起讨论并修改方案。这个作业不仅可以评价学生知识的积累情况，还可以有效评价学生的高水平思维，丰富了学生的活动经验，改进了他们解决问题的方法与策略，让学生实现有意义的学习，提升学习力。

三、小结

“双减”政策下，很多数学教师积极探索作业设计与实施，改变原有数学作业形式单一、来源单一、缺乏层次性、缺少设计性的问题，机械重复的作业被严格限制。将表现性任务设计成作业，既能向学生提供理解和运用知识的机会，又能帮助教师了解学生的学习水平，将表现性评价融入作业设计是对原有作业设计的有益补充，这样的作业对学生学习效果的评价更加全面，可以促进学生学习，促进教—学—评相融。对作业设计与实施的探索还将继续深入。

（四）学科教学与作业评价：保障课程的高效实施，提高教师育人水平，促进教师专业成长

1. 发挥评价表的作用，促进教师专业成长

学校健全和完善四级听评课制度，研发“农科院附小课堂教学评价表”，从行政干部、教学主管、年级组长、学科教师等维度，开展基于课堂观察听评课活动，从不同维度收集课堂教学的数据，形成全员参与课堂教学研究、互学互评的氛围。学科课程评价整体采取量化与评定相结合的方式。在量化评价部分，引导教师关注影响教学的关键因素，采取等级评定的方式，评价教师的课程教学。同时，对每名教师的教学情况撰写评语，深入反馈教师在实施教学过程中的亮点与不足。

评价表的使用者可以是教学管理干部，也可以是进班听课学习的普通教师。“农科院附小课堂教学评价表”可以在保证课程高效实施的同时，提高教师的育人水平，指明其专业成长的发展方向。

表 2-21　农科院附小课堂教学评价表

评价项目	评价要点	等级评定				总评	评语
		优秀	良好	一般	不合格		
教学目标	1. 符合课标要求和学生实际的程度						
	2. 可操作的程度						
学习条件	1. 学习环境的创设						
	2. 学生资源的处理						
学习指导与教学调控	1. 学习指导的范围和有效程度						
	2. 教学过程调控的有效程度						

续表

评价项目	评价要点	等级评定				总评	评语
		优秀	良好	一般	不合格		
学生活动	1. 学生参与活动的态度						
	2. 学生参与活动的广度						
	3. 学生参与活动的深度						
课堂气氛	1. 课堂气氛的宽松度						
	2. 课堂气氛的融洽度						
教学效果	1. 目标的达成度						
	2. 解决问题的灵活性						
	3. 师生的精神状态						
教学特色	创新点、特色点						

备注：总评等级分为 A、B、C、D。

2. 作业评价：完善作业设计与管理

学校统筹课堂学习与课后作业，提高作业设计质量，增强针对性，合理设置作业难度。做好各学科作业设计、实施与管理，明确作业目标、呈现形式、任务内容、完成时间、反馈方式等相关标准。基于课程标准设计单元作业，基于学业质量标准精选作业内容，统筹考虑课前、课中、课后不同学习阶段中作业的功能。丰富作业类型，布置课堂达标类作业、复习巩固类作业、拓展延伸类作业和综合实践类作业等多种类型的作业。布置开放性作业，引导学生走进生活、走进社会去探索发现，激发学生对作业的兴趣，促进学生个性发展，提高学生的实践能力。追求减负、增效、提质，严控作业总量并加强反馈指导，小学一、二年级不布置书面家庭作业，可在校内适当安排巩固练习；小学三至六年级书面作业平均完成时间不超过 60 分钟。

学校语文、数学、英语学科严格落实“双减”要求，根据多年的作业研究经验与成果，设计并应用符合要求的单元作业册，在关注作业类型的同时，针对不同学力水平的学生设计分层作业。创设情境，引导学生在情境中进行探究、实践、建构、反思，巩固基础能力的同时，提升学科核心素养。

【教育案例】

加强课业辅导，让每个学生学会学足学好

刘 芳

2021年7月24日，中共中央办公厅、国务院办公厅印发《关于进一步减轻义务教育阶段学生作业负担和校外培训负担的意见》要求加强作业完成指导，教师要指导小学生在校内基本完成书面作业，教师要认真批改作业，及时做好反馈，加强面批讲解，认真分析学情，做好答疑辅导，不得要求学生自批自改作业。2021年8月14日，中共北京市委办公厅、北京市人民政府办公厅印发《北京市关于进一步减轻义务教育阶段学生作业负担和校外培训负担的措施》，指出，教师要充分利用课堂教学时间和课后服务时间加强学生作业指导，培养学生自主学习和时间管理能力，指导小学生基本在校内完成书面作业。2021年8月24日，在海淀区教育系统2021年秋季学期开学工作会上，有关领导明确指出，新学期要落实好“双减”工作，并作了进一步的具体要求。

学校根据各级政策要求，制订了一系列措施：开展打破班级界限的答疑、辅导、巩固、培优等形式的课业辅导活动；提前向学生公布答疑的科目、时间、地点和任课教师；答疑辅导主要面向三年级（含）以上学生开展；安排优秀骨干教师承担答疑工作。

一、让每一名学生在校内基本完成书面作业

（一）各学科统筹，严格控制作业总量

学科主管要指导教研组长带领团队认真学习落实《教育部办公厅关于加强义务教育学校作业管理的通知》《海淀区义务教育阶段学科作业设计与实施指导意见》，把握作业育人功能；严控书面作业总量；创新作业类型方式；提高作业设计质量；加强作业完成指导；认真批改、反馈作业；不给家长布置作业。

（二）建立作业管理办法 4+4 管理机制

1. 建立作业总量审核四级监管机制

教研组长规范周作业，学科老师呈现日作业，辅导老师审批日作业，教学部门监管及调研作业。由学科主管、行政组长、班主任、学生构建起作业总量监管评价四层级。严格落实教学计划，确保学科作业人人可见，确保学生学会、学好、学足，确保家长和学校沟通渠道畅通。

2. 建立作业质量定期评价四级监管机制

具体工作流程分为四个环节：

环节一：教研组长以课时为单位填写周作业内容（线上文档形式：作业内容、作业用时、作业类型），提交学科主管审核监管。

环节二：学科教师每日填写作业小黑板（作业内容、预估大部分学生完成作业用时），班主任、学生日常监管。

环节三：学科课代表每日填写作业记录表；课后看管教师填写学科作业完成上交的学生人数，行政组长每周收齐检查，查看作业总量、当日完成作业情况，发现问题及时向校区教学主管反映；学科主管调查、指导，教师整改。

环节四：学科主任、教学副校长定期与不定期进行监管，对学生、家长进行作业、课业辅导方面的调研，便于发现问题，完善、改进教学工作。

（三）加强作业设计有效性，完善作业布置

我们将作业设计作为本学期校本教研的重点，针对学生的不同情况，精准设计作业。

（四）提高课堂教学实效，做到精讲精练

数学学科在课上留出 8~10 分钟课堂练习时间，根据学生完成的情况调整本班当天基础作业的总量。教师在教学设计时，还要设计本单元的学习方法和策略，以及促进知识迁移与理解的教学活动。

英语学科优化教学设计，切实落实听、说、读、写的目标达成。其中，“写”是学生的薄弱环节，每节课要确保不少于五分钟的指导，将书写作业和课堂教学融合，提升作业质量。

语文学科把练习册中的习题作为课堂上突破重点难点的课程资源。

（五）落实听评课制度

教研组长、骨干教师每学期听课不少于20节，普通教师不少于15节。教学干部要深入课堂、教研组、各个班级，及时分析、解决教学管理过程中的问题，不断提升教育理念，促进教师教学水平的提高。

校级层面：各学科要明确备课、听课、作业布置与评改、课业辅导的要求，规范教师教学行为，定期检查、反馈；教研组层面：要开展教学进度、副备课、听课以及作业批改、教学质量分析等过程性监控，结合校区情况开展校区内微教研，促进校区间教学质量均衡发展。

（六）认真批改作业，及时反馈

1. 思辨式作业讲评

教师在批改学生作业时，有时会发现全班学生某道题的错误率超过了20%，这就需要教师进行班级集体的讲评。教师在班级集体讲评时，并不只是把题目讲一遍或介绍某个学生的作业情况，而是指出学生的错误思路，让学生分析错因，或将正确解题方法和学生的错误方法对比分析，引发学生的深度思考。

2. 分层式师批生改

教师批阅学生作业时，对于作业质量较好的学生，教师可以提出更高的要求，如换简便方法再做一遍；作业质量一般的，教师指出哪道题有错，并批注错因，简单提示，让学生自行改正；对于错题比较多的学生，教师用红笔画出具体错误位置，利用课间面对面讲解错因，并找出同类题帮助学生练习巩固。学生找教师面批改错时，作业质量一般的，要用简短的语言说出错因；对于错题比较多的学生，教师随机抽查，让学生把某道重点题再讲一遍。

（七）组成学习小组，开展互帮互学

课堂上、课后服务中，我们每个班形成“互动小课堂”。学有余力的学生带动学习有困难的学生组成学习小组，互学、互研、互帮，营造班级的学习氛围；学有余力的学生能够学以致用，提高自己的语言表达能力、思维能力；学习困难的学生解决学习障碍，心情愉悦，增强学习自信心。

（八）建立激励机制，确保作业质量

对学生的作业完成情况，教师用不同的印章区分完成时间和质量，学生集齐一定数量的印章可以兑换奖品；通过座位号，向学生反馈基础作业的完成情况，把学生完成基础作业的情况纳入小组评比活动中。

二、针对不同学生，开展跨班级界限的课业辅导活动

（一）假期中，各学科教研组针对不同层级的学生建立辅导练习资源库

各学科组织优秀教师根据课程标准中的学段要求、学情分析，梳理研制课业辅导练习资源库、指导范例，确保全体教师课业辅导有素材、有方法。

（二）提前向学生公布答疑的科目、时间、地点和任课教师

（三）安排优秀骨干教师、党员教师进行答疑、辅导

学校“正课”后，我们全面开展答疑辅导工作。组织优秀教师针对学习有困难的学生，加强基础知识的巩固；针对学有余力的学生，开展学科思想、学习方法类的辅导，实现优质教育资源共享。

（四）为学有余力的学生开设金穗智慧课堂

为充分发挥学生在某一学科上的潜能，我们组织了跨班级的培优活动，即金穗智慧课堂。金穗智慧课堂的指导教师由学校的市、区级骨干及党员教师担任，各个年级每个学科每周至少开展一次。智慧课堂的辅导内容与学生所在年级的知识内容相结合，无超纲或提前学习内容，立足于学生核心素养的培养和学习探究能力的提升。金穗智慧课堂同时也是对日常学习及完成作业表现出色学生的奖励机制，每次参与的学生不固定，持有金穗智慧课堂奖励币的学生可以根据学校提供的选课“菜单”自主选择。

（五）为学习困难学生开设金穗助跑课堂

出于对学困生的保护和激励，我们特设“金穗助跑课堂”。每周一次对他们进行专门的辅导和答疑，打破班级和年级的界限帮助这部分学生夯实基础、收获自信。让这些学生从心理上能够积极地面对错误和自己的弱项，培养他们在行动上积极主动寻求教师帮助的意识。教师根据自己学科的特点，分学段找到了一些共性的话题，结合具体知识，形成具有针对性的方法和策略专

项课。

不同学段的学生都可以相对应地提高知识与技能，只要他们在这个过程中获得进步，就可以得到一枚奖章——金穗助跑币。这样，既照顾了学生的“面子”，又能激发他们乐学向上的动力。

三、家校协同，营造促进学生成长的和谐环境

在“双减”大背景下，我们加强与家长的沟通。在本学期，学校召开了家长座谈会以及全校的线上家长会，并且建立校长热线、家校互动工作制度，面对在家校沟通中反映出来的和重点关注的问题，实现意见收集、提交反馈等环节的闭环管理。我们还制订了学习培训机制，班主任假期中进行一对一的家访，详细记录、了解家长的困惑和需求，并根据家长需求确定主题，进行对家长的课堂培训。我们还建立互动机制，搭建了“金穗教育平台”，家长可以及时了解学校的重大活动、重要工作。为了让家长了解孩子的学习情况，我们设计了学习进步喜报、亲子沟通记事本、小作业大成就成长卡以及成长温馨沟通卡。这些都是很好的互动形式。

据调查，学校 95% 的学生都能在校完成作业，通过本班及跨班教师有针对性的辅导，90% 的学生能够自主完成学习任务，管理时间的能力也在提升。学生的学习方法、学习态度、学习自信、学习兴趣等在教师和家长的支持下不断提升。

在落实差异化作业、跨班辅导等问题上，教师的观念也在转变，并积极进行各种尝试、探索。“双减”工作犹如一剂催化剂，直指学校的办学质量和水平。在“双减”政策各项具体严格的要求下，学校开始打破原有的惯性和舒适圈，重新认识、思考、研究课业辅导工作。虽然还有很多不确定性，存在很多问题，但是农科人有决心，也有信心迎难而上，勇于担当，为实现每个学生学会、学足、学好的目标，我们愿意贡献作为一名教育工作者的智慧和力量。

（五）学生综合评价：保障课程实施效果及培养目标的达成

学校自上而下全面更新教育评价观念，强化素养导向，注重对学生正确价

值观、必备品格和关键能力的考查，积极开展综合素质评价。建立健全学校学业评价机制，利用网络平台研发评价工具，明确每节课、每个单元的评价任务和标准。开展“学习品质”专题研究，评估学生的学习动机、学习态度、学习兴趣、学习方法、学习毅力等，以明确的指标要求纳入学生学业评价指标体系框架，依据数据分析评价学生的学习效果和学习质量，利用证据优化“教”的策略和“学”的方法。

学校依据海淀区《小学生综合素质评价手册》，并结合培养目标开展学生的综合素质评价。《学生综合素质评价报告书》中不仅有语文、数学、英语、科学、道德与法治、音乐、美术、综合实践等国家课程，也有对学生的思想道德、身体素质、心理素质、个性特长的评价。针对学科课程，从学习兴趣、学习态度、学习方法、学习能力和学习水平五个方面展开具体评价。综合素质评价采取终结性评价和过程性评价相结合的形式，由班主任和任课教师依据学科测试成绩、课堂表现、平时任务表现、成果展示等开展评价。在评价时，以激励学生积极性为原则展开。关注学生的学习兴趣、学习态度、学习方法和心理素质，淡化学科测试成绩，注重学生的全面和健康成长。

表 2-22　____学年第____学期学生综合素质发展水平报告

<table>
<tr><td rowspan="2">基本信息</td><td>姓名</td><td></td><td>性别</td><td></td><td>民族</td><td></td><td rowspan="4">（照片）</td></tr>
<tr><td>学号</td><td></td><td>班级</td><td></td><td>出生年月</td><td></td></tr>
<tr><td rowspan="2">思想道德</td><td colspan="3">道德认知</td><td colspan="3">行为习惯</td></tr>
<tr><td colspan="3"></td><td colspan="3"></td></tr>
<tr><td rowspan="6">学业水平</td><td rowspan="2">科目</td><td colspan="6">指标</td></tr>
<tr><td>学习兴趣</td><td>学习态度</td><td>学习方法</td><td>学习能力</td><td>学习水平</td><td>综合评价</td></tr>
<tr><td>语文</td><td></td><td></td><td></td><td></td><td></td><td></td></tr>
<tr><td>数学</td><td></td><td></td><td></td><td></td><td></td><td></td></tr>
<tr><td>英语</td><td></td><td></td><td></td><td></td><td></td><td></td></tr>
<tr><td>科学</td><td></td><td></td><td></td><td></td><td></td><td></td></tr>
</table>

续表

学业水平	道德与法治						
	音乐						
	美术						
	综合实践						
	校本课程						
身体素质	体育课成绩			体质达标情况			
心理素质	自信心						
	自尊心						
	意志力						
	情绪调控						
劳动教育	劳动观念						
	劳动习惯和品质						
	劳动能力						
	劳动精神						
个性特长	兴趣爱好			获奖情况			
综合素质等级							

七、“生长课程”的课程管理与保障

海淀区教委统筹规划全区课程实施安排，系统推进义务教育课程改革，依据学校办学情况合理赋予课程自主权，确保课程方案平稳、有序落实。学校作为课程实施责任主体，要发挥领导作用，健全课程建设与实施机制，丰富课程资源，提升课程实施能力。

（一）完善课程组织保障

1. 校级课程委员会的管理架构与职责

①按照学校办学理念与培养目标，对有关学校课程建设的工作进行审定、审议、评价。课程委员会是有关课程工作决策的审议机构，教学处或课程处是平时工作的组织指导机构。

②审定学校课程发展规划、年度课程建设计划，确定学校课程体系的修订方向。

③年级组或教师自主开发的校本课程计划和方案；对学校课程建设的实施状况进行指导，最终确定对学校课程建设成果的奖励机制。

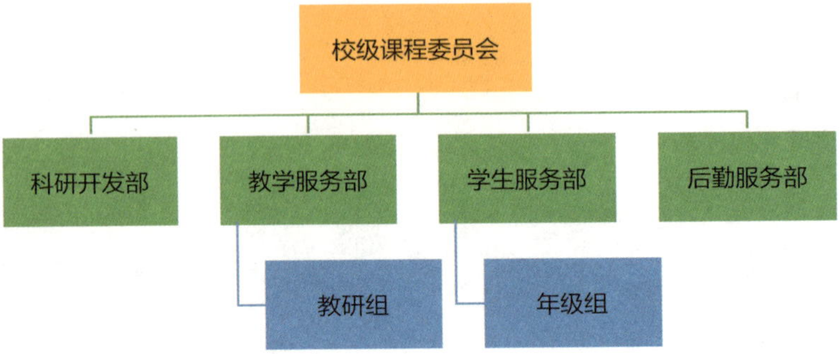

图 2-53　学校课程管理架构

2. 完善课程管理制度

为保障课程建设的顺利实行，学校不同时期出台了一系列课程管理制度。2003 年，为配合课程改革，学校出台了具有纲领性意义的《中国农业科学院附属小学学校课程管理制度（试行版）》，从制度上明确了学校课程建设的定位、目标、开发原则及管理制度。2012 年，在开设选修课一年的基础上，学校出台了《中国农业科学院附属小学选修课管理制度》，对选修课的开发、设置、实施与评价进行了制度化规范。此外，又补充完善了《中国农业科学院附属小学社团课程管理制度》。随着2015年国家层面、北京市层面一系列课程文件的出台，课程改革进入深水区，学校在2016年和2018年对《中国农业科学院附属小学课程评价制度》和《中国农业科学院附属小学课程资金保障制度》进行了修订，并出台了具有激励性质的《中国农业科学院附属小学优秀课程开发奖励制度》，进一步调动教师参与课程建设的积极性。

表2-23 农科院附小课程制度汇总表

序号	课程制度名称	时间
1	《中国农业科学院附属小学学校课程管理制度（试行版）》	2003年
2	《中国农业科学院附属小学学校特色课程方案审议制度》	2010年
3	《中国农业科学院附属小学选修课管理制度》	2012年
4	《中国农业科学院附属小学社团课程管理制度》	2012年
5	《中国农业科学院附属小学课程评价制度》（修订）	2016年
6	《中国农业科学院附属小学优秀课程开发奖励制度》	2018年
7	《中国农业科学院附属小学课程资金保障制度》（修订）	2018年

（二）规范课程管理的流程

在课程开发过程中，学校逐渐形成了包括决策机制、开发评审、课程实施运行、课程评价指导、课程修订完善在内的管理制度体系。课程委员会成员定期对各项目组进行课程研发、实施的监控与指导，并定期组织交流，以保证课程建设顺利进行。在深入具体的课程实施过程中，课程委员会成员还总结评价课程实施的过程和效果，并提出修订完善的建议。

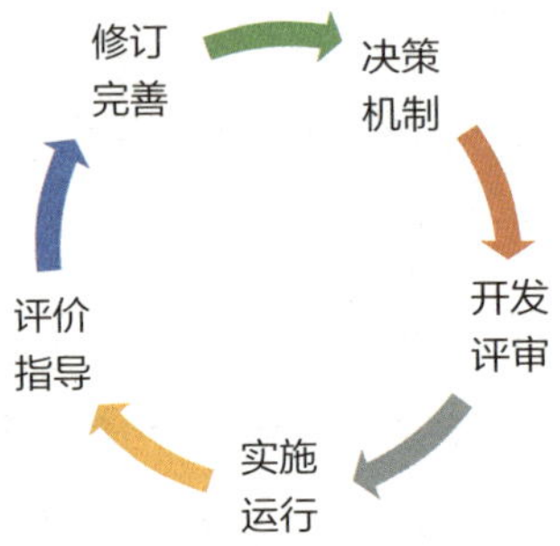

图 2-54　课程管理流程图

（三）建立健全培训工作体系，加强课程实施专业支持

学校要认真落实并组织教师参与各级各类课程、教材、教学、考试评价培训，定期开展校本研修，将作业设计、日常评价、考试命题等作为校本教研重点，切实提升教研质量，指导、帮助教师提高课程实施能力。

学校积极组织教师参与三级培训，加强对课程整体育人、核心素养、学业质量标准等重难点的研究。以学校科研开发部为引领，与教学服务部深度合作，建立教研机制，通过学科教研和课题研究，强化教研、科研对教师的专业支撑。建立"金穗教师""青穗教师""青苗教师"三级教师发展机制，促进各层级教师积极、持续、高质量发展。骨干教师、教研组长落实三个"带动"责任：组织开展一个专题研究，展示一节公开课，培养一名青苗教师，发挥教研引领作用。科研开发部以课题研究带动教研改革，研究课程方案与课程标准，围绕核心素养、课程标准、课堂教学内容方法等开展教学研究指导，帮助教师准确把握课程改革方向。钻研课程标准、教材，改进教学方式，形成在课程目标引领下的备—教—学—评一体化的教学格局。对于各学科基于单元整体设计的深度学习项目，教研组定时间、定地点、定专题，组织教研、备课，根据核心内容的功能价值设计单元主题，确定学习目标，建立知识间关联，设计学习活动，确定教学策略，组织单元教学，形成教研合力。学校利用海淀区云课堂直播平台开辟在线课堂、双师课堂教学渠道，进行远程授课，开展基于直播平台的在线教学模式探索，开展线上与线下相结合的"同课异构"教研活动，实现跨时空校际学习交流。

（四）进一步挖掘校内资源潜力，丰富校外课程资源

学校完善高质量课程实施和课程开发所需的配套硬件资源与耗材，进一步挖掘校内潜力，充分发挥校园实验室、图书馆、专业教师及各类教学设施在课程实施中的作用，尽量提高使用效率，避免资源闲置与浪费。

与此同时，进一步开拓丰富的校外资源，借助农科院、气象局、海洋馆、中央财经大学等周边科研院所、场馆、大学的资源，获得校外活动场所的支持，共同建设育人实践基地，开发学校特色课程。

第六节　“五育”并举，让生命全面健康生长

“‘五育’并举，全面发展”是新时代基础教育改革发展的核心。党的二十大报告提出，落实立德树人根本任务，培养德智体美劳全面发展的社会主义建设者和接班人，加快建设高质量教育体系。在“五育”并举政策引领下，学校以核心素养为导向，以生长教育为路径，围绕培养德智体美劳全面发展的社会主义建设者和接班人，以及立德树人的根本任务，构建“五育”并举立体的教育体系，不断夯实、助力学生全面生长的高质量教育生态，努力为党育人、为国育才。

一、身心健康，夯实生命生长之基

（一）关注心理健康，让生命阳光绽放

根据学生的年龄特点，学校认真落实《中小学心理健康教育指导纲要》，将学生的心理健康教育纳入学校的重点工作。

1. 建立心灵小屋，呵护心灵成长

在 5 个校区同时建立了为特殊学生服务的“心灵小屋”，配备专职特教教师，特殊学生可以在这里接受系统的心理辅导和专业的特教训练。在“心灵小屋”

的门口设立心灵信箱，学生可以通过投信的方式与心理教师相约进行心理辅导。同时学校还开通了心理咨询热线，家长可以打电话与心理教师相约为孩子进行心理疏导。这些沟通渠道保障了学生心理疏导的时间和质量，得到了家长的好评。

【教学案例】

规则守护员

迟　妮

一、教学基本信息

（一）授课年级

二年级。

（二）主题

“规则守护员”。

（三）学情分析

《中小学心理健康教育指导纲要》中对小学低年级的具体教育内容中提到，要帮助小学低年级学生认识班级、学校、日常生活学习的基本规则。这也是本课主题设计的理论依据。低年级的学生有如下心理特点：规则意识弱，需要教师给予积极的、正面的引导。学生如果在小学阶段没能塑造良好的规则意识和行为，升入高年级后就容易出现很多问题行为，所以从小培养学生的规则意识很重要。

结合本班的实际情况来看，二年级5班共有24名男生、20名女生。整体班级氛围团结友爱，但经历了较长时间的居家学习生活，学生的校园规则意识淡薄，特别是在课间游戏、课堂发言、同学交往等方面，部分学生不能按照校园规则参与学习及课间活动，因此本节心理班会对于学生的健康成长很重要。

（四）教学目标

1. 认知目标：学生能认识规则的普遍性，初步树立规则意识。

2. 情感态度目标：学生能积极认同人们的生活离不开规则。

3. 行为技能目标：学生能基本掌握遵守规则的方法与行为，将《小学生日常行为规范》等规则内化。

（五）教学重点

学生能够初步树立规则意识。

（六）教学难点

学生能够理解抽象的规则概念；学生的规则意识能得到强化。

（七）教法学法

本节课的教法学法包括讲授法、讨论法、案例教学法、活动法。

二、教学准备

（一）教师准备

1. 制作多媒体课件。

2. 提前布置学习任务：学生细心观察生活，找找生活中自己熟悉的规则，并和家人、小伙伴聊一聊这些规则。

（二）学生准备

1. 留心观察生活，发现生活中常见的规则。

2. 和家人及小伙伴聊一聊生活中常见的规则。

三、教学过程

（一）游戏访谈导入

1. 问题导入。

教师引导：同学们，老师今天想做个小采访，你们玩过“石头剪刀布”这个游戏吗？能和大家分享一下这个游戏怎么玩吗？

学生回答：两个人同时出手，当“石头”遇“剪刀”，“石头”胜；当“剪刀”遇到“布”，“剪刀”胜；当“布”遇到“石头”，“布”胜。

2. 过渡引入。

教师：这就是“石头剪刀布”的游戏玩法。游戏玩法有另外一个名字，它叫作“游戏规则”。“游戏”我们都知道，那“规则”是什么呢？

概念澄清：“规则”是指规定出来供大家共同遵守的原则。

3. 引入主题。

我们今天的班会主题就与“规则”有关，我们将一起参与四个活动，在活动中了解规则，并学会遵守规则。同学们，你们感兴趣吗？下面有请两位小主持人带领大家参与到找规则的活动中来。

（二）活动一：找规则

主持人（甲）：规则这个小机灵鬼啊，常常出现在我们身边，不仅在我们平时玩的游戏中有它的身影，我们学习生活中也少不了它。不信，我们一起从图片中找找它。

学生：我在图书馆里找到了借阅图书和阅览图书的规则。

学生：我在运动会上发现了运动规则。

主持人（乙）：刚刚同学们很快就找到了图片中的规则，这可真厉害！聪明的同学们请动动小脑筋，一起来想想我们校园生活中还有哪些时候需要规则呢？

学生：我找到了发言要举手的规则。

学生：我找到了上课要认真倾听同学发言的规则。

学生：我找到了上下楼梯要轻声、慢步、靠右行的规则。

主持人（甲）：大家真棒！我们一起找到了这么多校园内的规则。在校园外，我们还会在哪里遇到规则呢？

学生：比如进公园买门票时，我们要排队。

学生：过马路时我们要遵守交通规则。

教师小结：规则真是无处不在，我们不仅需要用眼睛发现，更需要用行动守护。下面我们来做一个有意思的小游戏，叫作“规则小法官”。请两名小主持人给大家讲解活动规则。

图 2–55　学生在课上讨论遵守规则

（三）活动二：规则小法官

主持人（乙）：规则守护者有做得好的，也有做得不好的。今天我们一起来当规则小法官，判断图片中的守护员做得好不好。

主持人（甲）：接下来由我给大家讲解活动规则。每个人手中都有一张红绿卡牌，当你把绿色的一面朝向老师就代表图片中守护员做得好，把红色的一面朝向老师则代表守护员做得不好。举牌规则大家都理解了吗？让我们开始规则小法官之旅吧！

主持人（乙）：大家想一想这幅图里面的人物做得好不好？认为做得好的举绿牌，做得不好的举红牌。下面请同学们根据图片来出示你们手中的卡牌，并说一说你为什么举这张牌。

学生：图片一我举的是绿牌，因为大家在公共场合排队整齐有序。

学生：图片二我举的是红牌，因为大家争吵拥挤，容易发生踩踏。

学生：图片三我举的是绿牌，因为这名同学遵守上课发言举手的规则。

学生：图片四我举的是红牌，因为这名同学随手丢掉手中垃圾，破坏了环境。

…………

教师小结：同学们不仅懂得什么是规则，还明白了怎样遵守规则。下面让我们在小主持人的带领下一起参与“规则正反面”的活动。

（四）活动三：规则正反面

主持人（甲）：刚刚我们在做游戏，红牌代表什么？还记得吗？对，没有当好守护者，也就是没有遵守规则的行为被我们举了红牌。

主持人（乙）：除此之外，遵守规则和不遵守规则，往往还会产生截然不同的后果。下面请同学们两人一组，对照手中的资料单，讨论不遵守图中规则会带来哪些后果。

案例 1：举手发言规则

案例 2：写作业规则

案例 3：上下楼梯规则

教师小结：的确，遵守规则会让我们的生活更加有序、便捷。而不遵守规则会导致我们的生活一团糟，所以我们一定要做好规则的守护者。

（五）活动四：儿歌朗诵

教师：最后老师想送一首儿歌给大家，有请中队长带大家齐声朗读。

背书包，进学校，时时刻刻要记牢。
红领巾，要系好，昂首挺胸精神好。
同学间，打招呼，挺胸抬头面带笑。
见老师，有礼貌，清晨问早午问好。
上课前，准备好，课前预习要做好。
上课时，不喧闹，五班同学纪律好。
想发言，手举高，进取思考多动脑。
要虚心，不骄傲，大胆质疑很重要。
写作业，要做到，按时完成书写好。
要知道，不打闹，校园安全最重要。
体育课，不疯跑，听从指挥来站好。
走廊上，空间小，千万不能到处跑。
不打架，不争吵，安全委员工作少。
大欺小，真不好，团结友爱校风好。

主持人（甲）：同学们，有句古话叫作“不以规矩，不能成方圆”，意思是无论做什么事都要讲规则，这些规则对我们的日常行为提出了要求，教育我们要养成良好的行为习惯。

主持人（乙）：所以，作为祖国的花朵、国家的栋梁，我们要严格要求自己，将中华民族的传统美德发扬光大。从现在起，让我们学规则，守规范，不仅在学校做一名合格的小学生，在校外也要做一名好少年。

教师总结：希望同学们懂规则，守规则，做一名优秀的规则守护员。最后，让我们伴随音乐一起背诵《弟子规》，作为我们今天的班会总结。下面我宣布，今天的“规则守护员”主题班会圆满结束。

四、教学反思

1. 活动由学生耳熟能详的小游戏作为导入，充分调动起学生的学习兴趣，课堂氛围活跃。

2. 多媒体课件中呈现大量生活中的情境图片，学生可以快速进入状态，能够较好地表达切身感受和体会。

3. 在交流讨论环节，教师充分地“放手”，通过学生小组内讨论交流到全班汇报，使学生的主动性得到发挥。

4. “规则正反面”活动环节，应该从课堂、课间活动、同学交往等多个角度选取案例，并鼓励学生充分交流、讨论。该环节中选取的案例不够全面，这也是本次班会课需要改进的地方。

2. 开展心理培训，提升教师素养

学校每年组织一定数量的教师参加各级各类心理健康专业培训，让教师掌握一定的专业心理健康知识。学校还定期举办校内的心理健康知识讲座，采用沙龙的形式让教师在真实的情境中学会并掌握与学生沟通的办法，使有特殊学习需要的学生在日常的学习生活中也可以接受专业的辅导。

图 2-56　教师在参加心理健康培训

（二）重视身体健康，让生命蓬勃生长

1. 保障每天一小时体育锻炼

学校认真执行国家课程标准，开齐、开足国家课程，保证每一节体育课质量。体育课一至二年级每周 4 课时，三至六年级每周 3 课时。配齐体育教师，制订了体育安全管理措施。按照教材的要求，体育教学主管与体育教研组长制订教学计划与教研活动计划，要求体育教师认真备课，开设健康教育课，保障课时，设计符合学生需求与特点的教学内容，既保证学生身体素质得到提高，也关注学生心理健康的发展。每天上午安排全校课间操活动，每次时长为 30 分钟，内容包括广播体操、韵律操、柔韧性训练，根据季节特点，安排短跑与长跑活动。每天中午学生结束午餐并充分休息后，安排 30 分钟的自由活动，学生可以开展跳绳、大摇绳等运动。下午放学后，部分学生参加学校组织的体育社团，包括田径社团、篮球社团、

图 2-57　体育教师在上健康教育课

足球社团、健美操社团、乒乓球社团，继续利用课余时间开展体育锻炼，确保学生至少掌握两项体育运动技能，保证每天每人至少 1 小时的体育运动时间。

2. 开展体育竞赛活动

学校为普及体育运动，引导学生全员参与体育锻炼，达到以赛促练的目的。学校每年定期开展全校性的运动会，每年的五月举办竞技运动会，十月举办专项运动会。每一次赛事，体育部门都精心设计比赛规程，部署安全预案，比赛项目丰富，保证全员参与，鼓励学生在比赛中创造佳绩。

图 2–58　学生全员趣味运动会

3. 开展冰雪运动、足球运动

学校非常重视学生冰雪运动的开展，组织专家走进课堂开展冰雪运动知识进校园活动，冰雪运动从日常课程设置抓起，学校专门选派优秀的体育教师参加冰雪运动培训，学习冰雪运动文化和知识，为开设冰雪运动储备师资。学校的足球社团在学区内也是小有名气，是学生非常喜欢的社团。校足球队不仅在学区比赛中获得佳绩，还为海淀区满天星足球队输送了人才。

图 2-59　学生参加冰雪运动

4. 重视体质健康和测试工作

学校极为重视学生的体质健康与测试考核工作，建立体质健康监测制度，全面实施《国家学生体质健康标准》，定期对在校学生进行体质测试，测试流程规范，测试成绩记录翔实准确，将测试成绩纳入学生综合素质评价内容中。各级负责人尽职尽责，体育教师充分利用课上时间对学生进行测试项目的指导与训练，对于体质较差或者体型肥胖的学生，教师与班主任、家长积极配合，制订有针对性的训练计划，帮助学生逐步改善体质，提高测试成绩。体育教师认真记录学生的每一次测试结果，给予学生适当的复测机会，培养学生的运动信心。学校每年对学生体检 1 次，每学期进行 2 次视力检查，学生健康建档率为 100%，并及时向家长反馈检测结果，对体检异常的学生有记录、有追踪。学校开齐、开足体育课程，严格控制周课时总量，合理安排学校作息时间，早于 8 点前不安排教育教学活动，准时下课，确保学生课间 10 分钟休息，中午有大课间，学生自由活动。按上级文件要求，整体规划并控制各学科作业量，加强素养导向的作业设计，保障基础性作业，增加实践性作业，提高作业质量。家校配合保证学生 10 小时的睡眠时间。

（三）以体健人的探索路径

1. 资源共享

将各校区的室外体育运动场、地下体育运动馆、外接体育运动场和器材等资源整合起来，为全校学生提供更为完善的体育运动场地和设备，使学校体育活动空间最大化。同时节约建设资金和维护成本，将有限的资金投入到满足学生需求的事情上去，如开展多样化的体育社团活动。又如足球、篮球、健美操、乒乓球等社团跨校招生，让各校区学生都有机会加入自己喜欢的社团，让学生学有所长，学有所专，逐步提升体育核心素养。

2. 专业化发展

通过集团化办学，可以整合教师和教学资源，成立体育教研组，实现专业化的体育教学。专业的教学团队可以为学生提供更为优质的体育教学服务，提高学生的体育素质和综合能力。教师之间的交流、培训和合作，如集体备课，集体教研，统一思想，统一认识，充分发挥集体的力量和智慧，让学校体育教学工作稳中有进，提高了教师的专业素养和教学能力。先后有多名教师在海淀区世纪杯评比中获得特等奖和一等奖。组内教师提交几十篇论文分别获得国家级、市级、区级一等奖。组内多个市级、区级课题研究已发挥作用，促进了教师教学观念的根本转变，造就了一支高素质教师队伍。

图 2-60　体育教师在教研活动中

3. 交流互动

集团化办学可以充分组织学生参与体育赛事、集训等活动，增强学生的交流互动和合作意识。同时，还可以邀请其他学校或者地区的学生参加活动，促进体育文化交流和体育资源共享，激发学生的运动兴趣和参与热情，让学生感受体育运动的魅力，领悟体育运动的意义。例如，多个校区联合组织体育比赛、集训等活动，提高了学生的竞技水平和体育素质，同时还可以为区域各项体育竞技成绩的提高做出贡献。

4. 多元化发展

集团化办学可以将体育教育和其他学科进行融合，实现多元化的综合素质教育。例如，学校通过“我与植物共生长”课程，将体育与语文、数学、英语、艺术、科学等学科进行跨学科融合，培养学生的综合素质，促进学生的全面发展。

【教育案例】

运用AI智能应用软件促进学生锻炼习惯养成

王花燕

不论是《义务教育体育与健康课程标准（2022年版）》的颁布，还是新中考体育改革，最终的目的是督促学生养成坚持体育锻炼的好习惯，从而促进他们的身心健康发展。体育家庭作业是督促少年儿童养成体育锻炼习惯的重要环节之一，是学生在课后完成的学习活动，是学校课程的重要部分，也是学校体育教育的延伸。同时在促进亲子关系、学生知识掌握、锻炼习惯养成、教学效率提升方面均有重要作用。但如果我们仍旧采用传统的“口头式”或纸质作业单打卡来布置体育家庭作业，难免会增加学生的厌烦情绪和枯燥感，导致学生被动练习或敷衍完成作业，最终教师难以检查学生真正的练习情况。甚至有的学生根本没做，但最后为了交作业而“口头”接龙作业已完成或填满了纸质作业单，这种情况屡屡发生，体育教师感到很烦恼，成为一个教学难点。我们需要一种既可以布置作业，也可以看到学生锻炼情况，还可以批改作业的工具或软件协助我们，从而促进学生养成坚持体育锻炼的习惯。

一次假期结束返校后，我收到了所任教的4个班级学生的体育家庭作业打卡单，一眼看上去，每一张单子上都整整齐齐地打着“亮眼”的红钩，显示了学生“认真的态度”和“努力的精神”。我重点关注了三年级（7）班“小淘气”东东的仰卧起坐和跳绳作业打卡单，单子上每一栏都被满满的红钩所覆盖，我想这次开学测试东东的仰卧起坐和跳绳成绩一定会很不错的。但实际测试时，我傻眼了！“小淘气”东东的仰卧起坐和跳绳成绩分别为 7 个和 65 个。我顿时火冒三丈地质问他，他委屈巴巴地告诉我，感觉做体育作业没意思，另外因为假期外出游玩，他把体育作业的事也给忘了，所以开学前一天，他让父母打印出单子，“加班”画了作业单。我听完后很生气，但在冷静之后，检查了另外几个班级的作业完成情况，竟然发现每个班都有十多个学生是这样完成作业的，我顿时陷入了深深的懊恼当中，我应该怎么做才能让学生喜欢做体育作业并保证作业的质量呢？

正当我愁眉不展时，一次偶然的机会我接触了一款健身软件，开始我自己先实践，发现很有意思，只要用手机打开软件，然后把手机立于墙角就能录入我锻炼的情况，做得不标准的动作无法计入其中，练习结束后能很快计算出数量，同时还能对练习的项目进行评价，给出相应的评价等级。我灵机一动，如果将它介绍给学生用，是不是效果会比较不错呢？

于是，我马上开始进行小范围的实践，和几个体育成绩不理想的学生的家长一一打电话沟通，介绍该软件的使用方法。然后我通过软件发布作业，家长接收，学生借助父母的手机进行锻炼，锻炼的视频还可以及时上传到软件里。我可以从软件里清楚地看到学生的锻炼项目和情况，还及时反馈了学生完成作业的情况和规范等级。我还参考软件的反馈给学生的作业附上鼓励的语言或指出相应的问题。此刻，我特别开心，终于找到了一款合适的工具，于是我迫切地想要引入这款 AI 智能应用软件，进一步探索高效体育课后作业。

在小范围的实践中，我更进一步地了解到，这款软件实际上是“AI 智能 + 体育”，即人工智能与体育相融合所架构的网络平台，它可以通过电子设备视觉捕捉、跟踪、测量，利用 AI 技术在运动过程中实现对动作的自动识别，并对锻炼数据进行捕捉、整合、分析、评价，能够快速、准确地评估锻炼的次数、频率以及热量的消耗等，还能绘制出相应的速率图。这些功能让我们的作业变得更加智能化和信息化，使我们的体育锻炼变得更科学、方便、精准、高效。

另外，我还发现这款软件是一个智能综合体育运动平台，其功能并不局限于跳绳，还有体能、跑步、趣运动、AI 健身、合舞团、AI 拳击、广播操、球类、竞技训练等。在体能专项中可以进行热身拉伸、体能康复及各种训练动作等。在趣运动项目中，可以进行“切水果”、剑术之路、疯狂机器人、飞叉大冒险等运动。在 AI 健身项目中，可以进行蹦跳律动燃脂 HIIT（高强度间歇训练）、趣味运动、跑跳大冒险、高强度有氧训练等运动。这款软件丰富多彩、形式多样，很容易引起学生的练习兴趣，同时还可以参加各种小组、班级、年级、全校甚至全国的挑战赛，只需用手指轻轻触动按键，操作极其简单。

在实践过程中，我的想法得到了学生和家长的高度认可。家长认为这款应用软件内容丰富多彩、形式多样，学生的练习兴趣高涨，日常除了完成体育家庭作业，还要加练一些别的趣味项目；学生也很期待我布置的有趣的作业，平时在学校看到我，就主动询问当天要布置什么内容，还会建议我多布置一些，甚至想让我发起全班甚至全年级的跳绳比赛等。我从中受到很大启发，开始思考如何设计分层作业。

在一次组内研讨学习《义务教育体育与健康课程标准（2022 年版）》时，我茅塞顿开，发现这个问题正是新课标对我们的要求！于是，在实施前，我对全体学生的身体健康状况进行了调查和评估，通过精准分析学情，做到心中有数，同时依据学情，开具了不同的“运动处方”，根据需要设置了必选项目与自选项目，让学生根据自身实际情况，选择适合自己的最佳运动方案。

为了培养学生的独立自主能力，我设置了独立型的必选和自选项目。如设计 200 个跳绳为 1 组共 2 组，1 分钟仰卧起坐为 1 组共 3 组等为必选项；观看乒乓球比赛，说出比赛中 2~3 种乒乓球技术动作，并说出技术动作的运用时机和方法为自选项。

为了培养学生的合作探究能力，我还设置了合作必选和自选项目。如合作创编双人操，观看大型比赛，合作探讨比赛中运用的技术和战术等为必选项；

利用节假日与家长一起爬山或远足等为自选项。

我对运动项目难度、强度等设置了几个不同级别的要求，因材施教，让不同水平的学生按照自身条件选择合适的级别，确保每一名学生都能通过体育家庭作业的练习提高自身身体素质。例如仰卧起坐项目，我分别在组数和数量上进行了调整，不再是一刀切的模式，设置了 2 组或 3 组的选择，数量有 20 个、30 个、50 个的不同要求，让学生依据自身情况自主选择。另外，在项目上也做了调整，既关注到了上下肢的协调与平衡问题，也关注到了不同学生的不同需求问题。例如关于快速跑项目中的高抬腿、小步跑、后蹬跑等项目，让不同需要的学生自主选择，频率慢的学生选择小步跑项目，跑步时手前摆不积极的学生选择高抬腿跑，后蹬无力的学生选择后蹬跑项目，这样既做到了关注全体学生，又做到了因材施教。

另外，我遵循循序渐进和趣味性的原则，由易到难、由简到繁、有计划、有步骤地安排相关训练内容，例如，新升入三年级的学生，增加了仰卧起坐项目，最初布置内容时，先选择卷腹练习、反向卷腹练习等，增加学生的腹肌力量后，再布置仰卧起坐完整练习，先进行 30 秒的，再进行 1 分钟的，循序渐进，让学生在不知不觉中掌握动作技能，同时也调动了学生练习的积极性。

我布置作业的内容是根据软件里的内容进行轮流、循环布置的，但经过一段时间以后，会出现给学生布置的作业和当前学校教学内容不同步的现象。于是我开始思考和调整体育家庭作业的内容，结合新课标，总结出以下几点：体育家庭作业内容要与体育课堂教学相关联，真正做到体育家庭作业是体育课堂教学内容的延伸，围绕体育教学内容，配合单元教学有意识地设计体育家庭作业，帮助学生掌握教学内容，促进体育课堂教学的高效开展；体育家庭作业内容要与体育测试达标相关联，体育锻炼最根本的目的是提高学生的身体素质，以《国家学生体质健康标准》为设计依据，科学地设置各年级学生体育家庭作业的共性标准；体育家庭作业内容要与体育常识相关联，体育学科核心素养中提出了三点要求，其中两点分别为健康行为和体育品德，旨在提高学生的体育文化素养，布置一定的体育常识积累型作业，促进学生体育素养的全方面发展；

体育家庭作业内容要与学校体育活动相关联，学校开展各类体育活动，鼓励学生在活动中展现自我，培养学生的自信心，学生通过体育家庭作业可提高运动技能。

在实践的过程中，我不断摸索、改进家庭作业的布置方式，通过前期、中期对学生体能和技术掌握情况的分析和诊断，把学生水平分为三个层次。对体能较好、技术掌握快且全面的学生，进行了拔高的促进和训练；对于中等体质水平的学生，采用了持之以恒、稳步推进的办法；对体能较弱的学生采用了兴趣激发、逐渐增加难度的办法，让不同层次水平的学生都有针对性的训练。另外在训练的过程中，为了提高学生的参与积极性，我采用了精神激励和奖品激励的办法，效果不错。

图 2-61　学生跳绳达人“挑战赛”获奖照片（组图）

使用软件前，教师要先与各位家长沟通。教师建立班级群，生成二维码，让学生家长通过扫描二维码进入软件安装界面并进行安装，之后，教师就可以通过软件发布作业，家长接收相关信息后，学生在家长的帮助下，借助家长的手机进行锻炼。学生锻炼的视频可以及时通过手机识别到软件里，教师可以从软件里清楚地看到学生的锻炼项目和锻炼情况的数值，还可以批改作业，给学生完成的作业打不同等级，同时还可以附上鼓励的语言或指出相应的问题，教师再把相关情况反馈给家长，这样也加强了家校的沟通，形成良好的家校沟通桥梁。

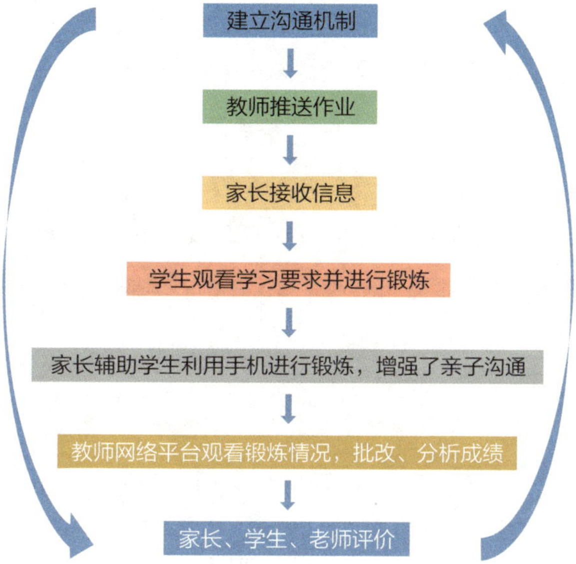

图 2–62　作业的布置流程

打开软件，首先映入眼帘的是“首页”“计划”“好友”及“我的”。可以在“首页”里看到各种练习的项目和内容；在“计划”里制订自己的锻炼计划，比如每周、每天的运动计划；可以在“好友”里邀请本班的同学，也可以创建自己的小队等，形式多样；在“我的”界面里，教师可以从“我的体智云”进入本校的平台，布置作业、检查作业、发布校内比赛、进行体质测试等，具有方便、高效、范围广等优点，可以快速地查看学生的作业完成率，还可以观察作业报告等。

为更好地了解和分析体育家庭作业的实际完成率，我导出 3 周的锻炼数据进行统计分析。我对任教的 4 个班级 160 人布置作业共计 50 次，平均完成率为 79.65%，周平均作业完成率为 80.02%。完成率的稳步提升主要得益于家校的共同监管和 AI 智能应用软件，通过设置趣味多样的场景模式激发学生积极参与锻炼，它内容丰富、形式多样，有效提高学生的练习积极性和兴趣。通过后台数据分析得知，学生每日及每周的作业人均练习时长分别为 25 分钟、35 分钟，每周人均运动时长基本维持在 100~140 分钟。

此外，该软件可以快速准确地评估出学生的心率、强度、有效运动时间、卡路里的消耗等精准数据，让学生的运动和体育“第二课堂”变得更加智能化和信息化，更加科学和高效。有时我还未布置下周的作业，学生就会提前询问我下周作业的布置情况。学生完成作业的态度，由以前的被动做作业，变成了现在主动要作业，极大地提高了学生的练习积极性和体能素质。为了检验 AI 智能应用软件布置体育家庭作业的效果，我采用了实验的方法进行了研究，具体效果如表 2–24 所示。

表 2–24　实验班和对照班学生实验前后身体素质情况分析对比表

项目	具体信息				
	班级	实验阶段	$\overline{X}\pm S$	T	P（双侧）
50 米快速跑（秒）	实验班	实验前	9.86 ± 0.94	4.870	0.000 **
		实验后	9.43 ± 0.76		
	对照班	实验前	9.74 ± 0.72	1.806	0.081
		实验后	9.66 ± 0.77		
1 分钟仰卧起坐（个）	实验班	实验前	31.43 ± 7.72	−11.846	0.000 **
		实验后	38.13 ± 7.03		
	对照班	实验前	31.10 ± 6.32	−2.066	0.048 *
		实验后	32.20 ± 5.29		
1 分钟跳绳（个）	实验班	实验前	149.33 ± 23.46	−9.812	0.000 **
		实验后	162.17 ± 19.00		
	对照班	实验前	156.20 ± 23.72	−2.277	0.030 *
		实验后	159.17 ± 18.03		

注：显著性差异 $P < 0.01$，无显著性差异 $P > 0.05$，* 表示 $P < 0.05$，* * 表示 $P < 0.01$。

由表 2-24 可以观察到，经过 10 周，将实验班和对照班的 50 米快速跑、1 分钟仰卧起坐、1 分钟跳绳 3 个项目实验前后成绩进行 T 检验，结果显示，实验班 3 个项目成绩实验前后 P 值均小于 0.01（$P < 0.01$），说明差异具有高度显著性；对照班 1 分钟仰卧起坐和 1 分钟跳绳成绩实验前后 P 值均小于 0.05（$P < 0.05$），说明差异具有显著性；对照班 50 米快速跑成绩实验前后 P 值大于 0.05（$P > 0.05$），说明差异不具有显著性。由以上分析可知，利用软件布置体育家庭作业的实验班，学生的 50 米快速跑、1 分钟仰卧起坐、1 分钟跳绳成绩均有明显提高，效果非常显著；而通过“口头”布置家庭作业的对照班，学生的 1 分钟仰卧起坐和 1 分钟跳绳成绩虽然也有提高，但提高幅度不如实验班明显，甚至 50 米快速跑成绩差异不具有显著性，说明通过“口头”布置家庭作业对学生 50 米快速跑成绩的提升效果不明显。

另外，这样的练习频率和练习状态，也培养了学生每天坚持锻炼的好习惯，强化了学生的意志品质，提升了学生的能力，这正符合新课标当中关于运动能力、健康行为和体育品德的渗透要求，同时也弥补了校内体育课堂教学的不足，加强了亲子间和家校间的沟通，构建了学生的健康生活方式，为少年儿童养成终身锻炼的好习惯奠定了基础。

二、科技育人，为生长插上科技之翼

务农重本，国之大纲。农为邦本，本固邦宁。习近平总书记多次对农业的重要性和农业科技在现代国际竞争中的重要地位做出指示。他时刻牵挂着创新人才特别是青少年群体的培养，他指出，好奇心是人的天性，对科学兴趣的引导和培养要从娃娃抓起，使他们更多了解科学知识，掌握科学方法，培养一大批具有科学家潜质的青少年群体。作为一所带有农业基因的九年义务教育学校，把习近平总书记的指示落实在学校教育中，以农业为特色，开展学校的科技教育，实现立德树人的根本任务，从而培养出有理想、有本领、有担当的时代新人，是学校教育的主要任务。

（一）以办学理念构建学校科技教育顶层设计

在生长教育办学理念的指引下，学校以科技、体育、艺术教育为切入点，满足不同学生的发展需求，形成了以“立足课堂、整体推进、全面发展”为目标的科技教育格局。

以生长教育为核心，以农业课程为支撑，涵盖气象、海洋、现代信息技术等各类热点科技内容，打造校园“小小新农人，未来栋梁材”的科技教育主题。

（二）以规范管理保障学校科技教育有序开展

学校高度重视科技教育，由校长牵头，成立了科技教育工作领导小组，对学校科技教育工作进行规划、管理与评估。学校制订《五年科技教育发展方案和工作规划》，目标定位为深化科技教育内涵，凸显科技教育特色，打造可持续发展的科技教育生态体系，争取承办金鹏科技团。学校建立与完善包括评价奖励制度等在内的科技教育工作制度体系，促进了科技教育工作的通畅运行。

（三）以优质资源助力学校科技教育健康发展

学校把建立学习型教师队伍作为战略任务，结合校情和教师个体差异，坚持分层指导的方针，对市、区、校级骨干教师提出“三个一”的要求，对 35 岁以下青年教师提出“六个一”的要求。学校现有专职科技教师 16 人，其中有博士学位教师 1 人，硕士学位教师 2 人，北京市特级教师 1 人，海淀区学科带头人、骨干教师 3 人。在管理过程中，学校尊重科技教师专业发展，注重发挥教师的专业优势。科技教师团队主持或参加区级以上教育科研课题 7 项，以课题为先导，运用科研手段解决教研问题。科技教师撰写的论文多次在市级、区级论文评选中获奖，部分研究成果已经出版或刊登在期刊上，以研促教保障了科技教育的有效实施。

学校的兼职科技教师实行聘任制，聘任对象为课外培训机构专业教师及中国农业科学院、中国气象局、北京海洋馆等单位的相关专家。学校依托中国农业科学院，结合专家研究领域、学校发展规划等因素，重点发展生命科学研究相关科技领域社团，深入探索农业科学课题。

学校与周边科研单位建立密切联系，定期开展科技活动。学生可以在气象专家的指导下进行气象观测；在农业种植专家的讲解下进行植物生长观察与研究；在海洋馆里做海洋生物小小讲解员。这些活动不但开阔了学生的视野，还提高了学生学习科技的兴趣。

学校科技教育经费得到足额保障，每年投入足够的经费用来改善硬件条件。结合每个校区的优势特点，在教室紧缺的情况下设立10间科技教室，配备了科学仪器，面向全体师生开放还在气象路校区建立了气象站，为科技教育提供了良好的教学环境，打下了坚实的基础。

科技教育经费还用于开展各项科技教育活动、培训、考察、添置基础实验耗材、外聘专家、购买科技社团专用设备等。学校还逐步投入专项资金，进一步为学生个性化发展服务。

校园覆盖了5G通信网络，并支付知网的使用费用，相关文献的检索、查阅、搜集更加便捷，科技教育资源更加丰富，科技教育活动得以不断深化和提升。

（四）以特色课程夯实学校科技教育创新实践

学校构建生长课程体系包括基础型课程、拓展型课程和实践创新型课程，科技教育相关课程是其重要的组成部分，保证了科技教育实施途径的多样性。基础型课程中，科技学科在课堂教学中以探究式教学模式推进，特别是在“双减”背景下，更需要教师结合学生的实际需求整合教学内容提升课堂教学质量，课后布置具有弹性、层次性的作业“双减”政策的出台也为学校明确了对学生拓展知识领域、促进个性化与全面协同发展的重要意义。学校的科技教育不仅在科学、信息课堂实施，更应该普及化发展，渗透、融合其他学科和科技，借助各学科中的科技素材，普及科技教育，特别是以农业为主题的科技教育。

拓展型课程是一种满足学生不同需求，具有一定开放性、选择性的课程，分为必修和选修两类。其中，指向学生未来成长素养需要的课程为必修课程，促进学生个性发展的课程为选修课程。基于科学、信息技术和学校农业特色，开发了“小小新农人”必修课程，从学习农业的基本技法和管理开始，感受随着农业技术的发展，人们已经可以利用不受自然条件限制且能够实现植物高产的农业新技术解决土地资源紧缺带来的问题，希望学生能够认识农业中的科学理论，提升科技思维。选修课程中包括科技类社团课程，学校现有社团 14 个，按照学段招收学员，形成梯队，有组织、有计划地开展社团活动以及科技竞赛。

每年 10 月至 12 月面向全体学生举办不同主题科技节作为实践创新型课程，在全校范围内营造浓厚的学科学、爱科学、用科学的氛围，达到弘扬科学精神、普及科学知识的目的。培养学生科技实践能力和创新精神，提高学生的核心素养。除科技节以外，还有科普报告、科普场馆的参观互动、科技体验等活动，还有以班级为单位的科技班会等活动，在校园中营造热爱科学、应用科学的良好氛围。

学校还利用《御制耕织图》为学生提供生动有趣、丰富多彩的内容和信息，开发了“古籍劳动”课程，利用学生的生活经验和社会文化资源，设计体验性、探究性、反思性的学习环节，使学生的学习更有趣，同时拓宽他们的视野、提升整体素质。“古籍劳动”课程包括桑蚕生产从浴蚕到剪帛，粮食生产从浸种到入仓的具体操作过程，通过学习古代耕和织的技术，了解现代耕和织的技术。“古籍劳动课程”以农业为主题，让学生充分感受科学技术进步对农业发展的推动作用，让学生在实践中感受成长的力量、生命的律动。

（五）以学生实际获得奠基科学精神

在开设科技教育相关课程，提高科技教育普及程度的基础上，学校积极组织学生参加各级各类科技竞赛活动，学生在市级及以上科技竞赛中取得了不错的成绩。学生通过学校的科技教育，不但能够获奖，还找到了自己的兴趣和志向，培养了科学精神。

（六）以辐射示范实现共享共建

学校与贵州省毕节市赫章县兴发乡中心小学等多所学校开展手拉手共建学校活动，在资源、设备、师资方面进行共享，相互扶持，共同进步。

学校与三沙卫视联合进行了世界海洋日暨全国海洋宣传日特别报道，与青少年海洋教育联盟、网易旅游频道、金台资讯等媒体一起为国家海洋事业发声，与中国气象学会官网、万云气象共同助力国家气象事业发展。

在开展科技教育过程中，学校将不断探索，使科技教育渗透到学校教育的各个领域，让学生健康地成长。

三、以美育人，让美渗透到每个生命的生长之中

如何切实有效地落实立德树人根本任务，提升每一个学生的思想水平、政治觉悟、道德品质，是每一名教育工作者应该深入思考的议题。而学校美育是实现立德树人根本任务的重要载体，在弘扬社会主义核心价值观，强化中华优秀传统文化等方面起着重要作用。

学校地处元、明、清古都的风景郊区，庙宇较多，民间还有很多非遗传统手工艺。此地人杰地灵，分布着一大批国家、部属科研单位和知名学府。近几年，学校充分挖掘辖区内的科技、文化优势，充分展示学校美育工作以美育人、以美化人、以美培元的功能，创新学校美育工作，满足学生多元化审美需求，最终实现学校美育工作水平和育人质量的提高。

【教育案例】

因材施教，用爱呵护

苑晓艳

阳阳是一个性格内向的男孩，自我担任他们班级的美术老师以来，他几乎没有和我说过一句话。如果不是他的作业比较独特，我都差点忽视了他的存在。

他的作业为什么独特呢？我在美术课给学生布置了创作一幅关于设计的绘画作品作业，但连续两次作业阳阳都交了白纸，我仔细观察后发现，这并不是没有痕迹的白纸，白纸上都有反复擦过的痕迹，这让我对阳阳更加好奇。他每次上课时虽然美术用具带得都很齐全，但就是不创作。而且他上课时很遵守纪律，从来不会影响课堂。那么，他上课到底在干什么？带着这份疑惑和好奇，同时也本着提高阳阳的美术水平的目的，我下课后和阳阳在楼道里交流，想了解背后的原因。阳阳戴着口罩，声音很小，我问一句他回一句，基本都听不清他的声音，后来再问他，他就不说话了，似乎是发现有同学围着他，担心其他

同学认为我在批评他，再加上当时环境也比较嘈杂，我意识到我的交流方式可能不太妥当，所以就让他回了教室。

第二次交流是在课堂中，大家都在创作的时候，我走到他的座位边上，弯下腰看他画画，发现他一直画，一直擦，我意识到他是对自己的画没信心，不敢画。当他再次下笔时，我拍了他一下，说这个线条画得非常流畅，别擦，这个线条造型很准确，正好符合椅子的外轮廓。他惊讶地看着我，我顺势给他圈了一下，让他明白这条线在设计椅子作品中很关键，此刻他很开心，这时我发现他似乎开始认可自己画的作品了。终于这条线没被擦掉，阳阳接着画了。接下来，他每画一笔，我就称赞一次，就这样在鼓励中他完成了自己的第一幅作品。在接下来的作业批改中，我给了他一个优星的成绩，其他学生收到优星都很开心，只有他拿着作业来办公室找我，问我为什么给他优星，他画得并不像。我和他解释道，绘画不像数学题，数学追求的是准确无误，而美术追求的是创意，不一定画得像就能得优星，每个同学的作品都有自己的风格，老师希望你能勇敢去画，而不是不敢下笔，只要你敢于画，并且认真完成作品你就是最棒的！

接下来，他每次的作业我都会给相应的鼓励。并且，一次偶然的机会，我发现他喜欢画自己班里的同学，而且对于色彩很敏感。于是我又去和他交流，并和他约定，如果真的喜欢画人像可以改变课后作业的形式，每节课后提交一幅班里的同学人像即可。

连续画了几节课，我发现阳阳对自己的画有了很大的自信，性格也发生了变化，之前他不善于表达，现在只要提起他给同学画的画像就有说不完的话。就这样经历了一个学期，我的办公桌上也积累了很多他创作的人物作品，在学期末的时候我进行了作业展示，把他画的所有的班级人物画像展示在班里，于是，他获得了同学们送他的一个荣誉称号“小小艺术家”。

通过对阳阳的美术教育，我看到了阳阳取得的进步，这让我也收获了很多。所有教育经验或技巧，如果离开了对学生成长的真切关注，就毫无价值。教师需要有教育教学的智慧，那样才能给学生带来更恰当的教育。

（一）组织保障是加强和改进学校美育工作的基础

习近平总书记在全国教育大会上强调，要全面加强和改进学校美育，坚持以美育人、以文化人，提高学生审美和人文素养。据此，学校提出了“牢记立德树人根本任务，构建面向人人的学校美育”工作目标。

学校不断完善美育工作的组织领导和工作制度，开展适合学生年龄特点的各项美育活动，为学生搭建展示艺术才能的舞台，最终实现让农科院附小的每一名学生都具有良好的审美情趣和人文素养，让每一名学生都能全面发展、健康成长。学校重视美育工作的经费投入，对上级下拨的美育经费做到专款专用，还投入大量资金用于改善硬件条件，提升软实力。学校结合每个校区的优势特点，在教室紧张的情况下精心安排了 14 间艺术教室，充分保障艺术课程开齐、开足。

学校现有艺术教师 33 人，其中，高级教师 3 人，区学科带头人 1 人，区学科骨干 8 人。学校组建了学习研究共同体，师徒结对，共同提升；支持艺术教师参加国家、市、区各级课程培训，积极开展校本教研；鼓励艺术教师承担各级艺术教育科研项目，参加学术会议和专业比赛，国内外专题考察。目前学校音乐教师中有 7 人获得中国奥尔夫协会颁发的奥尔夫教师资格一级证书。学校还聘请了来自专业艺术团的退休专家和艺术高校教师组成了近 30 名的专家指导团队。通过专家引领、校内外一体化，促进了学生艺术素养的高质量提升。

（二）课程创新是加强和改进学校美育工作的核心

1. 国家艺术课程开齐、开足，探索学科融合

学校严格落实义务教育课程设置实施方案，认真执行开设艺术课程的课时要求。低年级艺术课时占总课时的 20%，中高年级的艺术课时占总课时的 13%。自 2015 年《北京市实施教育部〈义务教育课程设置实施方案〉的课程计划（修订）》出台后，学校艺术教师还积极研发并实施学科内整合及跨学科融合的艺术系列课程。

2. 艺术校本课程丰富多彩，提升审美素养

低年级开设舞蹈、形体课程。学校在一、二年级开设形体课、素质舞蹈课、

舞蹈欣赏课。通过引导学生欣赏古今中外杰出的舞蹈作品，采取动之以情、晓之以理的教学方式，学生在体验形体美的同时，领悟真善美的内涵。

中年级开设音乐戏剧课程。学校在中年级的音乐课中尝试开设音乐戏剧课程。学生通过编写剧本、制作道具、创作音乐等提高了创新及实践能力，通过小组合作、集体创作、课下排练等感受到团结协作的力量。

图 2-63　中年级开设音乐戏剧课程

全校开设书法课程。书法是中华民族的文化瑰宝，是人类文明的宝贵财富。书法教育对培养学生的书写能力、审美能力和文化品质具有重要作用。为推进书法教育、传承中华优秀传统文化，学校在全校开设书法课程，每班每周 1 个课时。低年级为硬笔书法，中高年级为软笔书法。现有专职书法教师 4 人，兼职教师 8 人。学校有书法专业教室 4 间，还为书法教师配备了专业教材、视频光盘，同时借助周边大学书法专业的教授为教师定期开展培训，逐步提升教师的书法专业素养。

全校开展主题艺术创作课程。学校美术组教师在让学生感受和表现四季之美的实践活动中设计了三个自主模块，并以四季划分了四个创作模块——“春华”“夏风”“秋韵”“冬雪”。

自主模块一——“功”在课前。学生已经在自己的生活中经历了近十个春夏秋冬，随着年龄的增长，他们对季节的认知也会有所改变。教师在课前布置收集任务，让学生以个人或小组的形式，通过回忆、拍照、访谈、记录等多种形式归纳对季节的记忆与认知。

自主模块二——“引”在课堂。学生通过几年的美术学习，接触了一些美术创作的媒材，学会了一些创作表现的形式，也积累了一些美术创作的方法。教师将成为学生创作表现的参与者和建议者，根据学生的想法推荐并指导其创作，让学生成为创作的主人。

自主模块三——“展”在课外。学生经过自己的收集整理，加之与同伴交流后有所启发并不断调整方案，在教师给予方法的指导后在课堂及课外实现自己的创作，同时也会因为这个主题获得更多课堂以外的知识和技能。

活动关注学生学习认知的过程，可以说是“功”在课前、“引”在课堂、“展”在课外，使学生的季节知识储备呈现阶梯式增长。

3. 艺术教学扎实有效，提高课堂质量

学校特别重视对艺术教师专业素质的提升，支持艺术教师参加区级以上教研活动及专业培训。除区级的青年及骨干教师的“世纪杯”比赛、学区艺术学科的研究课以外，学校还为教师搭建平台，例如到贫困地区帮扶学校进行送课交流，参与全国各兄弟学校之间的教学展示活动，参与市、区空中课堂的录课工作。在这些活动中，教师不断磨砺成长，有效提升教学水平和质量。有多名教师在市区课堂教学比赛中获奖，多名教师撰写的论文在全国、市区层面获奖，并在期刊上发表。

4. 艺术实践活动校内外结合，陶冶高尚情操

学校实施美育提升行动，广泛开展校园艺术实践活动，帮助每名学生学会1至2项艺术技能，会唱主旋律歌曲。合唱是学校美育的重要活动内容，每年5月学校都会举办校园音乐节，2019年的主题是“颂祖国　展风采”学生通过合唱、个人演唱的方式抒发爱国之情、砥砺强国之志、实践报国之行。当时，学校120个班级共5000名学生在5个校区进行为期3天、7个场次的合唱比赛，共同唱响爱党、爱国、爱社会主义的时代主旋律。2019年10月19日，学校举办了首届学生艺术节个人项目展演活动，报名人数约1200人，占三至六年级总人数的41%。学生分别参与了民乐、西乐、舞蹈、声乐、绘画、书法等13项展演，其中724人分别获得一、二、三等奖。同年11月学校组织学生参加区级艺术节个人项目展演活动，有456人获奖。截至2023年，学校有艺术社团33个，其中管乐团、弦乐团、行进管乐团、旗舞队共6个；戏剧社团4个；大、中、小男生童声合唱团共8个；大、中、小男生舞蹈社团共4个；美术书画社团8个；非遗类社团2个；非洲鼓社团1个。其中最有特色的是学校的男生童声合唱团和男生舞蹈团，曾在相关比赛中获得过北京市一、二等奖，受到学生和家长的好评。

5. 校园文化建设有特色，营造美育氛围

学校充分利用教学楼的门厅、走廊、楼梯等有限的空间，进行主题展示。靓丽的形象，精彩的片段，不仅是对学生的一种鼓励，更让学生在良好的美育环境和氛围中受到熏陶和感染。学校利用新媒体平台宣传学校艺术教育成果，微信公众号有超过10万人关注，为学校的艺术教育营造了良好的舆论宣传氛围。学校线上教育平台推出学生才艺表演，学生纷纷在网上进行才艺展示，受到了学生、家长和社会的广泛关注和肯定。

（三）特色项目是加强和改进学校的美育品牌

学校金帆管乐团成员共600多人，分为小、中、大班。每年9月，管乐团在三年级招收新生；以四年级学生为主的中班作为预备队，进行乐曲的初级排练；以五、六年级学生为主的大班承担着比赛和表演任务。大班团员的基本功训练更为严格，排练的作品水平更高，能够熟练演奏中外名曲。管乐团每年通过升班测试，让优秀的学生进入更高水平的梯队学习训练。为了更好地培养学生的团队精神和合作意识，学校在室内管乐训练的基础上又增加了行进管乐训练，也就是要求学生既能在室内进行演奏，同时也可以在室外进行行进表演，这对学生是个不小的挑战。在多年的实践中，除提升学生的演奏技能以外，学校还注重学生能力的培养，把每一次的训练、演出和比赛都看作是对学生教育的最佳时机。金帆管乐团的学生能做到：会自理，管理好个人的乐器和随身物品并有序摆放；能自律，公共场合不大声喧哗，参加集体活动遵守规矩，乘车注意安全等；要自强，主人翁意识要强，在外出比赛或参与活动的时候，与外校同学友好相处；有自信，出国参加演出比赛，要有自信，以我是中国人而自豪。经过多年的培养，乐团中涌现出了很多优秀的毕业生，他们在中学、大学，乃至进入社会工作岗位后既是文艺骨干也是工作中的骨干。

学校还组建了行进管乐团、弦乐团，它们不仅依托于金帆管乐团，而且是对金帆管乐团的有益补充。把金帆管乐团的精神打造成校园文化，让学生在了解、演奏国内外名曲的过程中，受到美的熏陶与教育，让更多的学生走进音乐的世界、艺术的殿堂。

学校通过艺术课程、课堂教学、实践活动、环境熏陶、特色项目、家校联系、互联网传播等具体措施，加强和改进学校美育工作，取得一定的成效。学校实现了让每一个学生掌握一项及以上艺术技能的目标；让每一个学生的艺术才能在不同层面的艺术舞台上得以展示；让每一个有艺术特长的学生通过一流的艺术社团，更好地实现德智体美劳全面发展。

四、以劳育人，在劳动中积蓄生长的力量

为进一步提升学生劳动综合素养，积极落实“双减”政策，学校将劳动教育作为“五育”融合的突破口，实现学校—家庭—社会协同育人，激发学生对劳动的兴趣，培养学生的劳动习惯，提升学生的劳动能力。

（一）学科融合，打造劳动教育新课堂

学校探索劳动教育与其他学科课程融合的可能性，在梳理和分析学科核心内容和教学方式过程中，找到可行的切入点，构建新时代劳动教育课程体系，建立符合各自特点的劳动教育清单，把教育目标和劳动内容有机衔接，通过课内、课外联动学习模式，引领学生学习劳动知识，进行劳动实践体验，培养劳动素养。例如语文课上，学生学习课文《落花生》；课下，学生种花生，感受花生的品质“不像桃子、石榴、苹果那样把鲜红嫩绿的果实高高地挂在枝上”；花生收获后，学生在教师的指导下将花生加工成花生酱、花生酥、花生油等食品，再次体验了劳动的快乐，并充分展示自己的才艺。比如数学课的“种植问题”，

教师将“行距”与“株距”两个数学概念由浅入深地植入学生的心田，激发他们的探究欲望，让学生感受数学学习与劳动密不可分。比如科学课上，学生认养蚕宝宝，学习种大蒜、发豆芽，通过科学小实验、写观察记录等方式，分享劳动感悟，体会生命的神奇力量。

（二）搭建平台，拓展劳动实践新载体

学校注重学生劳动的实践性，拓展校内劳动基地。在班级内，学生主动报名认领“班级小家务”，承担班级卫生、分餐、图书借阅、绿植养护等劳动岗位工作，并在班级范围内进行定期总结和汇报。通过劳动的时间、效率、成果等可取得相应的劳动积分，作为个人评优申报的必备条件之一。

图 2-64　学生参与校园清洁日活动

学校还设立了“红领巾公益志愿岗”，学生自愿报名参与。报名学生通过岗前培训，如学习“校级值周生”“文明志愿者”“小小领操员”“垃圾分类护桶志愿者”等劳动岗位的要求、职责和工作流程，经过学校考核合格后，方可佩戴统一的袖标，正式上岗，做出示范引领。红领巾公益志愿者的身影活跃在校园中，成为学校一道亮丽的风景线。

图 2-65　红领巾公益志愿者在行动

（三）开发课程，形成渐进式内容体系

学校在充分调研的基础上，根据学生身心发展的特点，结合新时代劳动教育的实践要求和培养目标，构建了“生长式劳动教育”内容体系，开发了包含农作物种植、孝心银行等内容的校园劳动实践、创造美好生活等课程群。每个年级都有适合各自年龄特点的课程清单：一年级，认识劳动工具与使用方法；二年级，主动承担力所能及的劳动；三年级，在劳动中学会合作；四年级，珍惜劳动成果；五年级，注意劳动安全；六年级，热心公益劳动。学生通过沉浸式的劳动实践和体验，激发劳动兴趣，习得劳动知识，提升劳动能力，锻炼意志品质，认识到“劳动光荣”，培养良好的劳动习惯。

图 2-66　“大手拉小手　劳动共生长”活动

除此之外，学校还开设跨年级的“大手拉小手 劳动共生长”劳动课程。高年级学生指导低、中年级学生进行植物种植、分餐、卫生扫除、物品归纳和整理等劳动学习和实践。高年级学生通过参与小组备课、示范讲解、实践体验、总结评价等全过程，提升劳动素养。低、中年级学生通过学长的引领和示范，从小树立劳动意识，提升劳动素养，使劳动教育精神得以传承和发扬。

（四）家校协同，夯实劳动育人新天地

家校协同，是劳动教育能否取得成功的关键之举。学校通过让学生参与洗衣、做饭、打扫卫生等家务劳动，抓住衣食住行等日常生活中的劳动实践机会，发挥家庭在劳动教育中的基础作用，鼓励学生把在学校学到的劳动技能进行巩固和实践，服务于家庭，增强学生的责任意识。

（五）多方合力，建构劳动育人的场域

社会即学校，生活即教育。劳动教育的有效实施自然离不开家庭、社会的配合。学校联合家长和社会共同参与劳动教育，邀请家长进入校园，走进课堂，开展亲子种植、亲子劳动；联合农科院社区、北下关街道办事处、农科院创新园、

图 2–67 “绿色啄木鸟”公益活动

农科院蔬菜所、花卉研究所等单位，挖掘学校周边院所和社会组织，鼓励学生积极参与“绿色啄木鸟”“闲置物品交易会”等公益活动，在服务他人、服务社会中弘扬劳动精神，教育引导学生崇尚劳动、尊重劳动。

（六）多元评价，发挥评价的导向作用

学校把以劳树德、以劳增智、以劳强体、以劳育美、以劳创新作为评价的价值标准，对劳动教育的评价目标、内容、方式等进行表现性评价、过程性评价、综合性评价，引导学生形成正确的劳动观念，全面提升劳动素养，让劳动教育在学校扎根。

1. 平时表现性评价

①在平时劳动教育实践活动中及时进行评价，以评价促进学生发展。

②覆盖各类型劳动教育活动，明确劳动实践类型、次数、时间等考核要求。

③关注学生在劳动教育活动中的实际表现，注重从行为表现中分析把握劳动观念形成情况。

④以自我评价为主，辅以教师、同伴、家长、服务对象等他评方式，指导学生反思改进。

⑤指导学生如实记录劳动教育活动情况，收集整理相关制品、作品等，选择有代表性的写实记录，纳入综合素质档案。

2. 学期末综合评价

学期结束时，依据学段目标和内容，结合学生平时表现，对劳动技能、劳动观念、劳动精神等劳动素养发展状况进行自我总结，申报班级、校级“劳动之星”。

【教学案例】

种子的力量

谭 丞

第一部分 主题教学设计

一、指导思想与理论依据

马克思指出，未来教育对所有已满一定年龄的儿童来说，就是生产劳动同智育、体育相结合，它不仅是提高社会生产的一种方法，更是造就全面发展的人的唯一方法。2014 年教育部印发《关于全面深化课程改革落实立德树人根本任务的意见》，指出要将“爱学习、爱劳动、爱祖国”教育要求融入相关学科日常教学活动中，培养学生学习兴趣、养成劳动习惯、坚定爱国信念，将个人成长成才与投身实现中华民族伟大复兴中国梦的实践紧密相连。2018 年习近平总书记在全国教育大会中指出，要在学生中弘扬劳动精神，教育引导学生崇尚劳动、尊重劳动，懂得劳动最光荣、劳动最崇高、劳动最伟大、劳动最美丽的道理，长大后能够辛勤劳动、诚实劳动、创造性劳动。这一重要论述，突出了劳动教育对于新时代立德树人的重要意义，是我们开展劳动教育工作的重要遵循。劳动本身就是创造美好生活的重要手段，是非常重要的日常实践。接受劳动教育的过程，也是创造美好生活、参与社会实践的过程，对于促进学生身心发展具有不可替代的作用。

课程标准对本主题内容也做出了具体要求。

1. 劳动课程：选择当地 1~2 种常见的蔬菜进行种植，或者根据区域相关规定，合法合规选择 1~2 种家禽进行饲养，体验蔬菜种植、家禽饲养的一般过程与方法。

2. 科学课程：植物通过多种方式进行繁殖。举例说出植物从生到死的生命过程；举例说出植物通常会经历由种子萌发成幼苗，再到开花、结出果实和种子的过程；描述有的植物通过产生种子繁殖后代，有的植物通过根、茎、叶等繁殖后代。

本主题试图帮助学生通过认识生命之源的种子，体验种子的选种、播种的过程；通过参观国家种质库了解种子与国家安全的关系，让学生在体验农业种植过程同时，还认识到生物物种可以通过繁殖产生新的生命，使物种得以延续。

二、主题学习背景分析

1. 内容分析

“种子的力量”主题劳动任务群课程围绕“人文、科技、生活”三个维度，通过科学的方法进行种子的选种，帮助学生认识生命之源的种子，并进行科学种植；帮助学生进一步丰富和完善对生命世界的认识，认识到植物与人类生活密切相关，通过参观国家种质库的活动了解种子与国家安全的关系。

2. 学情分析

四年级的学生经过三年多科学课和劳动课的学习，已具备一定种植和养护植物的能力。学生对种子的萌发有感性认识，并且在种植和养护的过程中，能够对植物的生长发育情况有一定的了解，但是他们没有仔细观察过种子萌发的过程，不太了解种子的内部结构。这些相对来说比较抽象，学生缺乏对事物进行全面、客观描述的能力。同时，学生的归纳、概括能力仍有待培养和提高。

3. 内容安排

学生通过学习“种子的力量”主题课程，用科学的方法进行选种、认识种子和种植过程，建立起对生命世界的认识。

第 1 课时：通过适当的选种法完成选种，认识到选种是为了选出最好的种子，保障农业生产顺利进行。引领学生认识到植物种质资源是国家的财富，感受种子的生命力量。

第 2 课时：观察健康种子的外部形态和内部结构。种子有种皮和胚，胚可以发育成新的植株。帮助学生认识部分植物通过种子繁殖后代。

第 3 课时：采用播种法和水生法种植植物，给予种子萌发所需的适宜温度、水分。学生通过参与活动能够对植物的生长产生兴趣，并且能够坚持长期的养护过程。

表 2-25 阶段性主题目标及评价标准表

<table>
<tr><th rowspan="2">学习目标</th><th rowspan="2">课时</th><th rowspan="2">评价标准</th><th colspan="2">评价要素</th></tr>
<tr><th>知识技能</th><th>态度责任</th></tr>
<tr><td rowspan="3">会用适当的方法完成选种，引领学生认识到植物种质资源是国家的财富</td><td rowspan="3">1</td><td>水平 1</td><td>能根据实际情况选择不同的方法进行选种</td><td>能意识到选种是保障农业生产的重要一步，能够认识到种质资源是国家宝贵的财富</td></tr>
<tr><td>水平 2</td><td>稍加指导能选择用课上的方法完成选种</td><td>能意识到选种是保障农业生产的重要一步，稍加指导能够认识到种质资源是国家宝贵的财富</td></tr>
<tr><td>水平 3</td><td>在老师和同学的帮助下才能选择用课上的方法完成选种</td><td>能意识到选种是保障农业生产的重要一步，但是需要较多指导才能够认识到种质资源是国家宝贵的财富</td></tr>
<tr><td rowspan="3">知道植物的种子由种皮和胚两部分构成，胚由胚芽、胚根和子叶构成，初步了解各部分在种子萌发过程中的作用</td><td rowspan="3">1</td><td>水平 1</td><td>能说出种子的构成，并能指出种子各部分在种子萌发中的作用</td><td>对种子的结构感兴趣，能认识到种子的内部结构与植物的成长有密切关系，感受生命的力量</td></tr>
<tr><td>水平 2</td><td>稍加指导能说出种子的构成，能说出种子各部分在种子萌发中的作用</td><td>对种子的结构感兴趣，稍加指导能认识到种子的内部结构与植物的成长有密切关系</td></tr>
<tr><td>水平 3</td><td>在老师和同学的帮助下能说出种子的构成，能说出种子各部分在种子萌发中的作用</td><td>对种子的结构感兴趣，但是需要较多指导才能认识到种子的内部结构与植物的成长有密切关系</td></tr>
</table>

续表

学习目标	课时	评价标准	评价要素	
			知识技能	态度责任
会用播种的方法和水生法种植植物，知道种子的萌发需要适宜的温度、水分，通过活动能够对植物生长产生兴趣，并且能够坚持长期养护	1	水平 1	会用播种法和水生法种植植物，知道种子的萌发需要适宜的温度、水分	能持续保持对植物生长变化的探究兴趣，在种植植物的过程中表现出对生命的珍爱
		水平 2	稍加指导能用播种法和水生法种植植物，能有依据地描述种子萌发需要适宜的温度、水分	对植物的生长变化有探究兴趣，但需要提醒才能保持持续观察。在种植植物的过程中能表现出对生命的珍爱
		水平 3	在老师和同学的帮助和指导下才能用播种法和水生法种植植物，能描述种子的萌发需要适宜的温度、水分	对植物的生长变化有探究兴趣，但需要老师和同学不断地提醒才能保持持续观察。在种植植物的过程中能表现出对生命的珍爱

第二部分　种植的开始——选种

一、学习内容分析

世界上力气最大的东西是植物的种子，一颗健康的种子可能发出来的“力”，简直超越一切。要想开启种植的过程，一定是从选择健康的种子开始。而学生对于种植的认识往往都是从栽种开始，并没有关注选种这一重要的过程。通过本节课的学习让学生认识到选种是为了选出最好的种子，这样农业生产才能顺利进行，对于种植来说是非常重要的一步。对于国家来说，优秀的植物种质资源是宝贵的财富，不但要收集，更要加以保护，这是人类繁衍、生存和发展的物质基础，意义重大。

二、学习目标

通过观察法、浸水法、盐水选种法完成选种，认识到选种是为了选出最好的种子，保障农业生产顺利进行。感受种子的生命力量，引领学生认识到植物种质资源是国家的宝贵财富。

三、学习重难点

学习重点：通过观察法、浸水法、盐水选种法进行选种。

学习难点：通过选种认识到保护种质资源意义重大。

四、学习活动设计

表 2-26　学习活动设计表

环节	教师活动	学生活动
环节一：聚焦	世界上什么东西的力气最大？ 世界上力气最大的东西是植物的种子。一颗种子可能发出来的“力”，简直超越一切。 所有的种子力量都这么大吗？ 怎么挑出健康的种子？	大象、狮子等 健康的种子 看、挑，种皮完整，饱满
环节二：探索与调查	1. 探究选种的方法 （1）观察挑选健康的种子 教师出示：“干”种子，黄豆、绿豆 如何进一步发现更健康的种子？ 介绍选种的方法之一：浸水选种	观察“干”种子，挑选出健康的种子 可能出现的问题：种皮裹在外面，看不到里面的胚是否完整、饱满 不能解剖，破坏了种子 将猜测的不饱满的种子做上标记

续表

环节	教师活动	学生活动
环节二：探索与调查	(2) 用浸水法选种 师生交流：为什么用浸水法能够挑选种子？ 小结：饱满的种子会沉在水底，不合格的漂在水面，分离出去，这是利用了浮力的原理。但是还有一部分种子浮在中间，是否有更好的方法能把饱满的种子挑选出来？	将“干”种子放进水里，发现有的浮在上面，有的沉在下面，有的浮在中间
	(3) 用盐水选种 用这种方法选种，要掌握好盐水的浓度。在水中溶解一些食盐，将盐水舀出一碗，然后放进一匙要选的种子，假使全沉下去，说明盐水太淡，应继续加食盐；如果大部分种子漂在水面，说明盐水太浓，应加水稀释，直到大部分种子斜卧在碗底为止	用盐水进行选种
	小结：种子经盐水浸泡，表面会受伤，因此种子从盐水里捞出后，要立即用清水冲洗，然后才能播种	学生汇报
环节三：拓展与交流	1. 选种的其他方式 风选、筛选、粒选、机械选、溶液选种 小结：选种是为了选出最好的种子，农业生产才能顺利进行，是非常重要的一步 2. 拓展延伸：国家种质库 小结：植物种质资源是在不同生态条件下经过上千年的自然演变形成的，蕴藏着各种潜在可利用基因，是国家的宝贵财富，是人类繁衍、生存和发展的物质基础。国家把这些资源收集起来作为战略资源加以保护，便于以后利用，意义重大	

五、板书设计

种植的开始——选种 { 观察 / 浸水 / 盐水 / ……

第三部分 种子里孕育着新生命

一、教学内容分析

本课教学内容主要包括四个部分：复习植物结构，猜测种子的结构与植物的关系，建立种子与植物之间的联系；通过猜测、画图认识、修改猜测一步步认识种子的内部构造；认识种子的萌发过程，通过讨论建立种子的结构与功能之间的联系；通过讨论缺少一片子叶的植物能否继续生长，渗透双子叶植物的概念。虽然只安排了1个课时，但因为种子萌发需要一段时间，实际的研究活动要持续10天左右。因此，要通过一些特殊的方式，提高课堂研究实效。

二、学习目标确定

知道植物的种子由种皮和胚两部分构成，胚由胚芽、胚根和子叶构成，初步了解各部分在种子萌发过程中的作用。运用感官及工具探究种子的内部构造，并尝试对细致观察到的现象进行归纳、概括和描述。引领学生养成实事求是、细心观察的科学态度，引领学生感受种子的生命力量。

三、学习重点和难点

学习重点：认识种子的内部结构，尝试将种子内部结构与其成长建立联系。

学习难点：观察种子细小的内部结构，仔细认真地记录观察到的现象。认识到种子的内部结构与植物的成长有密切关系。

四、学习活动设计

表 2–27　学习活动设计表

环节	教师活动	学生活动
环节一：聚焦	1. 出示健康的蚕豆种子，即植物的“孩子”。为什么把种子叫作植物的“孩子”？ 2. 一株植物主要由哪些部分构成？ 3. 种子的内部与根、茎、叶有什么关系？	认识植物的根、茎、叶、果实、种子
环节二：探索与调查——探究种子的内部结构	1. 你觉得健康的种子内部结构是什么样的？请画在记录单中 2. 探究种子的结构——认识种子的内部结构 ①解剖饱满的“干”种子——种子成长需要吸收水分；种皮具有保护作用 教师出示：“干”种子	画记录单 汇报展示 解剖饱满的“干”种子 学生可能出现的问题： 种皮裹在上面，剥不开（种皮具有保护作用）； 剥开了，但是损毁了种子的内部结构（解剖注意保证种子完整）； 种子太硬了，剥不开

续表

环节	教师活动	学生活动
环节二：探索与调查——探究种子的内部结构	种子外表的“壳儿”“皮儿”叫种皮 我们打不开种子怎么办? 提出解剖种子的方法之一：浸泡种子 出示并对比“干”种子和浸泡过的种子，有什么不同? 教师小结：种子在成长过程中需要吸收水分，体积膨胀，这是种子成长的开始。 ②解剖蚕豆种子 ③观察蚕豆种子的内部构造 师生交流：蚕豆种子里面有什么? 3. 观察最初的蚕豆种子，修改推测 4. 投影：蚕豆种子的萌发过程 形成解释：种子内部由胚根、胚芽、子叶构成 5. 教师提问：推测种子内部的哪部分结构会成长为植物的根、茎、叶呢? 观察蚕豆苗，修改推测 投影：蚕豆种子长成蚕豆苗的过程，种子里孕育着新生命	解剖浸泡过的蚕豆种子 学生汇报
环节三：拓展与交流	1. 缺少了一片子叶的种子还能不能继续生长? 2. 拓展延伸：建立双子叶植物的概念	

五、板书设计

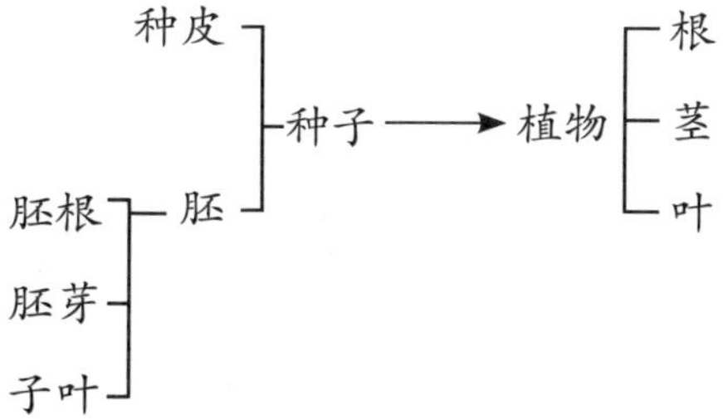

第四部分　种植绿豆

一、学习内容分析

经过第1课时学生已经选出了健康、饱满的种子，在第2课时学生认识了种子，了解了种子里孕育着新生命，种子里面有能发育成植物根、茎、叶的结构——胚。接下来将要开启种植的过程。学生对于种植是有经验的，但是他们并没有将经验总结为知识，所以本节课教师要帮助学生梳理种植的方法以及需要注意的重要事项。为了植物能够更好地生长，需要在植物与环境之间建立联系。

本节课设计了两个活动，分别是用播种法种植绿豆和用水生法种植绿豆，并为种子的萌发选择适宜的温度和水分。等绿豆种子发芽了、长大了，可以用绿豆芽炒一盘菜。让学生通过活动能够对植物生长产生兴趣，并且能够坚持长期养护。

二、学习目标

会用播种法和水生法栽培植物，知道种子萌发需要适宜的温度、水分，能用绿豆芽炒一盘菜。乐于长期养护植物，对植物的生长变化产生兴趣。

三、学习重难点

学习重点：会用播种的方法和水生法栽培植物。

学习难点：乐于长期养护植物，对植物的生长变化有兴趣。

四、学习活动设计

表 2-28　学习活动设计表

环节	教师活动	学生活动
环节一：聚焦	种子是怎样发育成幼苗的？植物的生长需要什么条件？	
环节二：探索与调查	1. 播种法种植绿豆 应该怎样播种，播种时要注意些什么问题才能使植物成活？（花盆底部的小孔有什么作用？花盆中应放多少土？什么样的土适合种植物？种子埋多深？怎样埋？）在交流中明确播种的步骤与注意事项 小结：在花盆出水孔处放上小石块既可以使土壤不外漏，也能保证多余的水分及时渗出。用手指按 2 ~ 3 个洞，深度约 1 厘米，提示 1 个花盆中可以播种 2 ~ 3 粒种子，种子上覆盖的土不要太厚 2. 水生法种植绿豆 除了在土中种下种子能够长成植物，还有没有其他的方式能够长出植物？ 教师出示：浸泡后的绿豆种子 在底部可排水的容器中，先将毛巾（或布、育苗纸）铺在底部，然后将浸泡后的绿豆放在毛巾上，均匀地铺开，在绿豆上盖上另一块毛巾（或布、育苗纸），每日用喷壶喷水或直接泼水 3 ~ 5 次，保湿即可	需要花盆、土；要把种子埋到花盆的土里，然后浇水；土要有营养 种植种子 水，生出豆芽
环节三：拓展与交流	植物生长的环境 需要提供什么条件，种子才能顺利萌发？我们的依据是什么？ 小结：保证土壤的湿度和适宜的温度，以满足种子萌发所需的条件 等绿豆种子发芽了，长大了，你用来炒一盘菜，请你的家人也都来尝一尝吧	浇水，将花盆放在温暖的地方

五、板书设计

种植绿豆

种子 ——————→ 植物

水、温度

五、融合教育，关注每一个生命个体的生长

融合教育在农科院附小这片热土上已经走过了近十年的春夏秋冬，见证了充满希望的“农科院附小五彩融合之路”。相比学区内的其他学校，学校申请成为学区资源中心，为融合教育的深化发展创造条件。

（一）健全设施，加强宣传，集全校之力营造共融文化

为了给特殊儿童提供全方位的支持，学校在资源紧缺的情况下开辟了心理辅导室、情绪控制室、心灵小屋、资源教室等场地，专门给有需求的学生提供个性化的辅导和干预。学校高度重视融合文化的建设，不仅体现在硬件设施上，还体现在更加包容的校风创建上。学校多次开展面向全校和全社会的融合教育培训和宣传活动，例如学校每年都会组织家长培训和教师培训，这些培训受到家长和教师的一致好评。学校承办海淀区资源教师技能培训 ADHD 专题班第三次培训暨北太平庄学区特教资源中心融合专题培训，此次培训让学区内的教师都能感受到学校对融合教育的重视。此外，每年的 4 月 5 日，学校举办“孤独症关爱周”的活动，通过为期一周丰富多彩的

图 2-68　“孤独症关爱周”宣传活动

宣传活动，向全校和全社会普及孤独症知识，倡导关爱孤独症儿童。学校还邀请了校外的专业人士指导融合工作。

（二）加强管理，规范机制，组领导集体引领共融方向

农科院附小早在 2013 年就开展融合教育的改革，作为融合教育的积极拥护者和践行者，学校自开展融合教育工作以来，就形成了以书记和校长为首的“双统领 + 三支持”的融合教育领导团体。“双统领”是指书记和校长统领与主管五个校区的融合工作，“三支持”是指副校长、德育主任和资源教师开展五个校区的融合实践工作。

为了融合教育实践工作能实现规范管理和顺利运转，领导团体制订出一系列科学合理的规章制度，对全校融合教育工作实施规范管理。在规范管理的引领下，各校区有条不紊地开展融合教育工作。

（三）多元课程，张扬个性，展特殊儿童精彩共融之美

学校为满足学生的个性化需求，开发了多种校本选修课，包括“十字绣”“卡通动漫”等，这些课程面向全体学生，也同样欢迎特殊学生参与。在学南校区资源教室的墙壁上张贴的绘画作品就是特殊学生在美术课上的成果。特殊学生的资源教师也十分尊重学生的兴趣爱好，针对学生的情况设计“观察课程”“社交游戏课程”“教学补救课程”“劳技课程”“运动课程”“音乐课程”等多元课程，力求充分发掘特长，进行缺陷补偿。学校共有 7 名专、兼职资源教师，其中张关老师去援疆，剩下的 6 名资源教师为学校的 7 名孤独症儿童开设个训课，每名教师个训课的周课时为 5 节，每学年的总课时数超过 100 节。

自 2020 年 9 月开始，经过全校 120 名班主任初报，学校资源教师初评估，专业团队再评估的流程，筛选出 9 名情绪管理有严重问题的学生，为这些学生开设了个训课。在这次评估中，对 15 名班主任进行访谈，了解学生在情绪方面存在的问题；以问卷的形式对 15 名家长展开了调查并进行了一对一的家长反馈；对 15 名学生进行了专业评估，确定最后的开课学生名单。

（四）精准服务，密切合作，组融合小组促进共融成果

学校领导深入贯彻落实“一人一案”的原则，在每年的开学阶段，学校组

织专业人员对全体学生进行入校筛查，一旦发现高危儿童就向家长和班主任了解情况，并建议将学生转给专家进行评估。学校还为每一名特殊儿童建立个性化的成长档案，档案中包括学生基本情况、观察记录表、个别化教育计划、优势和不足、家长访谈记录表等资料，目的是让教师可以充分了解每名学生及其家庭的情况，并采取合适的教育方式提升学生的学习能力。

此外，学校还建立起“合作机制”“沟通机制”“监督机制”三大服务机制，力求每名特殊学生可以取得突破性的融合成效。总之，学校努力打造一个“家校合作、有效沟通、多元监管、成果满意”的融合校园。

（五）开放包容，辐射力强，全区同享共融之乐

农科院附小是一所拥有5个校区的学校，每一个校区都有在海淀区特教中心备案的学生，还有在海淀区特教中心没有备案但问题很严重的学生，把特殊教育资源中心建在农科院校区，其他校区的学生如果有需求，则共享资源，让专家教师进行一对一指导，最后达到学生和教师共同进步的目的。学校周边有很多兄弟学校，可以利用校际交流活动的机会，把学校的特殊教育资源中心介绍出去，同时把兄弟学校有关特殊教育的经验引进来，达到共同成长、双赢的目的。

学校周边有很多高校和院所，还有很多居民区，在特殊教育资源中心专业知识的引领下，学校的特教部门与学校的学生心理社团、红十字会组织，以及学校的安全、卫生部门进行整合，开展融合教育的宣传活动，也利用周边高校和院所的高科技力量，把校外的资源引进来，使学校的融合教育发展得更快、更好。

总之，学校将一直秉承“生命全程生长”理念，继续开展和深化融合教育，让融合教育在农科院附小这片充满爱与希望的土地上大放异彩。北太平庄学区特教资源中心承担着全区资源中心的光荣使命，将进一步发挥辐射作用，做好师资培训、特殊学生个性化教育支持等工作。

【教育案例】

让每一个独特生命绽放

张海珍

妞妞是一个11岁的小姑娘，在她4岁时，被医生诊断为中度孤独症。全家都不能接受这个事实，跑遍各大医院，但诊断结果都是相同的。从她确诊后妈妈就带她奔波在各大康复机构，到了入学年龄，家里更是千方百计让她来普校接受教育。

一、问题描述

学业能力：学前班水平，上过2年的幼小衔接班，有一定的基础知识积累，入学后前2个月能跟上课堂的进度。

行为问题：起初，她无法跟从课堂常规，不能长时间（10分钟）安坐，上课会出现大嚷大叫的现象，以引起别人的注意。她无法表达一些需求，得不到满足时会采取不正当的行为，如推、掐、咬等，267而且她无法自行调整情绪，有时会躺在地上哭个不停，直到睡着为止。她的刻板行为很严重，不让梳头、穿袜子。她的触觉敏感度也很高，无法有正常的肢体接触。

认知能力：她对“你、我、他”有很好的分辨，但界限意识比较淡薄，会出现未经别人同意随便拿别人的东西以及中午吃饭时把手伸进饭桶里的情况。

为了帮助她更好地融入集体，学校和她父母及陪读老师共同商讨，达成一致意见：常规方面，要遵守学校常规，课堂上能安坐在座位上40分钟，能安静地读写，在不影响课堂的情况下可以低声自言自语；情绪方面，在合适的场合学会适当地表达，尽量控制自己的情绪，不破坏同学之间的正常关系；认知方面，和同学交流中能辨识正确的环境，有互动。

二、过程与方法

（一）建立良好的关系，让她认同我

和孤独症儿童建立良好的关系是关键，让她放下警惕，获得安全感。刚开学的一次课上，我带领大家一起读儿歌：“小学生起得早，背着书包上学校……”

大家都很认真，妞妞也张着嘴巴大声地读。但我不知道她读得是否与我们合拍。为了检验学生是否学会，我请了一名学生到前面来给大家读。当我再一次问全班谁能到前面读一读时，没想到她也高高地举起小手，脸上带着自信和微笑。因为前期与她妈妈沟通交流过，知道她认识一些汉字，再加上大家一起读的时候看到她读得也很认真，我就没过多地考虑，请她到前面来读。没想到，她一站到讲台前，就手舞足蹈地唱起了《读书郎》这首歌："小嘛小儿郎，背着那书包上学堂，不怕太阳晒，也不怕那风雨狂……"她这一张嘴，我的脑袋立刻就蒙了。但凭我多年的教学经验，知道此刻要保护好孩子的自尊心和积极性，所以我没有立刻打断她，而是让她把歌唱完。她唱完歌后一头扎进我的怀里，哈哈大笑。当时班里的同学都被眼前的一幕吓呆了，一双双惊讶的小眼睛望着我，我马上醒过神儿来，紧紧地抱着她，拍了拍她的后背，同学听到她爽朗的笑声后，也都跟着大笑起来。我满脸紧张地看着全班同学，生怕他们说一些不该说的话。为了消除这尴尬的局面，我亲切地问大家："你们觉得她唱得好不好？"大家马上停止笑，异口同声地说"好"。这时候，我给大家竖起了大拇指。此时，我的心里很温暖。多么善良的孩子啊！我主动带领全班同学为妞妞鼓掌，然后把她送到座位上。

课下，我的心情久久不能平静，课上的这一幕时时在我的脑海里呈现。虽然当时有幸化险为夷，没有给妞妞带来伤害，但这是解决问题的最好方法吗？

我与专业教师沟通她在课堂上的表现，专业教师给了我以下一些分析：首先，她举手的行为可能不是在回应我课上的问题，她可能是看周围的同学都在举手，她只是在效仿，又或许只是为了得到大家的关注；更有一种可能，她是在强化历史。这一幕可能在幼儿园某一时期出现过。根据我对她的观察了解，并通过和她妈妈沟通，我们一致认为她在强化历史。因为幼儿园的教师在教唱《读书郎》这首歌时曾经请小朋友到前面来唱，并且她也被邀请过，所以她一上来开口就唱《读书郎》这首歌。或许她唱完这首歌都没有意识到自己做的不是教师要求的内容，而且她也感受不到当时的尴尬气氛，她还沉浸在大家的掌声中。

专业教师对我处理这件事的做法也进行了分析。首先她对我的做法表示肯定，妞妞在唱歌的时候我没有打断她，而是让她把歌唱完，充分体现了有教无类的教育情怀。其次，为了能让妞妞体面地坐下，我有意让台下的学生称赞妞妞唱得好。因为每个学生都有自尊心，对于这样的特殊学生更要让她感受到自己被其他人尊重与喜欢。最重要的是，这类学生本身就很缺乏安全感，对新的环境和周围的人都很难适应。我的做法使她没有惧怕这个新的环境，而她能扎进我的怀里说明她开始接纳我了，喜欢我了，我们的关系初步建立了。

大家都知道，通过强化物可以使这类学生慢慢学会自我控制、调整。刚开始，她也是需要用她最喜欢的酸奶片作为强化物，表现好就奖励她一个。随着我们之间关系的建立，食品强化物已经撤离，以社会性强化物代替实物强化，但最终最好的强化是她自己取得成功的满足感，这也是我下一步的工作目标。

（二）创设良好的班级氛围，让她更好地融入集体

营造彼此接纳和尊重的班级氛围，让班里的每一名学生正确地认识她、接纳她，并且愿意帮助她。当妞妞出现情绪和行为问题时，大家不嘲笑、不讽刺，反而关心她。她妈妈经常说："孩子是不幸的，但也是幸运的，能遇到班上这些同学，是她的福分。"

临近冬至，天气寒冷。上操时，大家都把自己裹得严严实实。我走在队伍中，眼前一愣，只见妞妞露着脚脖子，仔细一看，原来她没有穿袜子。让我没想到的是，妞妞从两岁开始就不穿袜子。家里尝试过很多办法，都无济于事。难道就让她一辈子不穿袜子？不知哪里来的勇气，我要试一试。从她妈妈那里得知，在她两岁时，由于穿的袜子袜口儿紧，勒脚踝，她又不会表达，就开始闹情绪，大哭大闹。从这以后，她就不穿袜子了。

怎样让妞妞穿上袜子呢？我翻阅了一些书籍，都是一些理论知识，而我需要拿来就能用的有效办法书中没有答案，但我没有放弃。妞妞虽然不会表达，不知怎样和别人相处，但她喜欢和小伙伴在一起，而且很听小伙伴的话。重要的是班里的学生都很愿意帮助她。抓住这两点，我采取了以下"连环计"。

说：我让学生去和她沟通，告诉她不穿袜子脚会冷，会把脚冻坏并且生病。

几个小伙伴不厌其烦地和她说，她不仅没有烦，反而还乐在其中。我问妞妞："同学们说的话，你听懂了吗？重复一遍。"她自言自语说道："要穿袜子，不穿袜子会生病、打针、吃药。"看来她听懂了大家的话。

看：为了进一步强化她的意识，大家都掀起裤脚，让她看一看我们每个人穿的袜子。然后又问她："你穿袜子吗？"她竟然高兴地说："穿袜子，穿袜子。"为了鼓励她，我向大家使了个眼色，大家都不约而同地向她伸出了大拇指夸她"真棒"！

做：事前和妞妞妈妈沟通好，在她书包里放了一双袜子。大家带着妞妞一起穿袜子，先给她做示范，她看得很认真。没想到，她自己能很快地穿好袜子，还高兴地大叫："妞妞也穿袜子了，妞妞不冷了。"

从此，妞妞也穿上了袜子。

其实，班里的学生在和她相处的过程中，也收获很多，树立了良好的责任感，培养了乐于助人的精神。

（三）开设有针对性的个性课，增强她的社会性

1. 通过游戏活动，提高她各方面的能力

孤独症儿童喜欢游戏活动，这是他们的天性，以游戏为载体的训练对他们的发展有着促进的作用。先给她讲清楚游戏规则，再通过示范帮助她理解游戏规则，然后和她一起玩。比如木头人的游戏，可以训练她的安坐能力；过家家游戏（模拟买卖东西），可以帮助她认识人民币，训练她的语言表达能力和社交能力，同时也在培养她的生活技能。

2. 借助绘本阅读，帮助她进行情绪管理

利用她视觉学习优势进行绘本教学，提高她的情绪管理能力。前几天，她听到了一个词语"委屈"；但是她不理解词意，不会正确使用。当她生气、着急、伤心的时候都会说"我很委屈"；她给我发语音微信，我没能及时回复，她哭着和她妈妈说"我很委屈"，其实她想表达的是"我很着急"；陪读教师出去接水，她自己坐在座位上，陪读教师回来后她哭着说"我很委屈"。针对这种情况，我带着她就一起读《我的感受》这本绘本。读一读书中小动物发生了什么

事情，观察图片上小动物的表情并进行情绪词语的配对。在此基础上让她联想事件，使她对情绪词语有深入的理解，并能合理表达。

3. 利用画笔，打开她的内心世界

画笔是一种能直抵人心的工具，通过画笔，可以将自我潜意识中压抑的情感与矛盾呈现出来。

一次在上绘本课时，她问我："我读书读得快吗？"我以为她让我夸她读得快，我就说："你读得很快。"她马上就哭起来，说张老师说我读书读得快。我马上改口说："你读得很慢。"她又哭着说："张老师说我读得慢。"这个时候，我知道她是有情绪了，但是不能正确地表达。于是，我拿出她的画画本，让她把此时的情绪表达出来。她画了一个小孩在哭，旁边有一些小怪物。通过对画的分析，知道哭的小女孩就是她，旁边的小怪物是小朋友，大家在玩抓妖怪的游戏，由于她不懂游戏规则，把她吓到了。了解了情况，我知道她现在不在真实情境中，而是陷入了回忆。这时要及时进行目标转移，把她的注意力拉回现实。

（四）让她享受同等与不同等的"待遇"

同等的"待遇"：一是她要和别人一样遵守学校的一日常规，上课时间不能上厕所、喝水。上课要跟随课堂，学习内容虽然不能理解，但要完成每一项学习任务，这样做的目的就是要让她有事可做，减少她沉浸在自己世界里的时间。同时，跟随课堂也可以训练她的模仿能力。二是鼓励她参加学校组织的各项活动如歌咏比赛、运动会、队列比赛、跳绳比赛，还让她尝试当护桶小志愿者，每一次的活动都使她有不同的成长，同时也让家长看到希望，找到信心。

不同等的"待遇"：她学习的内容不是学科知识和技能，而是在班级环境下学习并恰当地运用社交规则，获得亲近带来的愉悦感受，获得顺利完成任务带来的成功体验，掌握融入社会所需要的基本知识和技能。

三、成效与反思

通过三年多的校园生活，妞妞有了很大的变化。首先，她在课堂安坐稳定，可以保持整节课。有良好的自控能力，上课不会随意走动，不会出现大喊大叫的行为问题。在不干扰课堂秩序的情况下，偶尔会小声自言自语。她各科的学业均有不同程度的提升，对各学科都有自己感兴趣的点。其次，她对一些物品有需求时也会采取合理的问询方式，若遭到拒绝也会努力平复情绪。例如她想要同学的贴画，同学拒绝她，她会自言自语："我可以接受拒绝，我可以接受拒绝！"再次，她逐渐接纳与他人身体正常的触碰，在学科活动中，都会有良好的表现。最后，她在跟随方面也有很大的提升，与同学交往时，在明确规则前提下，她可以参与难度适中的一对一或一对多的游戏，例如"对数""老鹰捉小鸡"等。最重要的是妞妞改掉了一些刻板行为，可以自己梳头、穿袜子了。

【教育案例】

特别的爱给特别的你

王煜曦

一、初步印象：喜怒无常 变幻莫测

第一次接到电话，xx 老师是这样描述小 A 的："刚上完操，奶奶准备陪读上数学课，小 A 在教室乱跑。奶奶要求其回到座位时，他不但不听而且还打旁边的同学，这时奶奶把他拉了出去，可是他还想回教室，两人就在教室门口僵持着。一个男体育老师刚好经过，体育老师就想抱他出教室，没想到他就咬了体育老师一口，老师被咬得大叫了一声，可见他是多么用力。几个体育老师知道这个情况后就把他拉到了体育办公室，让奶奶在一旁休息，因为奶奶年事已高又怕出什么意外。王老师，你马上来分部看着这孩子。"

我匆匆赶到分部，与 xx 老师一起去了体育办公室，看到小 A 瘦小的身体在颤抖，眼神愤怒，还不停地抽泣。我叫了他一声，他抬头看看我，我过去想拉他，xx 老师下意识地拦了我一下，大概也怕小 A 会有什么过激的举动。那时候我没想太多，就拉着他轻轻跟他说："走，跟我一起去图书馆休息一下吧。"他默默地跟我离开了体育办公室。在楼道里我看到他的鞋带开了，我说："小 A 把你的鞋带系上。"他很乖地把鞋带系上，然后我想拉着他的小手走，可是这时他躲开了，我知道他不愿意让人接触，就用双手拍了一下他肩膀说："走吧。"

我知道小A喜欢有关海洋知识的书，于是就带着他找相关书籍。这时他和我玩起了“躲猫猫”，期间也发出了爽朗的笑声。也许他觉得这样很有趣，就跑出了图书馆，我怕他又回教室，也紧跟出去。他看到我出来就跑得更快了，结果跑到了二楼，我追上他并激励道：“小A刚才在图书馆表现很棒，如果继续表现很棒我就给你一个奖励。”听到这他就乖乖地走到了我身边，跟我一起回图书馆。小A仍然想跟我玩“躲猫猫”游戏，这时我拿到了一本三毛的画册边看边讲，他觉得很有意思，就坐在了我身边。看他慢慢进入状态，我就试着让他给我讲，他讲得很好，看得出他是一个聪明的孩子，了解的知识和认识的字比同龄人要多。这是我第一次见到小A，此后我跟他约定每天第三节课来图书馆上课。

二、发现问题：情绪自我　规则淡薄

新的一周开始，教室座位开始新一轮调换。看到自己位置上已经有同学坐着，小A开始推桌子、打同学，他爸爸把他抱了出去，他拧着、挣扎着坐在楼梯台阶上，他爸爸紧紧地抱着他，唯恐他回教室惹事。这时我从本部过来准备给他上课，刚好碰到他，我就弯下腰凑到他跟前问怎么了，他就动手打了我的脸，这时他爸爸没说一句话且平静地看着这一切，我轻轻地摸着他的脸跟他说：“你打我，我也可以打你。”等他稍平静下来，我们一起去了图书馆。进图书馆后小A的情绪就慢慢地平复了，开始在书架之间穿行跟我玩“躲猫猫”。这时我没理他，又找了一本三毛的画册开始边看边讲，他听到后像上次一样坐到了我身边和我一起看书。看他情绪比较稳定了，我就开始引导他说出自己的兴趣爱好。小A告诉我他养了仓鼠，跟我讲买仓鼠的时候卖家幽默的话语，小仓鼠喜欢吃什么，小仓鼠爱好跑轮等，每次讲的时候他都是发自内心地笑着，看得出他很喜欢仓鼠。这节课他很快乐，我就顺势叮嘱他说回教室上课时要好好表现，他以为我要求他现在回教室，马上表现出很烦躁，不听指令，甚至钻到了桌子下面一个黑暗的角落。这时我走到小A跟前蹲下来说：“你这么喜欢钻洞，那以后咱们做一个大纸房子，你就可以钻进钻出了，多好玩啊！”他一下子来了兴趣：“老师什么时候做呀？”“你出来咱们想一下，我们一起坐下来，”我说，“你很喜欢仓鼠，又怕它晚上跑轮影响你睡觉，那么咱们先给仓鼠做个房子吧！”

他欣然同意。我布置家庭作业，让他回家量仓鼠笼子的长宽高，然后把做的房子罩在笼子外面。他高兴地记下了我的要求，工整地在纸上分三行写上长、宽、高，中间一个空格，后面还写上单位“cm”。

第二天，我从本部来到分部，看到了小A爸爸、小A和实习老师在操场的边上。小A流着泪蹲在一块木板上，我想他肯定是在班里发脾气后，被抱到这里的。我叫了他一声，他没理我，我连忙拿着装有废纸箱的袋子走到他跟前跟他说：“你看，王老师把纸箱拿来了，咱们回图书馆做房子吧！”他看了一下袋子，我拉着他的胳膊，顺利地往图书馆走去。此后的几天一提到我们要做仓鼠房子，他就很兴奋。

又是一个新的周一，小A来到教室一眼看到了教室后面板报墙上新增的拼音表，情绪崩溃了。“他们把拼音表放到我后面，我不想让他们放到我后面，我就撕下来了，有钉子，我就拿着钉子吓唬别人，别人都跑，有一个同学就叫奶奶，奶奶说好不进教室，结果她又进教室，所以我就去关门。小杰想出去，我不让他出去，他先打我、踢我，我就抠他，把他的脸抠破了。”这是小A向我描述的情况，后来通过监控看到的事发经过和小A的描述基本一致。

三、案例分析

1. 情绪控制，找出根本原因

接连发生的状况，主要集中在小A对情绪的控制上。小A的情绪很不稳定，时刻都有爆发的可能，什么是他情绪爆发的诱因呢？对于每周一在教室发生的问题，我想到了有这样一类人，他们重复刻板，对环境要求严格，不容许改变。拉扎勒斯在情绪认知理论中有这样的观点：情绪是人与环境相互作用的产物，在情绪活动中，人不仅反映环境中的刺激事件对自己的影响，同时要调节自己对于刺激的反应。一次很平常的调换座位，小A情绪瞬间迸发，他不容许自己在学校的环境发生改变。而学生缺失的是调节自己对环境变换刺激的反应，所以我们要重视他的特殊需要，尽量考虑他的座位安排和环境变化，甚至还要考虑声音、光线给他们带来的影响，在不受刺激的情况下慢慢矫正、调理。教育本身就是慢的艺术，对存在这种情况的学生，我们更不能急于求成，应积极努力、静待花开。

2. 规则养成，设定行为边界

人们普遍认为规则是客观的、预定的，但从儿童个体的角度看，规则却是自主建构的。我们可以强制儿童去遵守某些行为规则，但我们并不能让他马上养成规则意识。因为对于儿童而言，规则不是一个早已知晓的结果，而是一个正在发生的过程。他需要去慢慢体验。所以在此过程中，儿童会想：我为什么要遵守规则？遵守规则对谁有利？我们教育学生时，要让学生明白规则的重要性，更要让他们明白违反规则是要付出代价和承担责任的。这需要家庭和学校的合力，密切配合，需要家长言传身教，引导孩子养成规则意识。开学的两个月时间，小A不止一次打老师、咬老师，往老师身上扔东西，为什么会这样？在我被他打的时候，看到了他爸爸如此平静地面对此事，我认为他爸爸做得不对，但我又不能忽视小A这种发泄情绪的方法，我就说“你打我，我也可以打你”，这样明确而具体地说明目的，是让他明白要为自己的行为负责。基于小A近段时间的表现，当天我们找他的爸爸进行了一次沟通，爸爸说：“对于孩子发怒、打人和咬人的行为我们不敢管，因为觉得他有病（疑似孤独症），管了怕他更难过，也一直在逃避。”原来小A爸爸是这样认为的，他的出发点是错误的，打人、咬人是不对的，打人、咬人后没有任何措施跟进更加不对，孩子缺乏是非判断能力，家长一定要给予正确引导。

正向而有力的约束有利于学生的塑型和成长。就像用玻璃杯装着的一杯水，如果没有玻璃杯壁，里面的水就会失去形状，四散开来，漫无目的地流得到处都是。在学生成长的时间里，教师和家长就像容器，约束学生成长。我们要防止这个容器泄漏，否则学生的成长将会偏离方向。

我们给家长提出了建议，当小A情绪要爆发时，引导他深呼吸或者转移注意力，让他学会控制自己的情绪；想生气没有什么不对，但要告诉他边界：不要伤害其他人、不要伤害自己、不要毁坏财产，尝试倾诉他的愤怒；在犯了错误或者伤害他人时，孩子和家长要共同承担责任。比如向老师道歉、对咬伤的老师要赔付医药费等。

3. 发掘兴趣，开发适宜课程

现代心理学研究表明，兴趣是人们力求认识某种事物或爱好某种活动的心理倾向。它能激发人的思想和引导人的意志努力地探索某种事物的底蕴，直接促进其智力的发展和学习效率的提高。正如孔子所言："知之者不如好之者，好之者不如乐之者。"人本主义思想认为，在教育过程中我们要尊重每一个鲜活的个体，积极发现儿童的优势，把活动课程与儿童的愿望、兴趣和需要有机地结合起来，有效地促进个体的发展。

在几次相处中，我发现了小 A 的兴趣——养仓鼠，从他的兴趣点出发，我为小 A 开设了搭建房屋和社会故事的课程，在活动课程中稳定他的情绪，提高他的语言和认知能力，培养他的规则意识。在开始搭建房屋课程时，先明确布置任务，让小 A 说出在教室的规则、在图书馆的规则，刚开始我帮他记下并打印出来，后面就放到每节课前强化。在做房子的过程中，我会根据平常观察到的他的不足要求他改变，比如，每次寻求我的帮助时，他就直接说"你拿着"，我引导他说"王老师，您帮我拿着好吗？"他很顺从地按照要求做了。他有说话不看人的问题，我每次告诉他，你跟我说话的时候要看着我的眼睛，这是表示尊重，他会接受我的建议。在社会故事课程中根据社会故事的理论方法，针对孩子的问题，我编写了《不开心时，可以怎么做》《见到喜欢的小朋友时，我可以怎么做》《老师请其他小朋友帮忙做事情，我可以怎样做》和《我可以怎样拿到想要的东西》等故事，小 A 很喜欢参与到故事中来，我跟他讲："你好好记，在班级中好好利用你学到的内容，以后我们拍成视频来让别的小朋友向你学习。"所以小 A 把每个小故事都背了下来，能在图书馆像模像样地去做。

虽然由于兴趣的驱使，小 A 能在图书馆顺利地完成活动要求，但他终归还是要走进教室，如何把个训课成果应用到班级教学和活动中？首先，需要家长与教师配合，做好个训的延展工作，固化成果，形成良好习惯。其次，对于原则性问题，要设定边界，我们知道给孩子某些限制有时是一项吃力不讨好的工作，因为如果孩子被约束往往会产生抗拒心理，他们会一次次地挑战底线或者抱怨其他人受到的约束比较少。这时我们要对自己有信心，这个工作是为孩子的未来着想，而不能只看眼前。为孩子规划成长道路并有所限制，应该是教师、父母及周围所有人共同的责任，必须确保“容器”不会泄露或有缺口。最后，教师需要拥有无限的热情接受这些孩子，积极地寻找造成问题的原因，在解决孩子的问题过程中，不断地反思、调整。

六、国际教育，拓宽生长的视野和胸襟

学校在践行国际理解教育的课程中，以“中国传统节日文化的认同与传播”为主题设计了具有弹性的国际理解教育课程体系，形成本校的特色教育。在整个课程体系中，以学生为主体，通过设计学习活动，融合多个学科知识，提供多样的学习方式，学生在真实的生活情境中获得丰富的切身体验，他们以主动参与、自主合作交流的方式开展学习。在学习过程中，学生不仅增强了自己对优秀传统文化的认同感，而且勇于向外国人介绍中华优秀传统文化，成为一个具有跨文化交际能力的世界公民。具体课程如下。

（一）每一研究项目的具体操作程序

1. 第一系列：以英语学科团队为研究主体，研究项目

学校英语教师团队致力于研究以中国传统节日为主题的综合实践活动课程，经过几年的研究与实践，已经形成了系列的课程方案。一至六年级的师生以同一节日主题，不同实践任务的形式开展课程，使学习内容具有延续性和可持续性。下面将以中秋节为例具体说明。

按照逆向教学设计的三个步骤，首先是确定大主题，其次是评价方式，最后是具体的活动设计，以此来确保目标—评价—活动三者的一致性。教师通过集体研讨，依据英语学科课标、学业标准、教材以及学生情况（访谈），确定中秋节的主题为“我和月亮”。以中秋节的代表元素“月亮”为切入点，了解月亮在中秋时节的意义。确定大的主题后，各年级以低、中、高确定阶段性的小标题和实践任务。实践任务的设计需要考虑学生已有的知识储备、年龄特点，并与教材内容相融合，这样学生能更好地运用所学进行展示。低年级结合学生的生活经验，以及爱读绘本的特点，将课程与同名英文绘本结合起来，初步认识

月亮、月饼等中秋节代表元素，欣赏月亮的美。中年级将通过拍摄月亮作品和创作英文小诗的实践任务，初步了解月亮的寓意。高年级通过欣赏古诗《静夜思》，深入理解中秋明月象征的团圆之情，并借助手抄报等形式用英语介绍中秋节，感受中秋佳节家人团圆的欢乐及身在他乡的思乡之情。

图 2-69 低年级中秋节活动

图 2-70 中年级中秋节作品

图 2-71 高年级中秋节手抄报（组图）

通过学科实践活动课程，不同年级的学生对于中秋节的了解逐步深入。另外，每次节日课程，各校区不仅在班级展示学生作品，而且设置了展板，供各年级的师生欣赏和学习。不同的展示平台和形式，激发了学生自主学习的动力，也激发了学生用英语弘扬中华优秀传统文化的热情，实现文化的传承。

图 2–72　大主题“我和月亮”

2. 第二系列：以英语和语文学科为主要支柱学科，多学科融合

（1）子课题研究“戏剧端午”

一台好的戏剧离不开精良的剧本、优秀的导演和演员、精美的道具、烘托剧情的音乐和舞蹈，它是一个整体性、综合性的呈现结果，是一个庞大复杂的任务，需要学生综合运用学科知识、交流合作与解决问题等能力。在整个综合实践活动中，教师主要设计了以下活动流程。

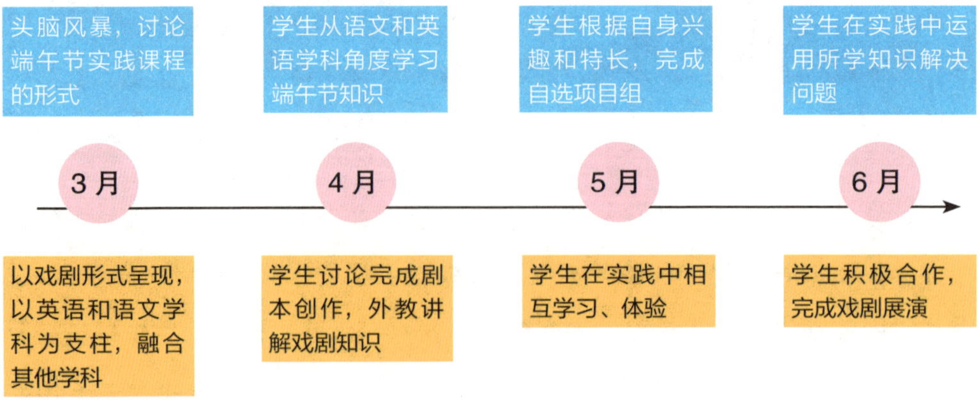

图 2–73　综合实践活动实施流程

学生以端午节为主题，借助多种方法查找、筛选、整理关于端午节的资料。小组合作绘制思维导图，共同梳理端午节的发展。在此基础上，小组领取端午节汇报内容的任务卡，创设“外国友人来中国过端午节”的情境，用英文向外国友人介绍端午节。教师借助相关视频，引导学生发现并归纳戏剧的基本元素，引导学生从外在场景设置和非学业能力方面讨论如何呈现一台好的戏剧。

学生发散思维，组织编剧组同学讨论剧本大纲，教师指导学生完成剧本创作。基于剧本和戏剧要求，学生依据自己的兴趣、能力和特长申请项目组。为了让学生更好地感受端午节的文化魅力，学校结合家长进课堂、引入社区资源开展学生走出课堂体验端午节习俗活动，如包粽子、编五彩绳及制作龙舟等，学生在体验中探寻和理解传统节日丰富的文化内涵，弘扬中华优秀传统文化。学生一起动手实践的过程充满了乐趣和挑战，这是一次非同寻常的端午节体验之旅。

（2）子课题研究“我眼中的春节”

结合 STEM（即科学、技术、工程、数学四门学科英文首字母的缩写）教育理念，学生通过小组讨论、头脑风暴等方式分析问题，通过一问一答的形式尝试解决问题。六年级的学生将大任务变成了可行的小任务，最终确定以“我眼中的春节”为主题的微视频合辑为一个大项目，通过逆向思考，又把大项目分解成小项目模块，学生可以依据小项目模块，思考自己在接下来的学习中，需要做些什么，可以获得哪些知识与技能。

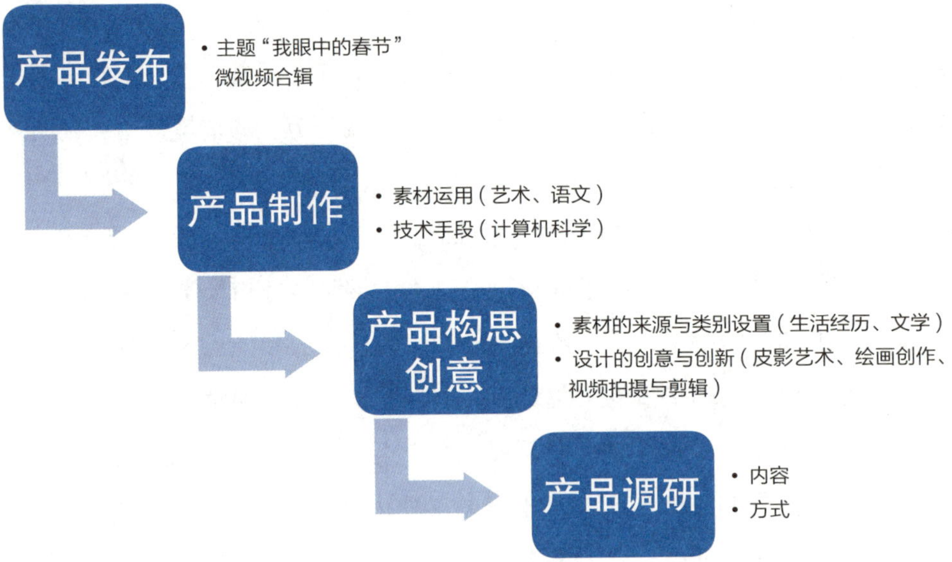

图 2-74　“我眼中的春节”项目活动设计流程图

依据“我眼中的春节”项目活动的设计，以“我眼中的春节”为大主题，分设了《“年”来了》《春节习俗篇》《春节饮食文化》和《“福”文化》系列视频发布与展播，向其他人介绍、弘扬春节的传统文化。具体活动流程如下。

在整个课题中，学生通过头脑风暴及思维导图的形式，梳理已知的与春节相关的文化知识内容，发现问题，寻求相关专家和学科老师的技术指导和帮助。在前期的学习和调研中，根据“我眼中的春节”大主题，分设了《“年”来了》《春节习俗篇》《春节饮食文化》和《“福”文化》4 个项目组，学生根据本组的项目分工撰写故事剧本、视频拍摄大纲及拍摄脚本。分视频《“年”来了》的形式是皮影演绎，录制成片。《春节习俗篇》的形式是春节年俗连环绘画，录制成片。《春节饮食文化》和《“福”文化》的形式是学生拍摄春节期间的活动。最后，学生用计算机视频编辑软件进行后期影片分集剪辑制作、配乐、配音、配中英文字幕，向外国小朋友分享、交流成果。

图 2–75　“我眼中的春节”项目活动流程示意图

（二）改变学习方式，提升学生的核心素养

学生主动参与，发挥所长，打破了教师讲授、学生学习的局限，互助合作，教师辅助支持。正是这样的学习方式，激发了学生的学习兴趣，使他们能够主动学习和体验。如学生在后期访谈中谈道：“当我们意见不统一时，我会听听其他人的意见，并综合在一起，想出更好的办法。遇到困难时，我也会主动求助相关的老师、家长，也会自己去查一些资料。”学生在活动中得到了锻炼，他们的学习态度、学习兴趣和学习策略都有了一定的提高。

学生在反馈中提到更多的是演员之间的默契配合、各演职部门之间的团结合作、音乐资料的筛选和收集、做事的态度、遇到困难的处理办法等，这些是学生在成长过程中最需要的关键能力和思维品质，与国家提出的可持续发展素养中的可持续学习能力、可持续思维品质以及可持续发展价值观吻合。

（三）增强民族自豪感，提升了师生的国际理解力

学生不仅在认知层面有了提高，进一步了解传统节日的文化背景知识，而且加深了对传统节日文化内涵的理解和感悟。如在后期的访谈中，学生说：“春节每年都过，我没觉得有什么不同，但是通过这次实践活动，亲身参与、拍摄视频，觉得今年这个春节过得很有意义，也愿意向大家介绍我眼中的春节。”关于“戏剧端午”的访谈，学生谈道：“端午节是一个重要的传统节日，纪念屈原，有一种家国情怀在里面，我们应传承这种精神，而不仅仅是在家里吃粽子，放个小长假，要做一些有意义的事。”

国际理解力和跨文化交流能力是 21 世纪公民的必备素养。学习英语的过程就是增进国际理解和形成跨文化意识的过程。在语文和英语学习过程中，

不仅使学生认同中华优秀传统文化，而且能向外国人介绍和弘扬中华优秀传统文化。

（四）丰富学校课程建设，提升教师的课程研发能力

课程是学校实现教育目的的重要工具，也是学生获取知识、提升核心素养的基本途径。教师经过反复讨论和调研，寻找与国际理解教育的契合点，探索国际理解教育在传统节日文化课程中渗透的有效途径。在整个课程中，以学生为主体，通过设计学习活动，英语教研组率先进行在本学科节日课程中渗透国际理解教育的学科课程校本化尝试。在此基础上又进行了多学科融合，学生在真实的生活情境中获得丰富的切身体验，深入了解中国传统节日文化，向外国人介绍中国传统节日文化，丰富学校课程建设的同时，也提升了教师的课程研发能力。

课程是文化的载体，也是学校教育的核心。国际理解课程体系的构建能够帮助学生更好地传承和发展中华优秀传统文化。经过两轮的研究和实践，基于中国传统节日文化的小学国际理解教育，不仅在英语学科下进行，更实现了多学科的融合，取得了良好的成效，也表明以节日文化为契合点的国际理解教育是可行的，同时这也是一种学科突破和融合，更进一步地完善、丰富了学校国际理解教育课程体系，也让更多学科教师参与进来，提升了教师的课程设计能力和国际理解教育力。学生积极参与实践体验，以身体之，以心悟之，深层次理解传统节日的文化内涵，增强他们对民族文化的自豪感和认同感，同时努力培养他们，国际交流和沟通的能力。学生能向外国友人介绍和弘扬中华优秀传统文化，也是为世界文化繁荣发展贡献一份力量。

第七节　营造生命自然生长的环境空间

高质量的育人环境不仅要有高“颜值”的校园环境，同时还要具有高品位的校园文化、高品质的学习空间，在给学生带去美的享受的同时，更能潜移默化地促进学生的全面发展。

一、五校一体，齐心共筑农科生长新教育

（一）凝聚共识，统一生长教育理念

集团合并初期，统一教育思想、凝聚观念共识，是这一阶段的首要任务。集团发掘各校区的育人特色，开展高质量的融合活动，将政法路校区的规则教育、气象路校区的海洋教育和农科院校区的生长教育进行融合，以校本教材《懂规矩　守规则》为基础，组织各校区学生、教师代表共同编排原创舞蹈童谣 *style*，在 2015 年 10 月首次以农科院附小教育集团的全新面貌亮相于中国少年先锋队北京市海淀区第六次代表大会。一次跨越、一次融合，那一刻在农科院附小每一名师生心里种下了一颗充满希望、努力生长的种子。集团每学年都精心设计“收获季”展演活动，以班级、年级、校区为单位排演节目，增强全体师生的凝聚力。在统一的教育理念引导下，集团各校区逐渐走向融合，积极推动校园文化建设，向着均衡发展的目标携手同行。

（二）表里合一，统一校园文化标志

校歌、校训，办学理念、培养目标、办学特色、办学定位，校风、教风、学风等内容，是学校特色文化的内涵标志和外显形式。农科院附小是一所拥有 70 多年优秀教育文化的优质校，将培养全面、健康成长的学生定位为生长教育的核心理念。基于这一理念，衍生出学校的校训——“新鲜生活每一天”。集团各校区通过干部例会、教师例会、班队会，将这一理念传递给每一名师生，让他们认识到，每天都是新的起点，每天都有新的发现，每天都有新的生长。在

2015 年 9 月的新学期开学典礼上，刘芳校长为集团 5 个校区颁授统一的校旗，李宁书记给每一名师生介绍校旗上校徽的含义。新的起点，新的征程，统一的蓝白相间校服、统一的金穗校徽，伴随着歌曲《希望少年》的优美旋律，让每一名学生一走进校园，便置身于充满生机的农科沃土之上。

（三）保障供给，统筹后勤保障建设

向东小学、艺师附小一直没有自建的师生食堂，由外部餐饮机构提供餐饮，家长对学生的饮食健康安全存在顾虑。这两所学校并入农科院附小教育集团以后，集团领导班子高度重视食堂建设工作，迅速组建专门团队，结合两个校区实际环境，精心设计建造师生食堂，全力保障各校区的“舌尖工程”，此项举措得到了学生和家长的一致好评。同时，为了保证学生饮食健康安全，集团后勤部门统一制定农科院附小食堂安全管理条例，严把源头关，确保食材的新鲜、卫生，还不定期组织家长和学生代表对各校区的食堂环境进行现场监督。统一的环境，统一的设备，统一的菜谱，统一的要求，各校区的师生每天享受统一、优质的餐饮服务，提升了教师的幸福感，也提升了家长和学生的满意度。

二、合力育人，资源共享迈进融合新征程

（一）和而不同，发展校区特色课程

集团鼓励各校区保留原有的特色课程，和而不同，相互取长补短，均衡优质资源。气象路校区毗邻北京海洋馆，通过对海洋教育资源的多方面研究，围绕海洋主题设计课程内容体系，实施海洋教育，研究成果显著，获得北京市课程建设先进单位。以政法路校区为主体，将小学生守则作为研究背景，着重将培养学生“懂规矩、守规则”作为校区育人特色，结合学生实际编写了《懂规矩　守规则》校本教材，引导全校学生遵守规则，学会生活。农科院校区长期浸润在农业“绿色、生态、可持续发展”的氛围中，提出以生长教育为核心理念，根据学生的生长规律，确定学校的培养目标为“关注学生人格的生长，培养学生学会做人；关注学生知识经验的生长，培养学生学会学习；关注学生社会适应能力的生长，培养学生学会生活；关注学生创造能力的生长，培养学生学会创

造”。“绿色生长”“蓝色海洋”“红色规则”三种独特的课程理念形成了农科院附小教育集团的育人色彩，三色课程的交融普惠，让每一名农科学子在色彩斑斓的独特育人环境中全面健康地成长。

（二）美美与共，共享优质教育资源

集团从艺术与审美、科技与生活、文化与思维等角度设计丰富多彩的主题活动，在各校区间形成“学生联谊、活动同构”的良好育人机制。例如，根据学生兴趣开展金穗阅读节、阳光体育节、红五月歌唱节、金穗科技节等；结合学校特色开展金穗海洋节、劳动实践月、“懂规矩　守规则”实践活动、走进农业科技创新园实践活动等；聚焦培养学生爱国主义情怀设计红色研学活动、致敬新时代英雄主题教育、重走革命先辈路线活动、“绿色啄木鸟”公益活动、走进非遗活动等。通过共享优质教育资源、设计多彩活动为学生搭建展示自我、突破自我、创造自我的舞台，解读中华文明延续传承的“基因密码”，了解中华民族在世界文化中卓然屹立的精神命脉。

（三）立德树人，创设精品德育课程

为了打破地域、学情、师情的差异化，进一步促进各校区优质均衡发展，集团研发了富有年级特色的德育综合实践活动课程。该课程打破校区界限，以6个年级行政大组为单位，在课程核心组和专家的带领下，统一主题、统筹安排、独立编撰，根据年级特色、学生特点设计符合社会主义核心价值观的德育综合实践活动。

表 2-29　学校德育综合实践活动课程体系

学习年段	德育综合实践活动课程名称
一年级上学期	我是小学生啦
一年级下学期	我与植物共生长
二年级上学期	玩具总动员
二年级下学期	绿色生活　雏鹰起飞
三年级上学期	健康习惯伴我成长

续表

学习年段	德育综合实践活动课程名称
三年级下学期	小巧板　大智慧
四年级上学期	做传统文化小达人
四年级下学期	我是冬奥小大使
五年级上学期	美好生活　责任担当——绿色生活我先行
五年级下学期	爱心牵手　公益传承
六年级上学期	宣讲二十四节气——做弘扬传统文化小达人
六年级下学期	多彩毕业季

内容丰富、形式多样的德育综合实践活动课程的实施旨在推进各校区多学科融合，提高学生综合运用知识解决问题的能力、交流与合作的能力、创新意识与实践能力。引导学生践行社会主义核心价值观，达到立德树人的教育目的。

（四）搭建平台，锻造优秀育人团队

在集团发展中期，面对庞大的跨校区班级体系，如何均衡发展各校区班主任教师的育人能力，是学生服务部的重要工作。

1. 营造温馨的“班主任工作沙龙”

定期以不同主题，组织各校区优秀班主任教师，开展中、小型班主任沙龙活动。活动聚焦“特色型”“智慧型”班主任工作模式并深入探讨，班主任教师分享班级建设、班级文化培养和班级活动组织等方面的宝贵经验，并惠及所有中青年教师。

2. 建设专家引领的“金穗班主任工作室”

2020 年开始，集团每学年聘请班主任工作方面的专家，组建专业培训团队，由各校区选拔骨干班主任教师，聚焦“专家型”班主任的培养目标开展专题学习，以小课题研究进行系统的培训和实践探索，提升对师生、家校等问题的理解，把握教育规律。

3. 聚焦少先队辅导员的培养

根据关于加强新时代少先队辅导员队伍建设的意见中关于充分发挥少先队组织政治启蒙和价值观塑造的育人作用的相关要求，学校少工委积极培养少先队辅导员。由学校大队辅导员采用分校区培训和全员培训的模式，帮助少先队辅导员了解党和国家对少先队工作的重要指示，团结带领少先队员听党话、跟党走，为红领巾增添新的光彩。

三、“五育”并举，推进育人环境建设新活力

（一）强健体魄，创建高效率体育锻炼环境

2021 年关于进一步加强中小学生体质健康管理工作的通知，对学生体质健康管理提出了明确要求。集团在操场面积有限的情况下，为了让学生跑起来，根据各校区不同操场面积，按照“小批次、分方向、少聚集、多运动”的思路开展户外体育活动，充分利用操场、楼宇间场地、空中操场、室内操场等开展多彩体育活动。定期举办有特色的竞技类比赛，以赛促练，将体育比赛与班级荣誉结合起来。队列比赛、跳绳比赛、趣味运动会等都是学生最喜欢的活动，既增强体质健康又为班级争得荣誉，同时感受体育竞技精神，逐渐完善“校内竞赛—校级联赛—选拔性竞赛”的体育锻炼环境。各年级组打破校区界限，进行年级竞赛活动，如低年级的迎面接力赛、中年级的广播操比赛、高年级的 4×100 米接力赛等，根据不同年级设计不同的比赛项目，培养了学生奋发向上、遵守纪律、集体意识等，增强集体荣誉感。

（二）润泽心田，打造高品位书香校园环境

读万卷书，行万里路。为了培养学生养成阅读的好习惯，集团为各校区每一个楼层过道专门开辟“图书走廊”，严格把关、精心挑选各类适合学生阅读的图书，分楼层、分年级摆放在“图书走廊”的书架上，方便学生课间阅读。精心打造环境优雅、舒适的阅览室，“于细节处见精神”，一点一滴彰显农科院附小的校园文化品位，给每一名热爱阅读的学生提供一个安静的阅读空间。各校区同步引进“鱼阅书柜”微型移动图书系统，学生输入自己的借书号就能轻松

地借阅喜爱的图书。同时各个教室设有“小小图书角”，让学生足不出户就能享受阅读带来的乐趣。

（三）美劳共育，探索高层次文化活动环境

随着2021年教育部下发的中小学校“五项管理”文件和“双减”政策的相继落地，集团将实现教育公平，以美育、劳育为突破口，培养德智体美劳全面发展的素质型人才为目标打造高层次文化活动环境。

1. 推进美育教育活动

为了让各校区的学生都能享受到均衡、优质的美育实践学习机会，集团每学年面向全体学生开展书法、绘画、健美操、合唱、管乐、弦乐等丰富多彩的社团活动，学生根据自己的兴趣爱好参加活动。集团实行校区社团教师轮岗制，让教师“流动”起来，确保每一个社团都能高质量、可持续发展。

2. 打造精品艺术团

农科院附小的金帆艺术团建团二十多年，艺术教育从传承到发展，已经成为学校的金字招牌，每学年金帆艺术团都会面向各校区发布招生简章，横跨各校区各年级段，参与学生达数千人。金帆艺术团师资力量强大，实施精品小班授课，培养目标明确，打造梯队进阶模式，让每一名参与社团活动的学生都能学有所获，学有所成。

3. 以劳育人，开展“农耕”特色课程

集团联动校园周边农耕基地、高科技农业创新园、植物种植基地等优秀农业资源，实现学校、家庭、社会劳动育人新模式。以自主研发的“农耕”特色课程为基础，打造“知”和“行”两大任务群。知——古今农耕原理；行——劳动实践活动。结合校区特点和学生实际学情，设计劳动清单，设立“红领巾公益志愿岗”“垃圾分类护桶志愿者”等十余种劳动服务岗位，在校园内外建立劳动实践教育基地。开展“我与植物共生长”活动，带领学生亲手种下一颗种子，精心培育一棵苗，通过自己在班级“试验田”的辛勤劳动，见证植物生长的过程，发现植物的生长规律，体验劳动带来的快乐。

4. 实施评价，推进高水平育人管理环境

良性的管理环境能有效促进高质量育人环境的创建，2020 年 10 月深化新时代教育评价改革总体方案的出台，为教育评价改革扎实推进与全面落实指明了方向。集团积极探索评价机制，结合促进学生德智体美劳全面发展，制定育人管理环境的各项评价制度。设计关注学生品德教育评价的“文明之星”“守纪之星”“关心集体之星”“志愿服务之星”；关注学生学习品质评价的“学习之星”；关注学生体育锻炼评价的“运动之星”；关注学生审美教育评价的“艺术之星”；关注学生劳动教育评价的“劳动之星”；关注少先队阶梯评价的“红领巾奖章”争章活动；等等。学生在活动中相互学习，取长补短，形成良性竞争，努力成为有德行、有才学、有根基、有格局的新时代好少年。

5. 因地制宜，创新高质量发展育人环境

（1）锻造“云端”育人新环境。2020 年新冠疫情席卷全球，打乱了学校正常的教育教学模式，网络教学模式逐渐引起家长、学校、社会的高度重视。疫情期间，对于集团的发展建设是机遇也是挑战，在前期充分研发教育教学课程的基础上，因地制宜，创新线上线下育人模式，努力构建具有农科院附小特色的高质量“云端”育人环境，打造全员、全程、全方位的网络育人新格局。

表 2-30　学校“云端”教育内容

涉及领域	主题活动课程	课程实施办法
语言与文学	“云上”读书会、线上诗词大赛、线上演讲比赛、师说心语等	线上教育教学期间
数学与科技	数学故事创编大赛、疫情“技”事——线上科技小制作活动等	线上教育教学期间
艺术与审美	“云端”艺术节、“画笔传情，以‘艺’战‘疫’”、“云上”创意大赛、四季绘画展等	线上教育教学期间
体育与健康	“居家锻炼不停歇，强健体魄我最棒”、“云端”心理话等	线上教育教学期间

续表

涉及领域	主题活动课程	课程实施办法
社会与生活	绿色环保小大使活动、“居家生活有意义，垃圾分类我先行”、红领巾“云寻访”、“云端”游学等	线上教育教学期间
	传统节日课程、网上祭英烈、浓情端午“粽”享未来、中秋节课程、二十四节气课程等	线上教育教学期间相对应的节日前后

集团开发“金穗教育平台”，让学生在“云端”平台上记录自己每一天的成长进步，在“云端”的育人环境中不断成长。

（2）开拓“精品课后”育人新环境。集团根据学生的需求开展以体育锻炼、科技创新、劳动实践、红色教育、传统文化为主的课后服务，让每一名学生在校内发展特长、增长知识。利用学校周边的优质社会资源，让学生“走出去”，把专家“请进来”，努力打造学校、社区资源共同体，为学校的课后服务工作助力。

（四）高质量育人环境创建的成效与启示

1. 需要有高度统一的教育理念，作为创建高质量育人环境的发展基础

集团要发展必须要有统一的育人理念，生长教育是农科院附小特色办学理念，历经多年的改革更新，逐步积淀了深厚的文化底蕴，形成了海淀区的特色教育品牌，全体师生员工必须统一思想、达成共识，以培养学生全面健康成长为宗旨，为创建高质量的育人环境打下坚实基础。

2. 需要有创新的精品融合活动，作为创建高质量育人环境的有效路径

农科院附小各校区均有不同的特色育人活动，集团悉心呵护各校区的文化追求，保留各自文化属性和文化传统，保护已形成的特色。同时，将各校区的文化传统有机融合、共享资源，让一个校区的特色变成集团所有校区的特色，强化优质资源的辐射作用，为开阔学生眼界、培育学生深厚的文化底蕴开拓优质路径。

3. 需要有优质的课程资源建设，作为创建高质量育人环境的推进载体

一个优质的课程带动整体的育人发展，打造优质的课程资源是提升集团化办学下学生整体素质的有效载体。集团积极研发精品校级课程，各校区共同开展学习活动，在活动中实现学生能力、水平的再次提升，在良好的学习氛围中打造高质量育人环境。

第八节　构建家校协同生长新样态

2022 年，《中华人民共和国家庭教育促进法》正式施行，法律明确家庭教育应当符合家庭教育、学校教育、社会教育紧密结合、协调一致的要求。2023 年，教育部等十三部门联合印发《关于健全学校家庭社会协同育人机制的意见》，进一步明确了学校、家庭、社会在协同育人中各自的职责定位及相互协调机制。儿童的成长不是一蹴而就的，只有家庭教育、学校教育与社会教育相结合，才能有效地呵护儿童健康成长。长期以来，农科院附小教育集团高度重视家校协同共育，并以此作为重要着力点，积极探索和创新，创建共育机制，拓宽渠道和方法。在集团化办学的不同发展阶段，家校协同共育都发挥了极其重要的作用，取得了良好的效果。

一、创建“家校维稳”机制，促进不同校区家长融合

集团合并初期，新加入集团的气象路校区、政法路校区的家长担心学校合并只是形式上的“挂牌”，对于几个校区是否能够真正融入集团持观望、怀疑的态度。农科院校区、学院南路校区的家长则普遍担心被新并入的两所资源薄弱校“拖累”，学校原有的优质资源被稀释，教育教学质量滑坡。为了打消家长的疑虑，学校在“促进融合，平稳过渡”指导思想的引领下，创建“家校维稳”机制，保证了学校合并过程的稳定与融合。

（一）统一家长认识，形成家校共育共识

2015年8月，一年级750名家长齐聚一堂，召开新一年级家长会。刘芳校长向全体家长介绍学校生长教育的办学理念、学校课程架构以及在课程改革方面取得的成果，倡导全体家长转变观念，关注孩子核心素养的提升。驻校专家胡豫明老师为家长做“学习做懂教育的家长”主题培训。分管德育的副校长结合新生假期任务单，从“培养规则意识”“激发学习兴趣”“做孩子的榜样”“家校形成合力”等方面给予家长具体指导。同年9月1日的开学典礼上，李宁书记向全校家长介绍校园文化的含义，刘芳校长解读学校管理理念和目标。所有校区的学生都收到了学校精心准备的“课程大礼包”。

学校借助“第一次”的契机，向家长传递了稳定、融合的信息，打消了家长的疑虑，初步形成了家校合力育人的共识。

（二）了解家长需求，回应家长关切问题

为进一步促进各校区家长的融合，学校对全校家长进行问卷调研，了解家长的需求。调研中能够看到各校区家长对学校集团化办学的殷切期待，例如，政法路校区家长希望校区能有自己的食堂，提升饭菜质量；气象路校区家长希望孩子能够参与学校丰富多彩的社团课程等。学校高度重视家长意见和建议，及时回应：政法路校区建造食堂，丰富饭菜品类，提升质量；统筹学校教师和课程资源，在气象路校区开设了门类多样的社团、选修课，面向全体学生培养爱好和特长；聘请心理、教育专家给全体家长举办讲座；成立“S—T—P工作坊”，就有特殊需要的家长和学生进行专题研究，家长通过角色扮演、角色互换等方式，学习教育方法，提升教育能力。

“家校维稳”机制的运行有效保证了原来的薄弱校有提升，优质校不滑坡，集团整体发展，稳中有进。“在家门口上好学校”的实际效果打消了家长的疑虑，家校思想共通、目标共同、信息共享，建立相互信任的关系，家长更加理解、支持并配合学校教育。

二、完善“家校共育”机制，增强家校共育的作用力

学校加强“家校共育”顶层设计，建机制、拓渠道，促进各校区的教育资源均衡，增强家校共育的作用力。

（一）建立三级家委会，完善家校共育组织架构

集团统筹管理家校共育的内容和标准。一是以完善组织为基础。组建“班级—年级—校级”三级“金穗家委会”，制定家委会委员评选工作流程、家委会章程、家委会议事流程、家长微信群公约等相关制度。健全“金穗家长学校”两级管理网络，规范家长学校的组织架构。二是以联动机制为支撑。构建学校、校区、年级、班级四级家庭教育协作网络，在各个校区建设“家庭教育服务工作室”，与学校教育、教学、后勤等部门联动，共同推进家校共育项目。建立“家校服务指导中心”，聘请教育心理专家团队给予专业指导，强化家校联络沟通。三是以项目推动为关键。积极发挥“班主任家校沟通”课题研究的作用，通过项目推动，不断优化家校共育建设。四是以督导评价为保证，编制家长学校工作台账和家委会委员约束清单，将家校共育工作纳入督导自查内容，推动工作落实，形成“规划—指导—服务—监督”协同推进机制。

通过一系列机制的建设，规范集团家校共育共组的内容和标准，有效保障各校区家校共育走向规范化、标准化，促进各校区间资源的均衡。

（二）设立课程委员会，建立家校课程共建机制

2018 年，学校成立了由专家、教师和家长代表共同参与的课程委员会，下设年级课程委员会，进行课程共建共育。家长代表与课程负责人共同规划家校指导课程、学生生长课程、社团课程等，系统规划课程时间和课程形态。家长不仅是学习者，还是参与者、决策者。例如，在课程委员会的指导下，年级组研发了学校一至六年级基于家校共育背景下的德育综合实践课程——“我与植物共生长”“我锻炼 我快乐”“二十四节气”“走进圆明园”等，成为学校整体课程体系的有益补充。课程是学校教育的“心脏”，家校课程共建使家校共育在均衡发展的文化主张中迈进，促进了学生的健康成长、全面发展。

（三）建设家长资源库，推动流动家长课堂机制

学校和家庭对学生的教育各有所长，为促进优势互补，更好地促进学生的健康成长，学校建立了家长资源库，家长走进学校和班级，开展“家长进课堂”活动。首先，班主任调研家长情况，上报年级和学校，建立家长资源库、家长专业圈、家长群，为有效利用家长资源提供数据基础；其次，教师加强与家长的沟通，调动家长的积极性；再次，建立教师与家长共议活动机制，班主任帮助家长深入了解学生的兴趣和课程目标，确保“家长进课堂”内容、目标更加符合学生的特点和需求；最后，打破校区界限，统筹家长资源。流动的“家长讲师团”走进不同的校区，深入年级、班级，丰富多彩的活动受到学生欢迎，每一名学生都能够享受这一优质资源。统一管理、资源共用、智慧共享的管理思路，使校区间彼此联结促进，形成良性互动。

三、推动“家校共治”机制，助力学生健康全面生长

“五项管理”施行，“双减”政策落地，给家校共育提出更高的要求。学校将家长纳入学校治理主体，推动家校共育共治，促进学校高质量发展，助力学生健康全面生长。

（一）创建家校研究共治模式

学校将各校区特色鲜明、效果显著的家校共育方式进行推广，凸显了集团化的优势。例如，成立“家校教研组”，由年级组长牵头，组织班主任和班级家委会组长定期研讨，学习相关文件要求，沟通年级、班级的重点工作、活动，讨论家校共育中的问题，应对突发事件。再有，推广“沉浸式家长会”，采取交换位置、成果交流、家校联谊、实践体验等方式，教师和家长平等对话，相互启发。学校施行“双导师课堂”，家长与教师紧密配合，为学生上语文、数学、英语、劳动等课程；辖区派出所所长担任法治副校长，社区医院院长担任健康副校长；特殊学生的陪读家长、保洁员、保安员、食堂员工成为教师队伍中的一员，定期参与培训和教研活动，给学生上劳动教育、健康饮食等主题课，成为学校共育共治的主体，为学生的健康全面生长群策群力。

（二）打造家校课程共治体系

根据调研结果，学校以教师、学生和家长发展需求为依据，形成了通识课程、梯级课程、特色课程三种类别家长课程。一是专业化通识课程。学生入校前，校长给家长上“学前第一课”，包括知法、知理、知位、知基四类课程，邀请家庭教育和心理健康教育专家开展培训，为家长提供专业和精准的指导。二是科学化梯级课程。根据学生年龄特点、心理特点以及学业特点，以“幼小衔接—陪伴孩子—特别的中年级—读懂孩子—小初衔接—走过青春期”层次规划包括学习六个阶段的课程，满足学生的成长需求。三是优质化特色课程。集团建立了“金穗教育平台”，为师生、家长搭建交流、分享、展示、学习等多纬度平台，实现“共同生长、分享成长”。平台上设置了 15 个频道与话题，围绕核心素养设置不同的频道子栏目，促进学生全面而有个性的发展。开设家长课堂、资源课程等板块，整合校内外的优质特色资源，拓宽学生的知识面，让学生真切体会到“记录成长每一点，新鲜生活每一天”。

图 2-76　校长“学前第一课”

（三）拓展共享家校优质资源

通过家长引荐申报基地，学校审核，共同规划的方式，与农科院创新科技园、北京海洋馆、中央财经大学、国家图书馆、国家种质库、北下关街道等文教文化单位建立联系，加强交流与协作，搭建系列家校共育共治基地，共同研讨、制订实践体验及社区服务方案。邀请家长担任实践基地的辅导员，负责活动的组织与协调工作，有针对性地引导学生参与社区服务，参加各种有益的社会实践活动。在这一过程中，集团注意将其文化精髓融入学校的教育教学中，不断积累文化厚度，拓展资源宽度，增加了家校共育的深度。

图 2-77　走进消防安全站

（四）畅通家校沟通渠道

学校设立“家长接待日”和“家校教育议事会”，打通家、校、社区共育多向通道。家校教育议事会的成员由家长、教育专家、社区干部、学校领导和教师共同组成，每月召开一次会议。这是学校与家长、社区建立长期密切联系与合作的平台，也是一种利益共享、责任同担的管理制度。集团以家校教育议事会为载体，将社区、家长、学校等各种优质和潜在的教育资源有机整合，丰富学生的实践活动内容，增强集团发展活力。

学校建立“接诉即办”“未诉先办”机制。定期自查，将家校共育问题解决的关口前移。学校在各个校区的明显位置设立家长信箱，公示校长热线及校区负责人、各职能部门负责人的信息，确保家校沟通无障碍。安排专人负责接听“家校共育热线电话”，通过“调查—解决—反馈—改进”工作流程，确保家长的诉求及时得到解决。学校还定期将家长来信、来电的情况进行梳理，作为集团制订工作计划和方案的重要依据，不断提升办学质量。

（五）联合家校应对“攻坚克难期”的挑战

过去三年集团化办学的攻坚克难期，学校探索线上线下结合的教学方式，联合家长，推进家校协同育人。学校主要从以下三个方面开展家校共育。

1. 信息畅通，心中有数保心安

学校分三个阶段采取不同措施，使家长心中有数保心安。第一阶段给家长吃颗“定心丸”。线上学习之初，学校第一时间推送了《我们在一起，家长请别慌》微信公众号文章，当天下午召开各年级、各班级家长会，让家长了解学校已经为学生线上学习做了充分的安排，第一时间给家长吃颗“定心丸”。第二阶段建立云上家校链接。线上学习前两周，各班级建立云端班级制度，打造云端班级文化。通过家—校—生三级合作模式以及云端班级家长例会的形式，每周家长云端见面，家校同频共振。第三阶段深化家庭教育指导。线上学习三周后，学校整合“上课情况、作业提交情况、师生互动情况、云家访情况、问卷调研情况”等资料，针对共性问题，开展系列活动。例如，为了提升班主任引领作用，学校发布每周一次的“在线赋能　成就你我”班主任工作坊系列活动，以及针对性更强的云端班会活动等。

2. 心灵守护，为心赋能稳情绪

学校重视线上“一对一”家访，班主任做好访前备课，家访过程中记录家长的困难和需求，做好访后梳理，填写家访记录，使线上家访更加高效。随着集团化办学的深入发展，班主任从月访到周访，再到后来对有特殊需要的学生每天家访，关注学生和家长的特殊需求。例如，学生家里的老人不会操作电脑，线上学习无法进行，教师录制视频教程，详细讲解操作步骤，帮助家长解了燃眉之急。此外，班主任联合心理教师，运用积极心理学和认知行为理论，开展导师活动、朋辈活动、专家活动和自助活动，有效缓解家长和学生的焦虑，赋能家长和学生成长。

3. 携手同行，育德入心促发展

面对特殊的困境，学校和教师善用特殊的教育资源，形成家校共育合力。在“寻找时代精神”活动中，挖掘家长的先进事迹，对学生进行核心价值观教育；

通过“过好最美人间烟火日”活动，引导家长和学生体会身边的美好，感悟生活中的真意。

在面向全校一至六年级家长的一次“家校共育”专题调研中，家长对学校的家校协同育人工作给予了高度肯定。有的家长认为：“家校沟通极大促进了家长与学校的互相了解和彼此融合，提升了家校合作的广度和深度，进一步调动家长参与学生培养的积极性。”创建家校协同共育机制，有效保证了家校在合力育人中同行，在课程建设中同育，在落实政策推进中同力，在氛围营造中同聚。推进家校协同共育共治常态化、规范化，充分发挥学校在家校协同育人中的主导作用，落实《中华人民共和国家庭教育促进法》关于健全学校家庭社会协同育人机制的意见要求，促进学生全面发展、健康成长，农科院附小一直在路上。

第三章

共创：集团化办学的生长蓝图

集团化办学事关国家教育优质均衡发展的大局，事关区域老百姓就近都能享受优质教育的迫切愿望。做好集团化办学的长远规划至关重要。农科院附小教育集团立足“为谁培养人”“培养什么样的人”“办什么样的学校”的根本问题，着眼长远，顶层制订农科院附小教育集团教育改革和发展规划。学校坚持以习近平新时代中国特色社会主义思想为指导，全面贯彻党的教育方针，立足学校周边的科技文化资源优势，以人民为中心发展教育。以目标为引领，确立8大发展目标；以任务为驱动，制订8大任务、23个具体项目，全面推进集团化办学可持续发展；以保障为支撑，强化8大保障，为集团化办学的长远发展保驾护航。

第一节　目标引领，探索集团未来的生长方向

一、指导思想及基本方针

（一）指导思想

以习近平新时代中国特色社会主义思想为指导，全面贯彻党的二十大精神，全面落实习近平总书记关于教育的重要论述，深入贯彻全国、全市和全区教育大会精神。在党的坚强领导下，全面贯彻党的教育方针，把握新发展阶段，贯彻新发展理念，构建新发展格局。立足学校周边的科技文化资源优势，以人民为中心发展教育，以推动高质量发展为主题，以改革创新为动力，加快建设具有农科品质、农科特色的高质量教育体系，建成更高水平的海淀区教育强校。

（二）基本方针

1. 坚持立德树人，“五育”并举

牢牢把握为党育人、为国育才的初心使命，全面贯彻党的教育方针，坚持马克思主义指导地位，坚持中国特色社会主义教育发展道路，坚持社会主义办学方向，更加关注每一名学生的全面发展和身心健康，培养担当民族复兴大任的时代新人。

2. 坚持扎根区域，服务社会

充分发挥辖区高校多、科研院所多等特点，围绕集团东部战略定位和人民群众需求，实施海淀东部提质培优项目，突出集团带动引领作用，使之成为驻区高校丰富智力资源输出的重要承载地，以一流教育支持海淀东部发展。

3. 坚持遵循规律，彰显特色

遵循教育发展规律和人才成长规律，因材施教，教好每一名学生；因地制宜，多措并举，激发办学活力，走出一条具有农科院附小特色的教育强校之路。

4. 坚持改革创新，敢为人先

秉承农科教育人大胆探索、勇于开拓、敢为人先的创新精神，充分发挥教育评价的导向作用，系统推进，精准施策，提质增效，办人民满意的教育。

二、发展目标

到“十四五”末期，农科院附小教育集团高质量发展全面深入推进，培养具有家国情怀、国际视野、创新精神的担当民族复兴大任的时代新人；建成更高水平、更高质量、更富活力、更具特色的海淀区教育强校。在海淀区、北京市基础教育发展中发挥引领作用。

（一）党对教育工作的全面领导持续加强

健全党组织总揽全局、协调各方的领导制度体系，坚定社会主义办学方向，突出思想政治建设，树牢“四个意识”，坚定“四个自信”，做到“两个维护”，贯彻党把方向、谋大局、抓班子、带队伍、保落实的要求，增强党组织把方向、谋全局、促改革、惠民生的能力，以高质量党建引领农科院附小教育集团高质量发展。

（二）德智体美劳全面培养的教育体系更加健全

把立德树人融入教育教学全过程，持续完善系统衔接的一体化育人体系。学生品德修养、综合素质、运动技能、审美情趣、科学素养、意志品质、劳动实践能力全面提升，德智体美劳高效融合，形成具有农科特色的育人模式，培养“请党放心、强国有我”的农科学子。学生体质健康测试达标优良率超过70%。

（三）集团各校区教育更加优质均衡

校际教育质量差距显著缩小，优质教育资源共享机制持续完善。优化、研发、共享、评价课程，创新人才培养，加强教师队伍建设，加强集团文化建设，家校社协同育人机制体系基本建成，特殊教育服务体系更加完备。

（四）“双减”工作成效更加显著

以“五项管理”推动教育改革，夯实主阵地，提质增效、做实做强校内保障，规范管理，形成常态化工作机制。发展有教无类、面向人人的素质教育，探索因材施教、科学有效的育人方法，营造公平而有质量的育人生态。

（五）智慧教育更加深入推进

推动信息技术创新引领教育改革。创新发展“互联网 + 教育”“人工智能 + 教育”模式，满足个性化发展需求，推动人才培养模式变革。升级教育新型基础设施，打造智慧校园。

（六）高素质、专业化干部和教师队伍全面加强

大力弘扬忠诚担当、乐于奉献、团结协作、奋力拼搏的农科教育精神，新培养 3 个学校教育名师、6 个学科市级骨干。创新教师发展模式，鼓励专任教师进修；海淀区、北京市学科骨干教师人数占比超过 30%。

（七）教育治理体系与治理能力更加现代化

依法治教体系更为完善，学校依法管理水平和法治意识有较大提升，教育督导更加有效，教育集团发展模式和评价体系更加优化。教育教学环境更加绿色、安全。

（八）辖区内人民群众的教育获得感持续提升

形成资源共享、协同共进、管理高效的教育集团，优质教育供给更加充分、均衡、多样，素质教育高效实施，因材施教全面落实，成长成才渠道畅通、多元，群众对农科院附小教育集团的认可度和满意度持续提升。

表 3–1　农科院附小教育发展主要指标表

序号	指标	2020 年	2025 年（预估）
1	就近入学率	100	100
2	专任教师具有本科及以上学历	99	100
3	体质健康达标优良率	67	70
4	平安校园	100	100

第二节　任务驱动，规划集团未来的生长路径

一、持续加强党对教育工作的全面领导

把学习贯彻习近平新时代中国特色社会主义思想作为首要政治任务，用党的创新理论武装头脑、指导实践。坚守为党育人、为国育才的时代使命，推进习近平新时代中国特色社会主义思想进教材、进课堂、进头脑，用习近平新时代中国特色社会主义思想铸魂育人，引导青少年践行社会主义核心价值观。

项目一：健全党对教育工作全面领导的体制机制

贯彻党把方向、谋全局、抓班子、带队伍、保落实的要求，完善上下贯通、执行有力的组织体系，推动中央和市区各项部署要求不折不扣落实。健全党组织统一领导、党政齐抓共管的教育领导体制，形成推动教育发展的强大合力。

（1）建立党组织领导重要工作机制

加强党组织对学校重大决策、重点工作的统筹协调、组织领导和督促推动，把党的全面领导落实到办学治校、教书育人的全过程、各方面。

（2）明确党组织领导职责和书记、校长职责

学校党组织书记职责：学校党组织书记主持党组织全面工作，负责组织党组织重要活动，督促检查党组织决议的贯彻落实，督促党组织班子成员履行职责、发挥作用，推动党建工作与教育教学、学生德育和教职工思想政治工作等深度融合，支持校长依法依规行使职权。

校长职责：校长在学校党组织领导下，依法依规行使职权，按照学校党组织有关决议，全面负责学校的教育教学和行政管理等工作，支持配合学校党组织书记开展工作。

（3）健全议事决策制度和协调运行机制

细化党组织会议和校长办公会议讨论决定事项。凡属重大问题都要按照集

体领导、民主集中、个别酝酿、会议决定的原则，由党组织会议集体讨论做决定。发挥党组织领导作用，支持和保证校长依法依规行使职权，建立健全党组织统一领导、党政分工合作、协调运行的工作机制。

（4）修订完善学校章程

按照有关规定和程序，推动学校章程修订工作，在章程中写入新时代党的组织路线和党的教育方针等内容，对学校党组织发挥领导作用、党组织委员会构成和工作原则、党组织书记和校长职责权限，以及党务工作机构设置、经费保障等做出规定，坚持和加强党对中小学校的全面领导。

项目二：深入推进农科院附小教育集团党的建设

以党的政治建设为统领，全面贯彻新时代党的组织路线，实施“活力党建”工程，发挥“践诺”党建品牌的示范引领作用，落实“围绕中心抓党建”的目标，切实提高学校各级党组织的创造力、凝聚力、战斗力、组织力，为保障农科院附小教育集团发展提供坚强的组织保证。

（1）强化理论武装

将习近平新时代中国特色社会主义思想作为干部教师培训的首课、主课、必修课，教育引导干部教师贯彻落实习近平总书记的重要讲话精神和中央、市委、区委各项决策部署，增强“四个意识”，坚定“四个自信”，做到“两个维护”。

（2）抓实基层党组织建设

认真落实“三会一课”、组织生活会和民主评议党员等制度，加强党支部规范化建设，培育优秀党支部。巩固“不忘初心 牢记使命”“党史”学习教育成果，深化“我为群众办实事”长效机制。强化党建引领，引导党员在教育教学改革等工作中勇挑重担。修订集团党建工作手册，加强一体化管理。

（3）加强党员队伍建设

完善“双培养”机制，加大在思政课教师中发展党员的力度，不断提升集团思政课教师的党员比例。继续开展“党员联系服务群众”制度，在党员、干部、教师中广泛开展谈心谈话工作。增强群团工作政治性，深化共青团、少先队改革创新。传承海淀教育红色基因，将红色教育融入农科院附小教育集团“全面健康生长”的教育理念。严格落实意识形态主体责任，建立健全农科院附小教育集团风险防控与责任体系。加强党建阵地建设，及时展示各支部党建动态；依托学校公众号、海淀教育等校内外媒体，做好集团的宣传工作。

项目三：积极探索大中小学思政课一体化协同建设

（1）构建立德树人的区域联动机制

一是深化与北京交通大学附属中学教育集团、北京师范大学第三附属中学和中央财经大学的协同与合作，积极构建大中小学思政课一体化建设共同体。努力建设大中小学思政课教师研学共促的专业发展通道，特别是发挥中央财经大学马克思主义学院在思政教育领域的智力团队、学科研究等方面的优势作用，参加谢玉进教授的“青年教学名师工作室”，为农科院附小教育集团思政课程改革提供带动、引领和支持作用。

二是加强学校与家庭、社区之间多元组织、多元主体的互动，形成“学校、社区、家庭”联合互动格局，为思政课一体化建设提供机制保障。

（2）推动全面思政的课程教学改革

一是形成“学科思政”“课程思政”与思政教育相辅相成、彼此增能的育人模式。在国家课程、地方课程、校本课程的课程目标、课程内容、组织实施、管理评价等环节，将思政教育价值要素与学科知识、技能、思维、情感等深度融合，在学科知识学习、技能提升、思维锻炼、情感培育过程中潜移默化、润物无声地塑造学生的理想信念、价值理念、道德观念。

二是在“五育”并举中全面融入思政课一体化建设，构建德智体美劳互相嵌入的培育机制。在“五育”并举中有机落实思政教育；为思政教育创设多平台、打通多渠道；提高文化艺术与体育活动、社会实践活动等方面的思政教育能力，在学生的亲身实践、切身感知中开展思政教育，增强学生的体验，使学生积极、自主地将课程和教学中蕴含的思政育人价值内化于心、外化于行。

三是建设一支专兼结合、数量充足、结构合理、素质优良的思政课教师队伍。形成思政课专任教师与班主任教师、学科教师、行政管理人员、教辅人员、等全体教职员工通力育人的教育格局。

二、坚持立德树人，“五育”并举，培育时代新人

全面贯彻立德树人根本任务，全面发展素质教育，推进德育、智育、体育、美育和劳动教育深度融合、多元融合、有机融合，构建德智体美劳全面发展的教育体系，把立德树人融入思想道德教育、文化知识教育、社会实践教育各环节，推进全员育人、全过程育人、全方位育人，健全学校、家庭和社会协同育人机制，着力培养担当民族复兴大任的时代新人。

项目一：坚持育德为先，加强德育统筹

以生长教育办学理念为指导，全面推进德育课程一体化，完成学校学科德育课程建设，以学科育人为德育的主渠道，以实践活动为落脚点，以文化底蕴为着力点，以多元评价为支撑点，彰显学校特色，促进师生的生长和学校发展。

强化课堂主阵地作用。实行德育工作校长负责制，建立健全书记、校长抓德育，德育课教师集体备课的机制，进一步完善家校社联动共育机制，提升思政课的教学质量，实现教师成长在课堂，德育干部指导在课堂，书记、校长关注在课堂。深入研究，搭建平台，加强学校德育教师队伍建设，推进思政课、心理课教师专职化、专业化发展，进行思政课骨干教师梯队建设。

建立科学合理的德育课程考核评价制度，重视德育学科建设。坚持多元性、动态性评价原则，将评价重心转移到学生日常行为习惯养成、心理健康和道德情感体验等方面。发挥党团队综合育人优势，深入开展理想信念和爱国主义教育，筑牢学生信仰根基，积极培育和践行社会主义核心价值观，深入开展中华优秀传统文化教育。不断深化生态文明教育、可持续发展教育和法治教育。充分发挥农科院等优质社会资源的作用，打造学生社会实践大课堂，提高德育实践能力。充分利用“金穗教育”云平台，推进德育优质课程资源共建共享，出成效、见成果，回馈社会。

项目二：提升智育水平，培养学生关键能力

着力培养学生的认知能力，激发创新意识。突出学生的主体地位，注重保护学生的好奇心、想象力和求知欲。充分发挥教师的主导作用，引导教师科学把握学生的认知规律，上好每一堂课。深入推进“深度学习”教学改进项目，开展项目学习、融合信息技术的学科教学改进，满足学生核心素养发展需求。聚焦学科核心素养，充分运用信息技术手段，深入探索智慧教育背景下的项目化、主题式学习等方式，探索线上线下相融合的教学方式，推进远程教学、双师教学和融合教学。加强科学教育和实验教学，广泛开展多种形式的读书活动。加强教育内容与现实生活的联系，培养学生终身学习的能力。统筹海淀区的高校、科研院所、高新技术企业等资源，开展多类型的合作，提升学生的科学素养。

（1）打造金穗课程新品牌

申报区级“深度学习”教育改进项目，根据项目要求及理念，结合各校区研究基础与课程特色，开展具有校区特点的项目学习活动，打造金穗课程新品牌。开展主题项目式学习活动，农科院校区重点开展农耕项目学习，气象路校区重点开展海洋项目学习，政法路校区重点开展规则项目学习。项目式学习根据活动主题，采取线上与线下相结合、校内与校外相结合的教学方式，在真实的学习情境下开展。聘请专家线上远程指导，跨学科教师通过双师课堂系统进行学习过程中的随机指导，打破学习场域的边界。在拓展学习空间的同时，充分发挥学习资源的作用，提升教师在复杂环境下的教学能力，改变学生的学习方式，扩大学习增益，提升教学质量。

（2）办好“金穗文化节”

以学年为周期，定期开展具有集团特色，由集团总校主办，成员校承办的“金穗文化节”。文化节主题涵盖艺术、科技、体育、读书、劳动等。根据各校区的学生特点、资源优势、课程特色，制订差异化节日方案。文化节以学习、体验、展示、分享、创新为主要方式，鼓励学生将所学知识与技能运用在活动中，强化学习能力与现实生活的关联，综合提升迁移运用与实践创新能力。

（3）统筹资源建设综合实践基地

充分调研集团区域内高校、科研院所、场馆等情况，统筹校外资源，建立综合实践基地，聘请课程顾问，开展深度合作。结合学校项目式学习活动，将校外资源有机融入活动中。农科院校区加强与中国农业科学院、人民教育出版社、中央财经大学、中央民族大学的合作；气象路校区加强与北京动物园、北京海洋馆、中国气象局、首都体育馆的合作；政法路校区加强与中国政法大学、元大都遗址的合作。发挥相关高校、科研院所的专业优势与场地优势，为学生建立校内外结合的学习空间，扩展学习场域，促进学生在实践活动中提升核心素养。

项目三：加强体育教育工作

遵循教育教学规律，以发展学生核心素养为引领，重视育体与育心、体育与健康教育相融合，充分体现健身育人本质特征，引导学生形成健康与安全的意识及良好的生活方式，促进学生身心健康、体魄强健、全面发展，培养有理想、有本领、有担当的时代新人。

（1）结合各校区特点，挖掘现有资源开展体育课程建设

为确保体育教学顺利开展，满足学生健身运动需求，农科院校区和学院南路校区要进一步扩展学生活动空间。各个校区在原有体育社团的基础上，因地制宜开发新的社团项目，校园足球在原有基础上推广普及，开发和实施民族传统体育武术社团。

（2）促进校园体育教学方式创新

按照体育课程标准，结合不同学段学生的认知能力，制订教学大单元计划，确保体育课程的有效衔接。转变教与学的方式，促进深度学习。

（3）完善体育及体质健康评价机制

建立日常参与、体育锻炼和竞赛、健康知识、体质监测和专项运动技能测试相结合的考查机制，让每名学生都养成坚持锻炼的良好习惯。健全学生视力健康综合干预体系。

（4）每学期开展全校体育运动会

春季运动会以田径比赛为主，秋季运动会以学生期盼的趣味运动为主。

项目四：加强心理健康教育工作

将心理健康教育作为落实立德树人根本任务的重要途径，秉承“以人为本，育人健心”的理念，形成家校社共育的工作机制。坚持全面、全员、全程渗透，坚持学校、家庭、社会协同共育，加强师生心理健康服务，建立成熟的、具有学校特色的心理健康服务体系。

（1）坚持专业引领，构建三级维护体系

开设“心理课—心理班会—心理月”三类课程，建立“预防—预警—危机干预”的三预机制，形成较为完善且具有学校特色的三级心理维护体系。常态化开展“5·25”心理健康月主题活动，加强心理健康教育宣传推广。学校继续完善《校园心理危机干预预案》，规范建立学生心理档案，完善心理普查、筛查、辅导、报告、转介制度，对具有不同程度心理问题的学生给予专业辅导，及时干预，建立班级心理委员制度，继续开展心理社团活动，密织学校心理健康防护网。

（2）建立健全心理服务平台

充分利用每年海淀区学生的心理测评数据，开展持续、立体、多元的学生心理健康教育和宣传，为学生的健康成长营造良好的氛围。组建专业心理咨询团队，为学生及家长搭建沟通平台，提供优质的心理咨询服务。通过公众号等提供公益心理健康知识的宣传，扩大心理服务平台的利用率。

（3）优化家校社协同发展机制，形成全社会关心支持心理健康教育的合力

通过三级家委会、家长学校、家长课程等途径，面向家长宣传普及心理健康知识。引导家长对学生合理预期，促进家长形成科学家教观，优化家庭教育方式，改善亲子关系，关注重大家庭生活事件对学生的心理影响，构建和谐家庭。创新和完善心理健康教育服务提供方式，通过引入优质的社会工作服务机构或心理服务机构，为师生提供专业化、个性化、多元化的心理健康服务。

项目五：全面加强和改进学校美育

坚持美育的正确方向，以社会主义核心价值观为引领，弘扬中华优秀传统文化，继承革命文化，发展社会主义先进文化，促进学生自觉增强文化主体意识，强化农科院附小生长教育的文化理念。

（1）面向全体坚持育人为本

坚持艺术教育的公平性，从教育教学、科学研究、管理服务、日常生活等方面全面营造格调高雅、富有美感、充满朝气的美育氛围。健全美育育人机制，让每一个学生都得到艺术的熏陶，提升审美素养，形成健全的人格。各校区的艺术教育均采用“艺术基础知识及基本技能＋艺术审美体验＋艺术专项特长”的教育模式。各校区均开展艺术普及活动，课堂教学外，成立普及型社团，提高学生学习艺术的兴趣。

（2）坚持分类指导

加强分类指导，鼓励特色发展，坚持整体推进与典型引路相结合，融入文化。结合周边的社会环境，每个校区设定主题，其中，气象路校区为海洋主题，政法路校区为邮电主题，学院南路校区为童心主题，农科院校区为成长主题，形成一校一品或者一校多品的局面。完善各个艺术社团的工作，从招生、管理制度的制定，到教学内容设置、社团计划取得的成绩，艺术教师均设定发展目标。

（3）坚持协同推进

充分挖掘，合理利用，优化整合各类美育资源，促进学校与社会的互动互联，全面提高艺术教育教学质量，切实推进专业艺术教育的改革发展。各校区借助社会力量，“请进来”开展“美育社会大讲堂”，讲解相关文化知识，“走出去”开展学生实践探究。结合主题教育的重点内容，用艺术形式开展上述活动。每学期至少开展一次高雅艺术进校园、戏曲进校园活动，继续开展如“收获季”的校园文化节活动。加强对外文化艺术教育交流。按就近原则、公益原则，组织师生参与“观展、赏乐、观赛、参演、参赛、听讲、培训”等教学及实践活动，大力推动校内外美育活动的双向延伸。传播中华优秀传统文化。推动学校艺术教育改革发展。

（4）科研带动美育师资团队建设

成立美育工作室，招聘有丰富经验、教学成绩优异、热爱学校基础教育工作的美术教师，特别是在市级有一定声誉的骨干教师。开展美育课堂教学交流和教学技能培训，健全美育教师互帮互助机制。加强专家指导，利用科研带动教师前进。继续开展各级美育课题，建立以美育专家、高校艺术教师、美育名师与一线教师为主体的交流展示平台，形成协同机制。抓住农科院附小的美育文化特色，和学校其他品牌有机结合，积极参评金帆书画院。

项目六：全面加强劳动教育

（1）构建新型校园公益劳动模块，打造人人可为服务型岗位

根据学校的具体学情组织校园公益劳动，合理安排分布在不同校区的近5000名学生开展校园劳动，达到劳动育人和实践育人的多元目标。通过教师服务岗位的设置、学生服务岗位的设置、班主任岗位评价机制等，鼓励更多学生和教师积极参与学校的岗位服务。

（2）设置个性化服务岗位，让每个学生都能成为劳动小能手

打造多种个性化的劳动岗位，包括“图书管理员”“厨余护桶员”“美化环境小使者”等，面向全体学生进行“岗位招聘”，鼓励学生自愿参加劳动服务，竞争上岗。培养学生热爱劳动的良好品质，激发每一名学生的社会责任感，打造“热爱劳动、全面服务”的良好校园氛围。

在政法路校区，利用二层楼顶空间打造精美的农科“小农场”。设置专门的田园劳动实践岗，通过岗位竞聘，择优录取“小农场主”，竞聘产生“农场管理员”，“自主招聘”择优录取自己农场的合作伙伴，共同挑选种子、育苗、施肥、浇水、除虫。“农场文化进校园”让学生见证蔬菜的生长过程，发现植物的生长规律，提高自身的观察能力和思考能力。同时，让他们理解种植劳动的价值和意义，珍惜劳动成果，培养热爱劳动、懂得感恩的品格。

（3）家校社联动将公益劳动、志愿服务落地生根，提升学生的自我价值

满足学生校外多样化劳动实践的需求，与家长、社会资源紧密沟通、联系。鼓励学生在家里完成力所能及的家务劳动，培养爱劳动的优秀品质。充分发掘农科院创新园区、社会机构、公共场所等资源，建立形成劳动教育实践基地，将家校社资源进行共享、关联，给学生打造全方位的劳动教育机会。

与农科院创新园区联动合作，研发“小小新农人”劳动教育实践活动课程。学生在创新园内出力流汗，完整参与、体验、经历劳动实践过程，强化反思引导，深刻体会劳动的意义与价值。通过种植实践操作，学生学会 1 ～ 2 项种植技能，学会 1—2 种植物的养护方法，增强产品质量意识，尊重各行各业的劳动者，深刻体会平凡劳动中的伟大。将种植出来的成果，带回家烹饪，学习烹饪炊具的使用方法，掌握 1—2 道菜的做法。让学生热爱劳动、乐于劳动，能够通过劳动创造美好生活。学生通过义卖、互换、捐赠等，将所学知识技能运用于生活中，服务他人，创造价值，树立服务意识，锻炼服务技能，增强职业生涯规划的意识和能力，强化社会责任感。

三、促进集团教育高质量发展

高质量发展是集团化办学的愿景和目标，北京市《关于推进中小学集团化办学的指导意见》提出，完善集团化办学体制机制，集团化办学优势更加突显。在此指引下，学校以集团教育的高质量发展为主要任务，多举措一体化规划集团高质量发展蓝图。

项目一：持续开展学习品质研究

全面落实《义务教育学校管理标准》，促进学校办学管理规范化。落实“双减”政策，实施校内提质工程，提升学校教学管理能力，持续优化学校的课程设置方案，提升学校教学计划的研制和实施能力，提高教师作业设计与实施的能力，提升学校学科考试内容及评价。完善教育教学管理，深入推进教育、课程、教学模式变革。

开展学业与非学业质量的综合评价、增值性评价，完善“9L”学习品质评价体系和学生综合素质评价平台，强化过程性评价和发展性评价，有效发挥引导、诊断、改进、激励功能，促进义务教育优质均衡发展。在三年级、五年级开展全校测评，用3—5年的时间追踪学生学习品质数据，形成并完善学习品质评价体系和平台。开展促进学生学习品质提高的研究，探索增值性评价方式，发掘提高学生学习品质的优秀典型案例，在全校推广。

项目二：加强家校社协同育人机制

进一步完善以“互信共生”为主要特征的家庭、学校、社会联动共育组织机构。完善家长学校、家长委员会、共育网络三个平台；规范班级、年级、学校三级家委会的运行，引导家长按规定积极参与学校的治理和监督，支持学校建设、德育、校园安全保障等，参与学校教育教学活动和学生校外活动；完善“金穗教育”网络平台，实现家校共育方式的多元化，开展线上、线下丰富多彩的家长课堂和家庭教育实践活动。以“家校沟通”区级科研课题为引领，开展教师家庭教育指导素养提升培训，提升教师对家庭教育的指导能力，建设和谐的教育生态，通过广开言路，平等对话，建立家校协同育人的伙伴关系。深化家校共育校本研究，继续研发“金穗家庭教育课程”，用好专职心理教师，在构建小学生危机预防、预警、精准干预三级工作体系中取得突破性进展，服务学生、家长，努力实现家校社三方有效衔接，合力育人。注重挖掘、整合优质资源，深化社会育人的作用，服务学生、家长、教师的成长，实现家校社三方有效衔接，营造和谐的教育生态，促进学生德智体美劳全面发展。

项目三：立足校内夯实“双减”成效

整体规划、设计课内与课后服务教育教学内容，主动、有效地开展提高课堂教学质量的工作。探索小学走班制，强化课业辅导、答疑、巩固和提高，加强作业、考试评价管理，全面覆盖、丰富课后服务工作，切实增强课后服务的吸引力和有效性。全面提升校内教育服务水平，切实减轻学生过重的课业负担，促进学生成长、教师成才。

以学科为单位，全面梳理、统计课后作业的类型、项目、内容，以合并、压缩、删减等方式，减少机械性、重复性、低效性作业。以课标为指导，组织教师设计基于单元整体教学的单元大任务及单元作业。创设真实主题情境，设计单元学习任务，以评价指标为参照，设计单元作业内容，融合基础巩固、拓展延伸、综合实践三类作业，强化在情境中学习、在实践中应用的理念，引导学生在轻负高效的任务活动中提升核心素养。

统筹规划每日两小时的课后服务时间，转变教师观念，以服务学生、服务家长为宗旨，加强课业辅导、分层指导、巩固提升。第一时段以主题式分层指导为主要方式，开设“金穗助跑课程”和“金穗培优课程”。不同学习水平的学生，根据自己的需求自主选择课程，以走班的方式，参与课后辅导，助力全体学生提升学习能力，提高学业质量。第二时段以主题式兴趣培养为主要方式，由校内外师资根据学生需求，开设兴趣选修班。学生根据自己的兴趣爱好和特长优势，采取走班的方式，自主选择课程，发展兴趣特长，促进自身综合素质提升。

建立集团校“双减”工作督导制度，根据《关于进一步减轻义务教育阶段学生作业负担和校外培训负担的意见》，制定督导细则，设立督导专班，定期开展专项督导工作，检查各成员校“双减”工作的落实情况，提出改进建议，不断完善“双减”工作。

项目四：推进集团内各校区均衡发展

以推进教育集团干部教师交流轮岗为抓手，落实国家、北京市“双减”政策方针，以提质增效为核心，以学生需求为内驱力，开展教育供给侧改革，提供农科院附小教育集团的教育服务供给。

遵循刚柔并济的原则，采取自愿选择与统筹调配相结合的方式，分层、分类、有序推进教师实质性的交流轮岗工作。发挥集团优势，全面开展集团内部教师交流轮岗，进一步促进骨干师资均衡配置。建立起满足人民需求、加快干部教师成长、运转科学顺畅的教育人才配置与使用机制，推动教育资源流转的提速增效。继续推动提升帮扶地区的教育质量。

教师交流方面：均衡各校区的优质资源，逐年加大教师交流力度。干部教师在各校区之间交流达到100%。优质均衡资源，使集团内各校区的骨干教师比例基本一致。每学年末，在岗位意向调研的基础上，进行新学年岗位安排，使各校区的区级以上骨干教师比例趋同，同时考虑各校区的学科发展，按步骤开展非骨干教师的交流，激发教师活力，更好发挥作用。

干部交流方面：综合考虑各校区特点，安排干部在集团内交流轮岗。

建立奖励机制。对于积极参与集团内交流的干部教师，并取得相应成效的，在职称评审、评优评先、考核使用等方面进行倾斜。

项目五：特殊教育全纳融合贯通发展

深化义务教育就近就便入学政策，有特殊需求的学生零起点、零拒绝入学，特别是一年级新生。为每一名有特殊需求的学生安排一名有丰富的班主任工作经验、丰富融合教育经验的教师做班主任工作，切实保障残疾儿童受教育权利。开展一年级有特殊需求的新生的专业评估工作，通过评估筛选出需要重点关注的学生，为他们提供指向性比较强的课程。持续为已筛查学生提供专业培训。

充分利用北太平庄资源中心、各校区的资源教室，为孤独症学生开设个训课程。掌握并跟进学生在认知、动作、学习等方面的发展状况，针对他们的不同情况制订个性化的课程，每周至少上足5节个训课程。建立学生的个人档案，并做好档案管理工作，做到一人一档。档案要求内容全面，能体现每一名学生的特点和成长足迹。做好特殊学生的备案工作，根据备案工作流程在家长自愿的前提下为学生进行备案。充分利用学校的公众号、广播进行孤独症知识宣传。各班黑板报开辟红十字会专栏，为学生讲解孤独症、学习障碍、注意缺陷多动障碍知识，开展孤独症关爱周活动。通过观看电影、收听广播、写爱心卡等活动让学生走近孤独症学生，了解他们、关爱他们、包容他们，提高孤独症学生与班集体的融合度。

建立特殊教育专家委员会，明确其职责，充分发挥专家委员会作用，为教师提供专业知识培训和工作指导。指导资源教师进行针对孤独症学生、学习障碍学生、注意缺陷多动障碍学生和超常学生的研究。

继续推行融合教育工作委员会制度，完善融合教育工作委员会职责。监督资源教师日常工作，进行资源教师考核工作。

践行家校共育。资源教师及时了解学生家庭基本情况并为家长提供心理咨询、干预方法的指导和服务。与特殊学生的家长共同召开个案研讨会，制订学生的个别化计划。跟踪家庭情况，和家长保持长期有效的沟通，并及时调整个别训练计划。

建立分类培训、分层指导的特教教师培训体系。组织资源教师与融合班主任开展课题研究。在研究的过程中提高教师的自身素质，开阔教师视野，更好地为学生服务。做好资源教师、融合教师的评优评先工作。建立资源教师个人档案，做好档案管理工作。

组建资源教师核心教研组，基于特教工作的特殊性质，要求特教组的每名成员都要有较高的特殊教育工作素养，认真的工作态度，以及高效的沟通技巧。通过例会、培训、集体学习等方式，提高特教组成员的整体素质，增强部门成员的工作积极性。积极组织融合教师参加特教中心资源教师上岗培训，取得资源教师资格证。持证上岗工作满一年可参加特教中心资源教师考核，考核合格后认证为学校专兼职资源教师。组织教师参加各级各类特殊教育论文案例评比，在论文和案例撰写过程中梳理教师特教工作的亮点，总结特教工作经验，为更好地服务学生积累案例。完善陪读人员的管理工作，定期检查。

四、积极扩大教育开放合作

集团化办学需要广采博纳，以开放的视野办教育。多年来，学校开展了“农科教育与世界对话”的品牌项目，以开放的胸怀持续促进与世界的对话与合作。未来，学校将持续深化教育国际合作交流，不断激活集团的办学活力。

项目一：深化教育国际交流合作

深入推进与国际学校教育合作伙伴的务实合作，增进与“一带一路”共建国家的交流合作。持续开展“农科教育与世界对话”品牌项目，聚焦世界基础教育的热点与难点，加强与各国的互学互鉴。创新交流合作方式，线上与线下交流融合，提升交流合作的实效。

推动全校教师教育理念的国际化进程。通过国内外教育国际化通识培训、专题培训等方式，提升干部教师的教育国际化意识。

推进学校参与海淀区“国际理解教育研究共同体”项目，开展体验中国传统节日文化的国际理解教育实践，加深学生对传统文化的理解，增强文化自信，涵养家国情怀。

推进学校的海洋教育，引导学生关注世界焦点问题。通过教育形成认知，通过传习形成习惯，梳理海洋思维，培养学生开放包容、协同合作、勇于创新的意识，构建人类命运共同体。

推进学校与香港姊妹校之间的深度合作与交流，开阔学校办学视野，打造学校品牌，增进友好往来，推动京港教育交流，实现教育共赢。

五、建设高素质专业化创新型干部教师队伍

干部教师队伍是集团化办学持续发展的领头雁，是集团能够科学顺畅运转的中枢。学校锚定“建设一支高素质专业化创新干部教育队伍”的发展指向，提升教师的思想政治素质和师德师风水平；研训一体，持续提升干部教师能力素质；全面提升教师岗位吸引力。立体化夯实干部教师队伍建设，打造农科院附小教育集团的良好治理生态。

项目一：提升教师思想政治素质和师德师风水平

（1）加强集团干部队伍建设

一是提高干部队伍的思想觉悟。把政治理论学习放在首位，切实提高领导干部的政治站位和理论水平。规范开展民主生活会、组织生活会，组织党员、

干部开展批评和自我批评，增强党员、干部的自觉性与先进性，真正做到知行合一。

二是加强干部队伍制度建设。制定相关的制度，明确干部的职责，做到责任到人，奖惩分明。建立《学校干部任期考核制度》，形成能上能下的动态管理机制。

三是发挥干部先锋模范作用。要求干部带头讲党性、重品行、做表率，在工作中发挥先锋模范作用，打造一支思想过硬、素质过硬的集团领导干部队伍。

（2）加强集团教师队伍建设

一是深入学习习近平总书记关于师德师风建设的重要论述。开展政治理论教育、政治教育和政治训练、党章党规党纪教育、党的宗旨教育、革命传统教育、形势政策教育、知识技能教育等7个方面的教育。

二是结合“永远跟党走”主题教育，每年教师节开展讲述我（我们）的育人故事活动。

三是开展师德优秀典型先进事迹宣传学习活动。把评选海淀区优秀“四有”教师（标兵）和育人先进个人活动作为加强师德师风建设和教职员工思想政治工作体系的有力抓手。评选出政治素质高、思想品德优、业务能力强、群众威信高的标兵和先进人物，发挥好引领示范作用，促进集团教职员工不断提高道德修养和职业素养。

四是引导教师学习践行新时代师德规范。每年签订《农科教育集团师德师风承诺书》，组织开展“新时代师德内涵”大讨论，落实立德树人任务，不忘教育初心，牢记育人使命，践行新时代师德师风。

五是集中开展师德警示教育。建立集团师德失范行为通报机制；以教育部发布的《违反教师职业行为十项准则典型案例》为学习材料，采取集中学习的形式，组织全体教职员工学习讨论，进一步明确底线和红线；学习《严禁教师违规收受学生及家长礼品礼金等行为的规定》《严禁中小学校和在职中小学教师有偿补课的规定》《中小学教师违反职业道德行为处理办法》；签订《教职工廉洁从教承诺》。坚决执行师德问题一票否决制。

项目二：研训一体，持续提升干部教师能力素质

（1）开展教师思想政治素质和师德素养培训

每年开展师德专题教育，强化习近平新时代中国特色社会主义思想、社会主义核心价值观、“四史”学习教育，学习习近平总书记关于师德师风的重要论述，引导全校教师学习践行新时代师德规范，集中开展师德警示教育和教师诚信教育；强化教育法律法规、教师心理健康等专题培训；强化德育队伍（班主任和思政课教师）专项培训，发挥金穗班主任工作室的辐射带动作用，引导德育队伍做好立德树人工作。

（2）实施“青穗教师”发展工程

学校针对入校未满5年的新任教师通过三至五年递进式、规范化的校本培训，引导新任教师遵守职业规范，掌握教育教学理论和学科教学方法，形成教学基本能力，提升教书育人的能力。采取师徒结对、同伴互助、案例研究、自我反思和学科工作坊等研修方式，组织新任教师开展专题研究、名师课堂观摩、学习心得等活动，重点关注新任教师课堂教学表现、班级管理实践、教学反思与问题探究意识等方面的分析、诊断和培养，将驻校专家和指导教师的“传、帮、带”、同伴的“陪、助、促”和新任教师的“学、练、思”贯穿始终，引导新任教师将培训所学自觉转化为教学行动，尽快适应教师岗位需求。

（3）实施“金穗教师”发展工程

学校通过开展理论学习、教育教学经验凝练、驻校专家指导等培养方式，培养更多市级骨干教师、区级学科带头人等各级各类名师，发挥其在集团内、区域内教育领域的专业引领作用。

（4）建设“金穗班主任”工作室

打造一支“名班主任团队”，每学年招收一批优秀班主任教师进入“金穗班主任”工作室，将其培养成班主任工作专业化成长的助推器，成为骨干班主任的摇篮，成为教师精神成长和专业成长的家园。通过专家引领、课题研究、校本培训等多层次、多形式的班主任学习、研修、实践和培训活动，不断加强班主任专业能力建设，使工作室成员成为班级管理的能手、德育科研的先锋。

（5）提升教师学科专业能力

以新课程、新课标、新教材等为导向，更新教育理念、丰富专业知识、提升专业能力、锤炼专业作风、培育专业精神，着力增强教师适应新时代首都基础教育改革发展要求的本领；注重现代教育理论、现代管理理论、现代心理学等专业基础理论的学习，注重新课程、新课标、教育评价等教学综合改革政策的学习，增强学科教师坚持德智体美劳“五育”并举的意识，树立培养全面发展的社会主义建设者和接班人的正确人才观。

（6）实施信息技术能力提升工程

以北京市中小学教师信息技术应用能力提升工程2.0为依托，引导教师了解新时代“互联网＋教育”的发展趋势，主动适应信息化、人工智能等新技术变革，积极探索信息技术赋能下的育人方式转变。涵盖大数据、人工智能、互联网等新技术的学习，全面提升教师线上线下融合式教育教学的能力，提升全校教师利用信息技术解决教育教学实际问题的能力，有效地服务教育教学改革，全面促进信息技术和教育教学融合的创新发展。

项目三：全面提升教师岗位吸引力

积极营造尊师重教的氛围，深入研究“双减”背景下，教师管理模式的优化创新。强化保障机制，提高教师的获得感和幸福感，重视教师的身心健康，制订并实施关心关爱教师工程，全力构筑维权机制，维护教职员工合法权益。建立关爱教师的长效机制，助推人才持续发展，继续推进教职员工依法参与民主管理和民主监督。

（1）持续建设“职工之家”

坚持以社会主义核心价值观为引领，用中国特色社会主义共同理想教育、引领教职员工，用中华优秀传统文化、革命文化和社会主义先进文化滋养教职员工心灵。在“双减”工作积极推进、落实过程中，探索拓展线上线下相结合的职工之家服务方式，不断推进职工之家建设创新发展，建好职工之家，当好教职员工贴心、暖心的“娘家人”。

（2）持续关注教职员工身心健康

开展丰富多彩的活动，让教职员工在活动中释放压力，调整心态；采用多种形式鼓励教职员工锻炼身体；关注教职员工的心理健康，定期邀请心理专家开办心理讲座；关注“双减”政策落地过程中产生的新问题，及时帮教职员工排忧解难，缓解教职员工的工作、生活压力。

（3）多措并举拓宽教师职业发展通道

多部门协同，充分发挥学科骨干的引领和传帮带作用，促进各学科教师的交流与研讨，为提升教师职业素养搭建平台，拓宽优秀青年教师职业发展通道。

（4）坚持和发展教职员工代表大会为基本形式的民主管理制度

发挥工会在学校民主管理和民主监督中的作用，不断完善教职员工代表大会制度，确保教职员工代表大会制度规范运行，有效保障广大教职员工的知情权、表达权、参与权和监督权。坚持以教职员工为中心的工作导向，抓住教职员工最关心、最直接、最现实的利益问题，认真维护教职员工的合法权益。

六、完善农科院附小教育集团特色智慧教育体系

《中国智慧教育蓝皮书（2022）》指出，智慧教育既是关乎民生的具体行动，更是关乎国计的重大战略，通过科技赋能和数据驱动，将全方位赋能教育变革，系统性建构教育与社会关系新生态。学校以智慧教育为抓手，突破学校教育的边界，推动各种教育类型、资源、要素等的结合，推进学校、家庭、社会协同育人，不断完善特色智慧教育体系，努力打造智慧校园、绿色校园。

项目一：打造智慧校园

构建一体化网络数据平台，整合各种数据，管理各种应用，采用模块化的方式逐步建设师生资讯平台、教师教学平台、教师发展平台、学生发展平台、学校工作平台、对外展示平台。助推“互联网＋教育”在校园的落地。

师生资讯平台应用于人员基础数据的管理，实现基础数据单一数据来源，完成应用人员身份的确认，成为各项应用权限划分的依据。

教师教学平台应用于日常教研、备课、教学、课题研修、导师育人等工作环节，实现协同备课、个人备课、混合教学、课题研修、资源沉淀、知识挖掘，以及知识分享的信息化、智能化、移动化和常态化。

教师发展平台助力教师的培训、管理和成长，提高教师信息化应用水平；听课评课等系统，促进教师可持续发展，激发教师的工作热情。实现教、学、管模式调整和优化，推进学校跨越式发展。

学生发展平台实现学生成长的各种记录数字化，通过相关软件进行梳理，为学情分析和教育管理提供基础。

学校工作平台扩展教师原有的“办公室”，在网络的支持下随时可以办公；学校管理制度的流程化，实现过程的可追溯性。

对外展示平台将成果数字化，便于宣传，也便于家长了解学校发展以及学生在校的学习生活状况。

项目二：建设绿色校园

秉承生长理念，建设环境友好、智慧低碳的绿色校园，助力学生绿色低碳教育。

创新性推动绿色校园建设。实施绿色学校创建行动，深入开展学校生活垃圾分类，继续推进校园节能减排，落实北京市中小学幼儿园能耗限额地方标准。从节能、节水、节地、节材的“四节”生态效益角度，评价节能减排和资源减量的贡献度。注重提升人员的素养，通过科技手段减少能源的浪费，如集中管理定时关闭电源、人体感应照明、节能设备的应用等。

保持校园综合环境质量。重点关注室外、室内空间的热环境、光环境、声环境、风环境、空气质量等方面，考察校园环境的综合性能和品质。在校园中尽可能采用太阳能照明、太阳能热水等。

加强校园绿色低碳教育宣传。在校园内外开展评价学校的绿色课程、绿色活动，支持学生在校园外开展绿色社会实践教育活动。

七、增强集团内生动力，全面激发集团办学活力

在新时代教育改革的大背景下，建立多元参与、协商协同、共建共享的教育治理新机制，不断提高依法自主办学水平，实现教育治理现代化。

以集团为载体，构建持续发展的优质教育生态环境，推动学校组织管理、教科研、教育评价和学生培养等水平全面提升。在集团层面的系统集成上，建立更紧密、更高效的组织管理体系。创新驻区高校与中小学深度合作办学机制，共同开展教师培养培训，助力教育人才高地建设。

继续探索建立未诉先办机制，积极主动，下好先手棋，对可能发生的“接诉即办”案件提前处理，从被动“接诉”到主动化解矛盾，避免舆情案件产生，从而减少“接诉即办”案件数量，提高学校治理能力。

八、深化新时代集团办学教育评价改革

评价是检验集团化办学实效、促进集团化办学持续发展的有效方式。可持续发展的集团化办学生态需要与之匹配的、构建立体的集团化办学评价体系。新时期，学校以深化集团办学教育评价改革为抓手，持续构建一系列科学的评价机制，一体化探索农科院附小教育集团的评价体系。

项目一：继续探索集团化评价改革

全面落实国家和北京市深化新时代教育评价改革文件，系统推进教育评价改革，遵循教育规律，发展素质教育，引导树立科学的质量观和人才观。探索完善区域教育质量评估监测体系，构建常态化、贯穿全学段、具有海淀特点的区域基础教育质量监测体系。

探索增值性评价，进一步完善义务教育学校绩效考核工作，科学客观评价学校办学绩效。积极参与海淀区“教育部中小学教育质量综合评价改革实验区”建设，深化中小学生学习品质评价，构建涵盖全员、全学段、全过程的学习品质评价体系。探索建立中小学教师教学述评制度，任课教师每学期须对每个学生进行学业述评。完善评价结果运用，综合发挥评价的导向、鉴定、诊断、调

控和改进作用。

继续完善学生学习品质评价体系，探索符合“五育”并举的学生综合素质评价指标及评估办法，构建涵盖全员、全学段、全过程的学生综合素质发展评价体系。

发挥评价在教师发展中的促进作用。探索建立学校教师“自我发展签约”制度，教师在合约期内对自身发展开展阶段预期评估，激发教师内在发展动力。

项目二：深化集团教育督导体制机制改革

完善学校教育督导评估机制。建立完善报告制度、规范反馈制度、严肃约谈制度、强化整改制度、健全复查制度、建立通报制度、压实问责制度、落实激励制度等，将督导结果作为绩效考核、评优评先、干部任免等的重要依据。

探索“大数据+”评价模式。充分利用人工智能、大数据等信息技术，建立基于大数据平台的学生成长评价模型，探索开展各年级学生学习情况全过程纵向评价、德智体美劳全要素横向评价。开展基于信息技术的教学评价创新实践，全方位采集、识别、跟踪和监测教与学全过程，开展多元化、过程化评价。利用信息技术建立多维、精准的学生成长档案，完善学生综合素质评价体系，创新评价方法，优化评价过程，促进学校育人模式转变。借助“海淀区教育集团办学评估平台”，不断完善集团化办学各领域，不断提升集团化办学效果，保障集团朝着健康方向发展。

项目三：规范园所管理，做好幼小衔接

全面贯彻《幼儿园工作规程》和《幼儿园教育指导纲要》，依法治园，以德立园，以幼儿发展为本，促进师生共同成长，规范园所管理，促进幼儿园全面发展。结合生长教育的办学理念，坚持“一日生活皆课程”的教育理念。让幼儿在生活中学习、在学习中成长。园所将继续完成“十三五”时期未结题的项目，同时做好“十四五”规划群体课题“打击乐的游戏探究”和“利用历史文化遗产开展中华优秀传统文化教育的实践研究”的开题工作。充分利用好园所区级

骨干教师的优质资源，做到以点带面，提升园所教师的整体专业水平。进一步增强使命感和紧迫感，认真落实《幼儿园教育指导纲要》《3～6岁儿童学习与发展指南》，努力在园本课程体系构建方面有所突破，促进幼儿的个性化和自主发展。做好北京市托幼试点校的工作，为教师子女入托做好服务保障。通过有计划地对年轻教师进行培养，快速提升年轻教师的专业素养，营造良好环境，搭建平台，鼓励更多年轻教师脱颖而出，打造一支优秀的学前教师队伍。充分利用区域周边资源，做好幼小衔接工作，办出特色。

第三节　立体保障，护航集团未来的良性生长

一、提升集团建设经费保障

构建以项目为周期管理的主线，横向涵盖预算编制、预算执行、绩效管理、会计核算、决算和财务报告、资产管理、内控监督等业务管理，纵向实现集团总校、成员校、各职能部门之间的数据连通与对接，形成顺向逐级控制和逆向实时反馈的协同管理体系。加强教育经费的使用、监管、审计与绩效评价，积极构建全覆盖、全过程、全方位的教育经费监管和评价体系。

二、强化集团教育改革组织保障

集团各校区加强党组织对学校工作的全面领导，推进党建工作与教育教学工作的紧密融合。要明确党组织的地位和职责，确实发挥主体责任，认真执行请示报告制度，充分发挥战斗堡垒作用及党员的先锋模范作用。全面加强德育和思想政治工作，切实加强组织保障。

三、构建集团各校区文化建设保障

充分发挥校园文化在学校教育中的导向、陶冶、约束、凝聚和社会辐射功能，挖掘学校建筑、园景、文物、校训校歌等承载的文化底蕴，提升校园人文

历史内涵。集团总校在发挥集团文化引领作用的同时，指导帮助各校区总结提炼原有的学校文化，注重与集团总校文化的衔接和融合。集团总校也要从各校区文化中汲取养分，不断创新发展集团总校的学校文化，从而有效解决问题，形成特色发展路径。

四、提升集团教育发展人才保障

制订集团教师培训、校本教研计划，满足不同发展阶段的教师的实际需求，开展形式多样的教研活动和培训研修。在集团内开展教师交流，并制订教师激励机制，从而提升集团化办学的教学及管理水平。

五、提升集团教育安全稳定保障

守好意识形态阵地和政治安全底线，把维护安全稳定贯穿集团发展各领域和全过程。加强平安校园建设，落实安全管理责任，提高突发事件应急处置能力，提升人防、物防、技防水平。普及开展交通、消防、法治、食品卫生、自然灾害等安全教育及应急演练，探索开展小学生防范欺凌和暴力、心理危机干预等问题导向的安全教育。

第四章

共赢：集团化办学的生长成果与反思

在上级部门的大力支持下，在全体农科人的努力拼搏下，在家校力量的协同下，经历了8年的集团化办学实践探索，农科院附小教育集团取得了丰硕的发展成果。在集团化办学实践探索中，农科人摸着石头过河，一步一个脚印，在艰难曲折中真正探索出一条具有农科院附小特色的可持续发展的集团化办学路径。回顾8年历程，可以发现在集团化办学的各个阶段，正是由于各个校区在同生共长的协力奋斗下，才开创了农科院附小教育集团各校区共赢发展的局面，才实现了从合并初期平稳过渡和有序发展到提质期各校区的优质均衡发展。时至今日，农科院附小集团化办学实现了质的突破。

第一节　合并初期：学校平稳有序，奠定生长之基

合并初期，通过促进干部、教师的融合，促进各校区、各部门运行畅通，集团实现了平稳过渡的目标。合并前，2015 年 6 月的“双满意”测评中，有的学校满意度未达到 90%；合并一年后，2016 年的“双满意”测评中，群众对领导班子、党组织、党员的满意度大幅度提升，超过了 2015 年的满意度数据，特别是群众对领导班子的满意度达到了 96.06%，远远超过海淀区同类学校的平均满意度。2016 年 3 月，集团召开第一次教代会，历时一个多月，教师充分交流、讨论、达成共识，教代会代表全票通过《中国农业科学院附属小学绩效工资分配方案》《中国农业科学院附属小学绩效工资分配方案实施细则》《中国农业科学院附属小学职称评审工作方案》《中国农业科学院附属小学考核工作实施细则》《中国农业科学院附属小学制度汇编》等重要方案和制度。形成了每学期编写《教师手册》的工作机制，一册在手，教师对整个学期的工作内容和要求做到心中有数。这些制度是集团平稳发展的基础和保障。2016 年 7 月，学校党委荣获海淀区先进基层党组织称号。有的教师说：“合并后学校教育资源均衡，比如教师跨校区流动，教学内容一致，大家强化了团队合作。最开心的是新学期会征集教师的意愿，校领导会考虑教师的选择，尊重教师。”还有的教师说：“集团化办学以来，学校的规模更大了，变成了五个校区，感觉资源更加丰富，例如之前对海洋文化没有关注，集团化之后海洋教育融入了各个校区。”

2015 年 12 月 23 日，海淀区教委召开了主题为“深化教育改革，办人民满意学校”的小学教育工作会。刘芳校长在此次大会上做了题为“努力打造同生共长的一校多址办学生态系统”的交流汇报。将一校五址、抓住机遇、促进融合、稳步提升的学校管理工作，在大会上进行了展示汇报，得到了参会领导的高度赞扬。

第二节　发展期：均衡发展与提升，赢得生长口碑

集团通过教师流动、提升教师专业能力等措施，激活内外部资源，各校区得到均衡发展。教师根据个人和集团的发展需求，在集团内流动起来，学校为教师在海淀区、北京市，乃至全国、国际交流活动中搭建发展平台，通过这些措施整合内外部资源，促进集团全体教师的专业提升。有的教师说："资源多了，团队成员增加，教师之间可以互相借鉴。"还有的教师认为："人员流动起来了，教学水平得到提升。学校规模更大，人员更多，区域内影响力也更大，统一管理下更多的标准和要求得到统一。学生校园生活更加丰富，区域内更好地体现了教育公平性。"政法路校区的教师坦言："集团化办学以来，师资流动带动了各校区教学质量的提升。尤其是在政法路校区，我切身感受到教学领导带着教师一起教研，用实际行动提升教学质量。"

家长的心态也由刚合并时的担忧、困惑转变为放心、满意。通过积极的家校沟通、合作，集团在发展期让每一名学生享有更加公平、更高质量的教育。有的家长说："学校坚持依法治校、以德治校，多个校区之间做到师资均衡分配，努力使孩子们在校区间无差别感受，并可以跨校区参加社团活动，充分调动了全校师生的积极性、主动性和创造性。"也有家长说："学校管理方式的沿革，从一校一址到一校五址，在保持学校特色的同时在不同校区因地制宜地开展管理工作。"家门口的学校质量提升，百姓愿意就近入学，彻底解决了家长"择校难"的问题。钢铁研究总院的家长说："以前我们单位的职工子女到了入学的年龄，我们家长都很焦虑，发动各种资源找学校。现在，学校合并了，家门口的学校也是教育集团的成员了，家长现在可踏实了，再也不用想办法择校了。"

学校满意度测评明显提升，在2019年的满意度测评中，教师、学生、家长的满意度提升幅度很大，均达到优秀水平。气象路校区的满意度排名进入海淀区提升幅度最大的学校前十名。

第三节　提质期：高质量生长教育，树立金穗品牌

集团在实践生长教育办学理念的过程中，培养全面发展的“金穗好少年”。集团抓住“拔节孕穗”阶段对学生加强社会主义核心价值观教育，培养“学会做人、学会学习、学会生活、学会创造”的金穗好少年。无论是在近几年的海淀区学习品质素质测评中，还是在国家体质监测、艺术测评中，学校的学生都取得了让家长和社会满意的成绩。2019 年 10 月 1 日，学校有 73 名少先队员参加庆祝中华人民共和国成立 70 周年群众游行活动。在此前整整 3 个月的训练中，他们以坚强的意志完成了艰难的挑战。在天安门广场上，他们和海淀区 2000 多名师生接受了党和国家领导人以及全国人民的检阅，以饱满的情绪和激昂的斗志完成了光荣的使命。

集团落实为党育人、为国育才的初心使命，主动担当，扩大影响力。集团从 2010 年开始进行“手拉手同生长”的教育扶贫活动，党员干部、教师赴宁夏、河北、贵州等地的农村小学，与贫困地区的师生交流学习。2020 年在援疆、援藏的过程中，党员、教师深入新疆、西藏的小学工作 2 年，与当地教师共同成长。过去几年，学校探索线上线下相结合的教育教学方式，并日益成为常态，集团全体骨干教师承担了教育部、北京市、海淀区的“空中课堂”资源开发任务，为广大小学生送去优质的课堂教学资源。2021 年集团党委的“践诺”党建品牌被评为海淀区教育系统第一批优秀党建品牌。

集团努力办好人民满意的教育，集团品牌得到了社会的广泛认同。2020 年 11 月，刘芳校长在南京举办的中国教育学会首届基础教育论坛分论坛进行题为“长大了我也当一名老师”的发言，感动了全国的教育同行。2022 年 6 月，中央财经大学高度认可农科院附小教育集团的办学质量，为感谢和支持集团满足百姓上好学的愿望，为集团挂上“中央财经大学附属小学”的校牌。

第四节　教育优质均衡发展的有效路径

农科院附小教育集团在促进区域教育优质均衡发展过程中，探索出一套行之有效的发展路径和做法

一、形成集团建设的五个“统一”

一是管理机制统一。集团 5 个校区属于一个学校、一个法人、一套领导班子、一体化管理。以校务委员会为决策中心，职能部门为督导服务中心，大年级组、大学科组为执行主轴的运行架构，为集团的发展确立了一种“统分结合，横纵结合”的管理模式。集团确立的运行机制，即协同机制、沟通机制、流动机制和榜样机制贯穿管理全过程，保障了合并初期各校区的运行畅通。课程管理机制及课堂教学质量评价标准促进了集团发展期的整体均衡。三级家长委员会、落实“双减”政策的五项管理及新时期的小学生危机预防、预警、精准干预机制，保障集团高质量地实现立德树人。

二是资源配置统一。盘活集团总校及各校区资源，并进行充分调配，为学生提供更好的教育供给。各校区还可根据自己独有的特色资源创新校区特色，从而实现 1+1+1 ＞ 3 的效果。例如集团内优秀教师的流动，教育教学设备的充分统筹以及校外资源的有效利用等。

三是课程教学统一。集团构建了三个层级涵盖五个领域的生长课程，各校区使用统一的课程方案，并扎实推进课程实施。集团内定期开展线上线下的教育教学研讨交流和培训研修，采取适合的、丰富的网络课程和教学资源等多种形式改进教学方式，提升课堂教学质量。

四是学生培养统一。集团始终把培养有理想、有本领、有担当的德智体美劳全面发展的时代新人作为办学实践的首要任务，并贯穿集团建设与发展的全过程。各校区围绕育人目标，通过管理、课程、课堂、活动、文化等载体，开

展德育、科技、艺术、体育、劳动教育等活动，实现育人目标，促进每个学生的全面发展。集团内各校区之间还打破校区界限，进行跨校区培养、贯通式培养，进行个性化、差异化教育，使学生实现自我超越。

五是评价标准统一。集团综合考虑整体发展情况，制定相关改革方案、管理制度、效果评估办法等，各校区按照统一质量标准开展工作。特别是教师绩效考核评价标准、学生综合素质评价标准、课堂质量评价标准都是统一的，目的就是促进各校区的优质均衡。

二、探索出一条实际可行的集团化建设路径

集团发展不可能一蹴而就，也不会齐头并进，需要稳步推进，切忌急于求成、急功近利。农科院附小教育集团 8 年的办学实践，历经融合、均衡、提质等阶段，探索出一条渐进式集团化办学的发展路径。

集团针对办学过程中不同发展阶段的突出问题进行积极干预。合并初期，校与校之间没有认知，缺乏感情基础，难以形成合力。因此，这个阶段促进融合、平稳过渡是关键。随着各校区教师的接触、了解增多，制度机制也不断完善，很快消除了陌生感，建立起情感信任。于是，集团需要以更大的力度推动发展，只有发展才能真正实现优质均衡。因此，这个阶段集团凝心聚力抓质量，外树形象，寻找到突破口，顺势借力，通过抓课程建设、课堂教学质量提升、特色活动、优质项目等促进均衡。随着集团均衡目标的实现，集团需要在均衡的基础上实现优质发展，这是集团可持续发展的自身需要，也是社会、家长、教育行政部门在新时代对集团发展提出的新要求。提质期就是要抓住机遇，从党建、治理、队伍建设、育人方式、数字化、平安校园等方面入手，整体提升集团的办学质量。

三、梳理出提升团队领导力的黄金法则

集团建设需要一支团结奋进的领导集体。党政一把手目标一致，精诚合作。书记、校长分别管理集团内师生人数最多的两个校区，既考虑集团整体发展战

略，又能深入一个校区开展治理。为了使沟通更加通畅，每个职能部门都成立一个工作群，书记、校长两个人都在这个群里，可以讨论工作、发表意见。这样既减少猜忌，便利沟通，又使工作更加高效便捷。除了党政合力，还需要用开放包容的心态建设学校，发展集团。党政一把手走出去请进来，参加了海淀区名师工作室、北京市卓越校长工作室等，在专家的指导下横向了解、学习兄弟学校以及国际学校的办学之道，无论是学校变革还是提高质量，扩大了参照系。火车头的视野宽了，火车就有了方向，集团就有了更高的愿景。

队伍建设事关集团化办学方向，集团按照章程制订五年规划，并细化到每一年、每一个学期的发展目标中。只有当干部成员看清楚前进方向之后，大家才愿意为此努力并携手前行。目标确立之后，干部组成不同的项目团队，并选出合适的成员，集团权力下放，提供必要的资源、资金支持，以绩效考核的方式评价项目的进展和成效。

四、充分利用上级部门全力支持和区域资源优势推动集团化办学

集团化办学 8 年探索过程中，学校得到了海淀区教工委、教委各级领导的大力支持，特别是在集团发展期，为了更好促进各校区的均衡，区教委投入大量的资金改善校区的办学环境，成立了可以解决集团青年教师子女入园的附设幼儿班。幼儿班的建设同时也带来了政法路校区生源数量的增加，加快促进集团的整体均衡。2022 年，海淀区教委在全国第一个启动集团化办学质量评估工作，并出台了《海淀区中小学教育集团化办学质量评估体系》。评估体系的出台，让海淀区各集团校的办学实践有了更加明确的目标，提出了更高的要求，并引进奖励和退出机制促进集团化办学健康可持续发展。作为海淀区 36 个中小学集团之一，这既是压力，又是动力，集团将在原有办学实践的基础上，实现更好更快的发展。集团得到了周边资源单位的大力支持和帮助，充分利用周边资源优势改善学生的活动场地，拓宽综合实践基地，创新校本课程，引进专家教师，丰富课后服务等，真正做到家校社协同育人。

党的二十大报告明确提出要“加快建设高质量教育体系”。建设高质量教育体系的要求为集团化办学实现新的历史时期的发展目标任务提供了新思路，规划了新战略，制定了新举措。在新时期，农科院附小教育集团要把促进人的全面发展作为出发点和落脚点，落实立德树人根本任务；推进德育体系建设，全面加强和改进体育、美育、劳动教育，促进学生全面发展、健康成长；坚持问题导向，把落实“双减”政策作为重点，开展校内提质行动；积极探索家校社协同育人的教育生态，密切联系社会，引入更加优质的社会资源，拓展育人空间。

【附录1】农科院附小集团化办学大事记

2016年

4月15日　农科院附小教育集团第一届教代会召开。

5月29日　“收获季——阳光下成长”校园文化节汇报展演。

7月8日　“金色年华　金帆相伴”金帆管乐团成立20周年专场音乐会。

10月13日　《懂规矩　守规则》校本教材首发式。

10月26日　中加合作实践指导项目在农科院附小开展活动。

11月17日　北京教育学院卓越教师工作室语文学科研修活动。

11月24—25日　举办2016全国少年儿童海洋教育北京论坛。

12月1—2日　农科院附小召开首届“小学实践课程研讨会”。

12月16日　由国务院华侨办组织“华文教育·教师研习［马来西亚］”班的41名教师来农科院附小参观交流。

12月27日　在2016年海淀区义务教育学校教育工作会上，王雷主任代表农科院附小做“坚守蓝色梦想　创新海洋教育”的主题发言。

2017年

3月29日　成立课程委员会，梳理出了农科院附小整体的课程体系。

4月19—22日　农科院附小田径队参加2017年海淀区中小学生春季运动会，取得了海淀区小学团体总分第三名的好成绩。其中六年级（1）班于家如同学以1.53米的成绩，打破了海淀区尘封20年的小学跳高纪录。

4月29日　农科院附小金帆管乐团参加“中华号角——2017上海之春国际音乐节管乐艺术节暨‘中华杯’中国第十一届非职业优秀管乐团队展演”，荣获“示范乐团”称号。

5月20日　收获季“传承与创新”戏剧展演。

5月21日　收获季“童心同行”班级文化展演。

5 月 21 日　收获季“童心同行”舞蹈专场展演。

5 月 30 日　“金色号角　筑梦扬帆”金帆管乐团专场演出。

6 月 6 日　由北京市教育学会小学语文教学专业委员会主办，北京市海淀区教师进修学校和农科院附小承办的北京市“读好、学好、用好‘双读本’”教学观摩研讨活动成功举办。

6 月 14 日　农科院附小被评为“北京市海淀区少年科学院”单片机研究所，伍行同学获首批“小院士”称号。

7 月 20 日　农科院附小舞蹈团获第九届“小荷风采”少儿舞蹈展演全国金奖。

2018 年

3 月 23 日　农科院附小成立“金穗少年科学院气象研究所”。

4 月 28 日　金帆管乐团赴上海参加“2018 上海之春国际音乐节管乐艺术节”展演活动，荣获“示范乐团”荣誉称号。

5 月 24—26 日　由北京教育学院主办、农科院附小承办的第二届“小学语文实践课程研讨会”顺利召开。

6 月 1 日　农科院附小舞蹈团参加中央电视台“舞蹈梦成真　花开新时代”六一晚会。

6 月 10 日　农科院附小举办“金穗少年　金帆起航”金帆管乐团专场演出。

8 月 31 日　召开“强体魄　塑品格　做新时代好少年”农科院附小 2018—2019 迎新活动。

11 月 5 日　农科院附小启动为期一个月的“科技总动员——奇思妙想，探梦科技世界”科技节。

11 月 15 日　农科院附小刘芳校长、陈卫卫主任和曹丽欢老师、张郁馨老师赴承德参加“共建京津冀教育创新共同体”活动。

11 月 22—24 日　农科院附小李宁书记和韩亚丰、许然、郭佳三位教师赴青岛参加 2018 年全国少年儿童海洋意识教育青岛论坛。

12 月 20 日　农科院附小召开“家校同携手　合力共育人”校级家委会成立大会。

2019 年

1 月 7 日　农科院附小附设幼儿班施工改造正式启动。

3 月 21 日　刘芳校长率团赴宁夏银川兴庆区参加“优质资源扩面工程签约”活动。

3 月 29 日　金帆管乐团参加北京市第二十二届学生艺术节暨 2019 海淀区学生艺术节器乐合奏展演。

5 月 4—8 日　金帆管乐团赴上海参加第十三届“中华杯”全国优秀管乐展演。

5 月 25 日　“少年梦想　祖国栋梁”金帆管乐团、弦乐团、行进乐团向新中国成立 70 周年献礼暨汇报演出。

9 月 4 日　海淀区委常委、宣传部部长张劲林，海淀区教工委书记尹丽君，北太平庄街道办事处书记齐明军莅临附设幼儿班调研。

10 月 1 日　75 名师生参加“星星火炬代代传　同心共筑中国梦——庆祝中华人民共和国成立 70 周年群众游行”活动。

10 月 12 日　“奋进，做新时代的红领巾”庆祝中国少年先锋队建队 70 周年暨参加国庆群众游行师生表彰大会。

11 月 13—15 日　农科院附小少先队员代表赴银川开展“童心筑梦新时代　京银合作谱新篇”——京银两地少先队员“同心追梦”主题活动。

11 月 28 日　参加 2019 全国少年儿童海洋意识教育三亚论坛。

2020 年

2 月 29 日　农科院附小推出“师说心语”视频专栏。

3 月 6 日　农科院附小推出“幸福生长计划”系列共 11 个课程。

3 月 24 日　农科院附小举行“线上挥毫扬国粹　童心报国化笔端”展示活

动，共展现 219 幅学生书法作品。

5 月 14 日　农科院附小与银川兴庆区第二十八小学、回民实验小学、景岳小学开展了“云端交流显真情　线上教学促成长”京银教育合作教师“云端交流”活动。

7 月 10 日　“2020 让爱和梦想在云端汇聚”农科院附小 2020 届云毕业典礼。

9 月 10 日　“立德树人奋进担当　教育脱贫托举希望”——农科院附小与对口共建学校 2020 年教师节主题教育活动。

9 月 30 日　农科院附小举行“爱祖国　强体魄　做新时代好少年”队列比赛。

10 月 16 日　#印、张关两位老师前往新疆和田地区开展支教工作。

12 月 13 日　“童心向党　快乐生长　文化传承　筑梦未来”中国农业科学院附属小学建校 70 周年师生书画及工艺作品展在海淀非遗展示中心（北馆）展出。

12 月 21 日　农科院附小“金穗教育”教育教学资源共享交流平台正式上线。

2021 年

1 月 22 日　农科院附小“金穗班主任工作室”启动仪式在农科院校区隆重举行。

3 月 1 日　农科院附小召开“在担当中历练，在尽责中成长”主题青年教师大会。

4 月 15 日　农科院附小参加北京市课程建设先进学校评选，被评为北京市课程建设先进学校。

6 月 29 日　中共农科院附小委员会开展“百年大党正芳华　为党育人守初心”庆祝中国共产党成立 100 周年主题教育，农科院附小全体党员参加。

8 月　农科院附小科学教师贺丽颖正式开启援藏教育教学工作。贺老师在西藏启动拉萨实验小学学生与农科院附小学生“手拉手”“结对子”活动。

9 月 30 日　农科院附小举行“强国有我　做新时代好少年”第二届队列

比赛。

10月28日　中国农业科学院附属小学与中央财经大学战略合作推进会在中央财经大学学术会堂举行。刘芳和贺小海分别代表农科院附小和中央财经大学签订战略合作协议。

12月10日　由海淀区教委主办、北太平庄学区承办的海淀区推进“双减”工作系列现场会第十六场会议在农科院附小举行。

12月　农科院附小举办“一起向未来”冰雪嘉年华活动。

12月30日　农科院附小学生赵希仁的原创歌曲《红领巾的向往》MV。

2022年

2月4日　北京冬奥会隆重开幕，农科院附小两名少先队员代表参与演唱开幕式歌曲《雪花》。

3月　农科院附小荣获2020—2021学年北京市基础教育课程建设先进单位；农科院附小少先队大队荣获2021年度北京市“红领巾奖章”四星章集体；农科院附小被评为2022年海淀区“三八”红旗集体。

4月23日　在第二十七个世界读书日，农科院附小首届“金穗”阅读节正式开幕。

6月1日　开展“农科院附小庆‘六一’”好歌传唱活动。

6月8日　农科院附小在世界海洋日开展“金穗少年为海发声”活动，并与贵州省赫章县兴发苗族彝族回族乡中心小学、新疆维吾尔自治区和田市北京海淀小学以及西藏自治区拉萨市实验小学，开展京、贵、新、藏共读一本书活动。

7月14日　牢记嘱托再启航　金穗少年向未来——中国农业科学院附属小学2022届线上毕业典礼顺利举行。

9月1日　喜迎二十大　金穗少年永远跟党走——中国农业科学院附属小学2022—2023学年第一学期开学典礼。

9月9日　第三十八个教师节来临之际，学校开展“迎接党的二十大 培根铸魂育新人——农科院附小教师节主题教育”。

10 月 1 日　为迎接党的二十大胜利召开，学校开设红通社校园记者站，开展以“喜迎二十大　争做好队员”为主题的系列采访活动。

12 月 5 日　学校组织开展“隔屏不隔爱　我们在一起”各年级组线上德育活动。

【附录 2】农科院附小集团化办学成果

一、历年活动与成绩

表 1　2015—2016 学年活动与成绩

活动名称	级别	获奖项目	获奖等级
2015 年第一届北京市啦啦操锦标赛	市级	自编花球	一等奖
		自由舞蹈（印度舞）	
		爵士规定	
北京市第十九届学生艺术节	市级	行进管乐	金奖
北京市健美操比赛	市级	自由舞蹈（印度舞）	一等奖
		爵士规定	
海淀区秋季运动会	区级	团体总分	第五名
海淀区合唱展演	区级	大班合唱团	二等奖
		男童合唱团	

表 2　2016—2017 学年活动与成绩

活动名称	级别	获奖项目	获奖等级
第 38 届世界头脑奥林匹克中国区	国际级	决赛	三等奖
“中华杯”中国第十一届优秀管乐团队展演	国家级	管乐团队展演	示范称号
第三十四届北京学生科技节	市级	北京市青少年 DI 创新思维竞赛团体	三等奖
2016 年北京市少先队“星星火炬奖”	市级	五（6）中队	星星火炬奖
北京市第二十届中小学生艺术节	市级	器乐展演	金奖
第三十四届北京学生科技节——北京市中小学生电子与信息创意实践活动	市级	信息创意部分	团体二等奖
北京市乒乓球比赛	市级	团体项目小学女子乙组	第一名
		双打项目小学女子乙组	第四名
北京市中小学阳光体育操舞系列赛啦啦操比赛	市级	爵士规定	第二名
		爵士自选	第三名
北京市第十九届学生艺术节暨海淀区学生艺术节	区级	戏剧（校园剧）展演	一等奖
		戏剧（儿童歌舞剧）展演比赛	二等奖

表 3 2017—2018 学年活动与成绩

活动名称	级别	获奖项目	获奖等级
第九届“小荷风采”全国少儿舞蹈展演	国家级	少儿舞蹈展演	金奖
“中华杯”中国第十二届优秀管乐团队展演	国家级	交响	示范乐团
北京市第十九届中小学生艺术节展演	市级	合唱团	二等奖
2018 年北京市中小学生阳光体育系列活动啦啦操比赛	市级	爵士（混合组）	第二名
		自由舞蹈（丁组）	第三名
2018 年北京市中小学生阳光体育系列活动少年儿童跳皮筋比赛	市级	甲组	二等奖、体育道德风尚奖
2018 年北京市中小学生阳光体育系列活动花样跳绳比赛	市级	跳绳	三等奖

表 4 2018—2019 学年活动与成绩

活动名称	级别	获奖项目	获奖等级
“中华杯”中国第十三届优秀管乐团队展演	国家级	管乐展演	示范乐团
			特殊贡献奖
第四届中国青少年智能控制创新成果展示交流活动	国家级	团体	二等奖
北京市第二十二届学生艺术节器乐展演	市级	器乐	金奖
2019 年北京市中小学生电子与信息创意实践活动	市级	电子技术	优秀组织奖
第十五届北京市中小学生气象知识竞赛	市级	团体	二等奖

续表

活动名称	级别	获奖项目	获奖等级
2019年北京市青少年U系列乒乓球冠军赛	市级	U9组男子双打	第一名
		U9组男子单打	第二名
2019年北京市中小学生阳光体育系列活动啦啦操比赛	市级	自选爵士	第二名
		自选自由舞蹈	第三名
北京市中小学生阳光体育系列活动花样跳绳比赛	市级	小学组自编套路	三等奖

表5　2019—2020学年活动与成绩

活动名称	级别	获奖项目	获奖等级
北京市中小学生乒乓球（团体）比赛	市级	团体比赛	优秀组织奖
		团体男子甲组	小学第五名
海淀区第九届红领巾鼓乐团风采展示活动	区级	鼓乐团	标兵示范奖
海淀区秋季中小学田径运动会	区级	团体总分	第四名
海淀区中小学生乒乓球比赛	区级	团体男子甲组	均获得第六名
		女子甲组	
		女子乙组	
海淀区中小学生“儿童健康·放眼未来”近视防控宣传月活动	区级	近视防控宣传	优秀组织奖

表 6　2020—2021 学年活动与成绩

活动名称	级别	获奖项目	获奖等级
2020 年全国“海洋守护者”青少年海报设计活动	国家级	海报设计	优秀组织单位
北京市第二十四届学生艺术节暨 2021 海淀区学生艺术节	市级	金帆管乐团	金奖
		弦乐团、大班合唱团	银奖
		男童合唱团	铜奖
2019—2020 学年度北京节基础教育课程建设优秀成果奖	市级	—	二等奖
2020 年北京市中小学生冬奥知识竞赛	市级	冬奥知识竞赛	优胜奖
2020 年海淀区融合教育与特殊教育征文	区级	特殊教育征文	优秀组织奖
海淀区“中华诵 经典诵读大赛——百年沧桑话海淀”	区级	—	优秀组织奖

表 7　2021—2022 学年活动与成绩

活动名称	级别	获奖项目	获奖等级
全国第六届校园气象展评活动	国家级	小学组	二等奖
北京市第十二届“国戏杯”学生戏曲大赛北京地区	市级	戏曲绘画类	优秀组织奖
2021 年北京市中小学生智力运动会	市级	小学甲组“围棋”	第一名
2021 年第六届北京市啦啦操锦杯赛	市级	街舞规定	第三名
北京市气象知识竞赛	市级	小学组	二等奖

表 8　2022—2023 学年活动与成绩

活动名称	级别	获奖项目	获奖等级
2022 年马来西亚国际线上管乐大赛	国际级	行进管乐团	金奖
2022 年“红心向党　匠心育人”校园红色主题模型教育竞赛	国家级	—	全国先进学校
2022 年第十六届中国国际合唱节	国家级	大班合唱团童声组比赛	二类团荣誉称号
第三届“中外人文交流小使者”全国器乐集体展示活动	国家级	行打比赛	一等奖
全国勃拉姆斯合唱节展演	国家级	合唱展演	银奖
2023 年第七届北京市啦啦操锦标赛	市级	自编花球	一等奖
		自由舞蹈（印度舞）	
		爵士规定	
		自编爵士	二等奖
		街舞规定、街舞自编	三等奖

二、历年荣誉

时间	荣誉
2015—2016 学年	海淀区校外教育先进集体
	《小学中、低年级以数学绘本为载体设计数学综合实践的研究》通过了北京市教科研“十三五”课题申报工作
	学校党委荣获海淀区先进基层党组织
	学校党委荣获海淀区教育系统先进基层党组织
	北京市优秀班集体：三（13）班
2016—2017 学年	海淀区教育事业统计工作先进集体
	海淀区教育系统工会工作先进单位

续表

时间	荣誉
2017—2018 学年	北京市艺术教育特色学校
	中国教育学会北京市海淀区教育改革实验区“十三五”基础教育国际交流与合作能力提升研究项目实验学校
	2017 年北京市小黄帽先进学校
	北京市先进班集体：五年级（16）班
	学校党委被评为“海淀区学习型党组织”
	海淀区教育系统“三八”红旗集体
2018—2019 学年	海淀区教育事业统计工作先进集体
	海淀区教育系统“2018 年度先进基层工会”
	学校党委被评为海淀区教育系统先进党组织
	学校团支部被评为 2018 年度海淀区“五四红旗团支部”
2019—2020 学年	海淀区教师学习科学素养提升项目先进校
	海淀区教育事业统计工作优秀学校
	海淀区教育系统创建国家卫生区先进集体
	海淀区教育系统工会工作先进单位
	推进实施《海淀区三期学前教育三年行动计划（2018—2020）》工作先进集体
2020—2021 学年	北京市红领巾读书活动示范单位
	海淀区教育系统“三八”红旗集体
	海淀区教育系统工会工作先进单位
	海淀区星星火炬奖大队
	五年级组被评为“海淀区青年文明号”

续表

时间	荣誉
2021—2022 学年	气象教育特色学校
	北京市课程建设先进单位
	农科院附小少先队大队荣获 2021 年“红领巾奖章”集体三星章荣誉称号
	海淀区教育系统工会工作先进单位
	农科院附小少先队大队荣获北京市 2021 年度“红领巾奖章”四星章集体（大队）
	学校被评为海淀区“三八”红旗集体
	学校获“2022 年海淀区终身学习品牌”称号
2022—2023 学年	2021 年全国科普日“海洋科普进校园优秀活动”
	2022 年金帆管乐团再次被认定为北京市学生金帆艺术团
	学校获评“首都劳动奖状”
	全国气象科普教育基地示范校园气象站
	“全国红领巾中队”荣誉称号：五（4）中队
	农科院附小少先队大队荣获 2022 年“海淀区优秀少先队集体”荣誉称号

【附录 3】农科院附小集团化办学调研工作方案

一、调研目的

全面梳理学校集团化办学多年来的整体思路、展开过程，以及取得的成效。总结创新做法，聚焦发展中的问题，推进学校集团化办学持续健康发展，整体提升教育教学质量和师生的学校生活质量，助力区域教育优质、均衡、特色发展。

二、调研内容

1. 师生和家长对学校集团化办学的总体感受。

2. 师生和家长在学校集团化办学中的实际获得感和个人评价。

3. 师生和家长对学校集团化办学中办学理念、办学举措、教育教学、师资团队、学校文化及环境等多方面的认识和体验情况。

4. 师生和家长眼中学校集团化办学的成效、优势、特色和不足。

5. 师生和家长对学校集团化持续健康发展的建议。

三、调研对象

1. 学校教师

各校区全体教师。

2. 在校学生

各校区四至六年级各年级随机抽取一个班的学生参与问卷调查，一至三年级抽取 10 名学生作为代表进行线下座谈。

3. 在校学生家长

各校区一至六年级各年级随机抽取一个班的学生家长，其中四至六年级为抽样学生班级的家长。

四、调研形式

1. 问卷调查

围绕调查内容分别设计教师问卷、家长问卷和学生问卷，问卷研讨修订后生成问卷星在线调查问卷，全体教师、抽样家长和抽样的四至六年级学生填写调查问卷。

2. 学生座谈

根据学生问卷形成座谈提纲，一至三年级学生各校区抽取 10 名学生作为代表进行线下座谈。

3. 干部访谈

围绕调查内容形成干部访谈提纲，适时进行线下（线上）访谈。

五、时间安排

1. 10 月 20 日前，形成教师、家长和学生问卷定稿，生成在线调研问卷。（三个调查组）

2. 10 月 25 日前，相关人员填写问卷并从后台导出数据。教师问卷由学校负责人上传至教师微信群，家长问卷由班主任上传至家长群，学生问卷由班主任上传至家长群并由家长协助学生作答（或学校组织学生集中作答）；其间同步完成学生座谈和干部访谈。（学校相关负责人）

3. 11 月 10 日前，分析问卷数据并形成三类调查报告。（三个调查组）

4. 11 月 15 日前，学校对集团化办学调研结果深度分析、研讨。（学校相关负责人和调研组）

【附录 4】农科院附小集团化办学学生问卷调研分析

农科院附小学生总人数约 5000 人，参与调研人数为 121 人，约占全校学生总人数的 2.4%，主要是三至六年级的学生。参与调研的学生有 42.98% 就读于农科院校区，24.79% 就读于气象路校区，23.14% 就读于政法路校区，9.09% 就读于学院南路校区。完成问卷的学生中，男生占比 39.67%，女生占比 60.33%。从学生对学校总体喜欢程度进行评分，最高 10 分，最低 7 分，超过 70% 的学生选择了 10 分。

问卷中涉及 11 道问答题，详细分析如下。

1. 你最喜欢哪一个学科的哪一名老师？你喜欢这名老师的原因是什么？（请

你写出具体学科和老师的姓名，并简单写一写喜欢的理由）

喜欢的学科教师	喜欢的理由
语文（90人）	认真负责（24人）；幽默风趣（13人）；生动有趣（19人）；亦师亦友（6人）；教学经验（15人）；个人魅力（10人）；亲切温和（3人）
数学（21人）	认真负责（11人）；脾气温和（2人）；生动有趣（6人）；物质奖励（1人）；兴趣使然（1人）
其他学科（10人）	认真负责（4人）；脾气温和（2人）；兴趣使然（2人）；有亲和力（1人）；教学风格（1人）

分析：从学生的回答中可以发现，认真负责的教师受到大多数学生和家长的喜爱。教师的工作细致程度是学生和家长都比较看重的部分。认真负责体现在学生对教师评价标准的第一位，这也为教师今后的教育教学提供了参考标准。

典型样例：

①最喜欢语文学科王珍荣老师，王老师特别认真负责，教课生动易懂，善于多方面培育、锻炼学生，发挥每个学生的特长，培养学生良好的学习习惯和能力，是深受学生认可的优秀老师。

②班主任白老师，孩子喜欢老师讲课的风格，爱上语文课。作为家长我们能感受到老师工作很认真负责。

③语文学科陈金硕老师，我觉得陈老师爱岗敬业，对待每个学生都能做到一视同仁，在我眼中，陈老师对每个学生都充满爱，能够因材施教，根据不同学生的特点，给学生提供锻炼机会。

2. 你最喜欢的课程是什么？喜欢的原因是什么？（请写出课程的名称，并简单写一写喜欢的理由）

喜欢的课程	原因
语文（44 人）	内容丰富有趣（22 人）；教师教学风格（17 人）；个人兴趣（5 人）
数学（15 人）	教师教学风格（1 人）；内容有趣（4 人）；锻炼思维（6 人）；简单易懂（2 人）；个人兴趣（2 人）
英语（7 人）	内容有趣（3 人）；课程简单（2 人）；擅长（2 人）
体育（20 人）	锻炼身体（11 人）；游戏活动丰富（8 人）；擅长体育运动（1 人）
信息（11 人）	课程有趣（3 人）；喜欢实操（8 人）
道德与法治（3 人）	做手工（1 人）；课程丰富（1 人）；有趣，畅所欲言（1 人）
美术（7 人）	教师教学风格（1 人）；内容丰富有趣（1 人）；个人兴趣（4 人）；可以做手工（1 人）
音乐（6 人）	内容有趣（6 人）
科学（5 人）	内容有趣（3 人）；喜欢做实验（2 人）
书法（3 人）	个人兴趣（1 人）；文化气息（2 人）

分析：不难发现，课程内容丰富、有趣是学生和家长的关注重点。一门学科能得到学生的喜爱，和教师的教学是密不可分的，把枯燥的学科知识具象化，最重要的一环就在于教师的再加工过程。用心的教师总是能抓住学生感兴趣的点，用学生喜闻乐见的方式呈现，并引领他们深入探索和学习，从而这个班的这门学科就会在所有学科中表现得特别突出，学生的成绩会更好。

典型样例：

①最喜欢的课程是语文。语文教师在课程中会根据课程内容安排不同内容、不同形式的语文活动，比如语文读书记录单，增加了学习的趣味性；开通微信公众号，利用新媒体平台分享学生的“阅读故事”，以点带面，营造良好的学习

氛围。

②我最喜欢的课程是数学。因为我觉得数学最有意思，我喜欢探索。

③我最喜欢的课程是英语。随着年级的增加，我越来越喜欢英语。我认为英语是一种生活工具，就像学说话一样，在课堂上的交流也让我觉得非常有趣。

3. 你最喜欢学校开展的活动是什么？喜欢的原因是什么？（请写出活动的名称，并简单写一写喜欢的理由）

最喜欢的活动	原因
运动会及运动（61 人）	锻炼身体（30 人）；获得荣誉（17 人）；解压（14 人）
比赛及校园活动（24 人）	有趣（11 人）；获得荣誉（9 人）；开心（4 人）
科技活动（15 人）	满足好奇心（7 人）；有意思（6 人）；有意义（2 人）
社团活动（9 人）	快乐（5 人）；学一门技能（4 人）
户外活动（7 人）	解压（4 人）；锻炼身体（3 人）
社会实践（3 人）	有意义（3 人）
手工活动（2 人）	有趣（2 人）

分析：现在的学生很看重户外的活动。学校不仅开展正常的体育课，而且还开展不同的竞技类比赛。以赛促练，学生将体育运动与班级荣誉结合起来，既增强自身体质又为班级争得荣誉，是学生最喜欢的活动。学校开展的队列比赛、跳绳比赛、趣味运动会、拔河比赛等，都是学生喜欢的活动。

典型样例：

①队列比赛：在活动中，学生既能够锻炼身体，又增强了集体凝聚力。

②田径比赛：大家一起玩很开心，能互相学习，班里同学团结起来跳大绳的时候非常有趣。

③迎面接力：我最喜欢学校运动会里的迎面接力项目，因为跑步可以锻炼

身体，还可以增强同学们的团队合作意识，让同学们有集体荣誉感。

4. 你最喜欢学校的哪个建筑或空间？喜欢的原因是什么？（请写出建筑或者空间的名称，并简单写一写喜欢的理由）

最喜欢的建筑或者空间	原因
操场（38 人）	环境舒适（14 人）；放松休闲（21 人）；新奇有趣（3 人）
图书馆（33 人）	环境舒适（14 人）；提升自我（14 人）；丰富生活（5 人）
教室（27 人）	环境布置（13 人）；提升自我（9 人）；放松休闲（3 人）；情感寄托（2 人）
其他（23 人）	景色好看（4 人）；环境布置（9 人）；功能多样（4 人）；情感寄托（6 人）

分析：从学生的选择中能发现，他们更看重校园中相对开放的场地，比如图书馆，在这个空间中，学生能够安心阅读自己喜欢的书籍，能够互相交流自己的想法，增长知识，促进成长。操场是每个学生都喜欢的地方，在这里他们可以肆意地奔跑，开心地玩耍。

典型样例：

①图书馆：我喜欢学校的图书馆，因为在那里我能看到许多有趣的书，也可以查阅到有用的资料。

②教室：我喜欢我们宽敞、明亮的教室。我们班有个图书角，中午休息时我们可以去借书，开阔眼界。

③操场：能自由奔跑、跳大绳、拔河、接力跑，这些活动让我们很开心，也锻炼了身体。

5. 自进入农科院附小以来，你感到最开心的一件事是什么？（请你简单进行描述）

最开心的一件事	人数
老师相关	14 人
同学相关	29 人
集体活动相关	34 人
个人成长	43 人
其他	1 人

分析：从结果中可以看出集体生活是他们觉得开心的事，他们可以从中交到好朋友，可以为集体争得荣誉，可以用自己的力量一起帮助需要帮助的人。学生在集体活动中获得成长，不光是年龄的增长，更多的是心灵的成长、知识的增长，这些是家庭教育缺少的一部分，因而对于学生来说，集体生活和个人的成长是最快乐的事。

典型样例：

①我们班夺得了运动会的第 2 名，全班都很高兴，其实我们不是体育特别突出的班级，但是大家很努力。

②最开心的事情是认识全班的同学。因为认识他们以后，我感觉像在家里一样温暖。伤心时朋友会来安慰我，开心时可以和朋友分享喜悦。

③开心的事太多了，有一次参观农科院牡丹园，带了一棵牡丹花回来，摆在教室里，我们天天浇水，精心护理，花开得很美，装饰了教室，也给我们带来了好心情。

6. 自进入农科院附小以来，你感到最郁闷的一件事是什么？（请你简单进行描述）

最郁闷的一件事	人数
线上学习，活动变少	12 人

续表

最郁闷的一件事	人数
上网课	12人
学校面积小，活动空间有限	2人
午餐问题	5人
输掉比赛	8人
被批评	3人
竞选落选	7人
生病或受伤	4人
学习竞争压力大	1人
同学关系不好	7人
没有取得理想成绩	11人
作业多	2人
其他	18人
无	29人

分析：线上教育影响了学生在校园的集体生活，让他们感到在学校的时间很少，不能和同学老师共同生活。同时，也造成了他们对学业的担忧，这时候还是希望教师能多关爱学生，多给予他们鼓励和帮助。

典型样例：

①我希望我们能参加社会实践活动，我们真的很想去。

②最郁闷的事情就是学校不能组织和参加更多的集体活动，如运动会等。

③我很郁闷停课后不能够和老师同学在一起。

7. 自进入农科院附小以来，你认为最有收获的一件事是什么？（请你简单进行描述）

最有收获的一件事	人数
学习知识和人生道理	43 人
师生关系	7 人
友谊及同学关系	22 人
个人能力提升	37 人
责任与荣誉	12 人

分析：学校是学生学习、交往、成长的乐园。学生在这里汲取知识的养分，努力成长为对社会、对人民有用的人。学校的校园环境、教师和同学都会给每一个学生带来收获和成就，好的学校是学生、家长、社会最向往的，所以综合提升学校的软件、硬件是所有人的关注重点。

典型样例：

①学习方程的时候，我经常搞不懂方程到底怎么列，于是我问同学、问老师，最终搞清楚了方程到底怎么列。

②参与了学校的各项评比，三好学生和红领巾奖章是我最好的收获。

③学习了很多知识，认识了很多朋友，在老师的指导下，同学们的鼓励下，度过了小学的快乐时光。

8. 你去过咱们学校其他校区或别的学校吗？

是否去过其他校区或别的学校人数统计	所占比例
去过（89 人）	73.55%
没去过（32 人）	26.45%

9. 你所在的校区与其他校区或别的学校相比，最大的不同是什么？（请你简单进行描述。选择“去过”的学生回答这道题。选择“没去过”的学生则跳过这道题。）

最大的不同	人数
生源不同	1人
人数不同	7人
年级分布不同	2人
面积不同	39人
硬件设施不同	25人
课外活动不同	5人
氛围不同	5人
午餐不同	2人
师资不同	1人
位置不同	2人
其他	2人
无	30人

分析：从学生和家长的角度出发，除了知识的传授，他们在意的还有校园环境。针对校区操场面积过小，有很多学生提出了活动空间拓展的需求，这也是学校集团化办学中的一个难点。

典型样例：

①教室空间小，操场小，篮球课上不了，别的校区有室内篮球馆。

②操场比较小。

③本部校区要比学院南路校区小，容纳的师生却很多，导致操场上十分拥挤。

10. 你认为咱们学校最突出的特点是什么？（请你简单进行描述）

最突出的特点	人数
师风优良	30人
学校氛围好	20人
课程安排合理，活动丰富多样	28人
教学理念符合学生成长	10人
家校共育	4人
教育资源分布均衡	1人
设施配套齐全	7人
合理膳食，午餐好吃	5人
环境好	5人
口碑好	1人
同学间和谐友爱	3人
管理良好	3人
校区多	2人
其他	2人

分析：学生和家长对学校的评价非常高，无论是在师资方面还是在教育教学方面都得到了学生和家长的支持。对于各校区间的资源分布，他们提到最多的感受就是差异变小。教师资源的分布一直是学校关注的重点，让更多的学生和家长获取最优资源是集团化办学的目标之一。随着集团化办学的深入研究和实践，学校取得了一定的成果，得到了学生和家长的称赞。

典型样例：

①教育资源分布均衡，各校区的差异小。

②结合农科特点，秉持生长理念，合理规划学生的学习过程，特色鲜明。

③在各项评选活动中，学校真正做到了公平、公正、民主选拔。

11. 为创建更美好的学校生活，请对学校提出你最想说的1—3条改进建议。

改进建议	人数
课后及课程活动	27人
伙食	26人
户外及体育活动	12人
班级及学校活动	19人
班级及学校空间	41人
设备	14人

分析：为了创建更好的校园生活，学生和家长都提出了很多宝贵的建议。例如增加活动的多样性、增加活动空间、拓展活动类型、名师进课堂、午餐多样化等。这些宝贵的建议也将在未来的集团化办学过程中一一落实，相信农科院附小的集团化办学之路会越来越好，也能得到学生和家长更多的支持和鼓励。

典型样例：

①可以增加教师之间的互动活动，多一些校园节活动。一些老旧电器、物品可以更换。

②我希望学校举办的活动更多一些，希望场地可以更大一些。

③拓展办学空间，或继续合理规划空间，增加学生的活动空间；丰富学生的活动类型和形式，提高学生的参加比例和容量；建议名师名课特色教育进课堂，拓展思路和眼界。

【附录5】农科院附小集团化办学教师问卷调研分析

教师问卷的调研人数为158人，约占全校教师的65%。涉及5个校区，4类身份，即教师、教研组长、行政组长、行政干部。调研对象的教龄范围为1～30年。本问卷均为多选题。

1. 集团化办学以来，学校发生的哪些变化最让你开心？

选项	选择人数	占比
A. 学校规模变大，资源多了	108人	68.35%
B. 引进了很多优秀教师，可以互相学习	89人	56.33%
C. 每年都有青年教师加入，增强了团队活力	94人	59.49%
D. 学校领导尊重老师，愿意听取老师意见，老师之间也很包容，学校整体氛围好	88人	55.7%
E. 管理更加规范，校区间走向融合，发展更加均衡	80人	50.63%

分析：教师认为学校合并后成，办学规模变大，各类资源丰富，令教师自信。近年来引进优秀教师、骨干教师，提升了教师队伍的整体水平，也提供了更多互相学习的机会。青年教师比例提高，增强了团队的活力。学校领导尊重教师，公平公正处理问题，虚心听取意见，完善教育教学管理，教师之间关系和谐，学校整体氛围较好，教师幸福感强，对学校认可度高，团队凝聚力强。学校整体管理制度统一、规范，几个校区逐步融合，减少差距，发展更加均衡。

2. 集团化办学以来，学校发生的哪些变化让你有点担心？

选项	选择人数	占比
A. 学校核心教育理念在日常教育教学中无法真正落实	40 人	25.32%
B. 学校规模变大，导致组织教研活动难度增加	68 人	43.04%
C. 德育不能很好地融入学科教学和日常管理	34 人	21.52%
D. 家长一投诉，学校就妥协，没有很好地引导家长坚持教育底线	115 人	72.78%
E. 教师在不自愿的情况下换校区，降低了归属感，跑校也给教师压力	50 人	31.65%

分析：学校的生长教育理念以及新课标理念在日常教育教学中的落实还不够全面，一方面是教育教学制度落实有所欠缺，另一方面是教师对理念的认知程度、理解程度不够深，主动执行力偏弱。学校规模变大，加大了教研活动的难度。德育与教学的融合以及日常管理还未达到目标，需要持续进行教学实践与改革。家长投诉后，学校经常妥协，未考虑教师的感受，导致教师对学校管理信任度降低。另外，每学年的岗位调整，尤其是校区调换，影响了教育教学的稳定，也影响了教师工作的稳定，对家庭以及子女的教育有较大影响。希望学校慎重调整，尊重教师的意愿。

3. 根据切身感受，您建议学校对集团化办学历程进行梳理、总结可以从哪些方面着手？

选项	选择人数	占比
A. 求大同存小异进行融合	78 人	49.37%
B. 为教师搭建平台，促进专业发展	76 人	48.1%
C. 资源整合、优化、均衡	83 人	52.53%

分析：教师建议主要从求同存异的融合、多维度搭建平台促进教师专业化发展、优化均衡教育资源等三方面进行梳理总结。

4. 您对现阶段的学校教师队伍满意的方面有哪些？

选项	选择人数	占比
A. 教师整体水平较高	109 人	68.99%
B. 教师积极上进	118 人	74.68%
C. 教研氛围良好	119 人	75.32%
D. 教师之间关系融洽	119 人	75.32%
E. 教师队伍梯队完善	66 人	41.77%

分析：教师认为学校各层级教师梯队建设比较完善，比例均衡。教师教育教学水平整体提升，各个岗位都有代表性榜样教师。教师关系融洽、和谐，互相包容，积极上进。各学科教研氛围较好，有主题有方案，持续推进，邀请的专家水平高，接地气，既能够进行理论指导，也能够提出可行的实施策略。

5. 您对现阶段的学校教师队伍不太满意的方面有哪些？

选项	选择人数	占比
A. 教师年龄偏年轻化	45 人	28.48%
B. 教师教学水平差异较大	76 人	48.1%

分析：青年教师有活力、有学力，但是经验和能力还有所欠缺，导致此部分教师与其他层级教师的教学水平差异较大。

6. 您认为对教师队伍建设有益的举措有哪些？

选项	选择人数	占比
A. 学校聘请课程专家、学科专家进行培训指导	108 人	68.35%
B. 金穗班主任工作坊、青苗教师研修、师带徒等培训方式，促进教师专业提升	77 人	48.73%
C. 分层级教育教学培训机制	65 人	41.14%
D. 集体教研	73 人	46.2%

分析：学校聘请的课程专家和学科专家能够定期、持续对教师进行培训指导，促进了教师教育教学能力的提升以及观念的转变。金穗班主任工作坊、三级教师培训、师带徒等研修方式对教师专业能力提升也发挥了重要作用。集体教研能够发挥整体优势，集中教育智慧，形成教研与实践融合的有效模式。

7. 学校采取哪些措施促进了教师交流？

选项	选择人数	占比
A. 线上教研	140 人	88.61%
B. 集体备课	135 人	85.44%
C. 听评课机制	108 人	68.35%
D. 各层级教学展示评比	84 人	53.16%
E. 期末教研交流	75 人	47.47%

分析：线上教研和集体备课促进了教师之间持续有效的交流。听评课机制能够覆盖所有教师，各学科有主题引领，可以持续改进常态课。类似的措施不仅为个别教师提供学习、研究、提升的机会，也加强了同组教师不同学科教师的交流。每学期期末的分析会和交流活动有利于教师总结教育教学经验，找准问题，寻找改进措施，为提升教学质量奠定基础。

8. 学校未来发展需要关注哪些问题？

选项	选择人数	占比
A. 为各级教师搭建平台，提供发展机会	80 人	50.63%
B. 教师心理健康疏导	109 人	68.99%
C. 学生学习习惯培养和品格塑造	84 人	53.16%
D. 整合教育教学工作，提高效率，减轻负担	95 人	60.13%
E. 学校硬件环境建设与校园文化建设	52 人	32.91%

分析：教师希望学校关注教师的心理健康疏导，定期开展整体辅导与个别指导。面对压力指数愈发增大的工作，教师急需专业人员的指导与疏导。学校需要整合制度，整合各项工作，提高效率，切实减轻教师负担。同时，改善学校硬件条件，统一文化建设，形成符合学校特色的文化环境。

9. 您对学校集团化持续健康发展有何建议？

典型样例：

①坚持教育初心底线，原则问题不动摇不妥协。提升教师食堂的餐饮品质，进一步提升教师的幸福感。

②学校硬件设施不完善，给教师的教学带来很大不便，请考虑改进。

③希望学校能关注教师的身心健康，轻松愉快的教师才能给学生带来正面的引导，总是处于紧张压抑状态的教师除了发泄，无法以平和的心态对待学生。

④教师至少带完一轮六年再换校区。

⑤加强教师轮岗。

⑥减少“留痕”型工作，减轻教师负担。

⑦教育教学真正实现一体化，齐头并进。

⑧继续加强各校区各级学科带头人、骨干教师的培养力度，并根据比例均衡分配到各校区。关注高质量发展，关爱中老年教师。

⑨尊重校区差异，不搞一刀切。

⑩聚焦核心素养必备能力中的一点，比如创新能力，融合各学科，开发创新课程。

分析：教师建议主要包括以下方面：减轻教师工作负担；关心教师身心健康；处理师生问题要考虑教师的感受；提高食堂餐饮品质；校区均衡发展；减少跑校、轮岗，保稳定；优化整合教育教学工作；创新课程；发挥骨干带头作用；深化办学特色。

【附录6】农科院附小集团化办学家长调研报告

农科院附小为总结集团化办学实践成果，决定对学校干部、教师、家长、学生开展前期调研，广泛听取他们的经历体验、思考建议。此次调研采取问卷方式完成。

2022年10月7日，调研小组将调研问卷下发给5个校区二至六年级的60名学生家长，得到参与家长的大力支持。问卷回收后，调研小组细心统计，形成调研报告初稿。

一、参与调研人数基本信息

年级	校区				性别		家委会	
	学南	本部	气象	政法	男	女	是	否
二	11	–	2	–	7	6	2	11
三	8	–	2	2	6	6	10	2
四	–	10	2	–	5	7	7	5

续表

年级	校区				性别		家委会	
	学南	本部	气象	政法	男	女	是	否
五	–	9	–	1	5	5	9	1
六	–	7	3	3	6	7	8	5

二、调研的六个问题

1. 在家校协同育人中，您对家长委员会开展的哪些工作印象深刻？这些工作起到了怎样的作用？

2. 在推进家校协同育人中，学校开展的哪些工作让您感觉受益颇多？

3. 为进一步推进家校协同育人，您觉得家长委员会还可以开展哪些工作？学校还可以在哪些方面提供进一步的支持？

4. 基于孩子入学后的成长变化，您对学校最满意的是什么？

5. 您觉得学校在哪些方面还需要做出改进，您有何相关建议？

6. 学校若对近年办学历程进行梳理、总结，从您和孩子的切身感受出发，您建议学校着重写哪些方面？

三、调研信息梳理、归类及简要分析

（一）第一个问题：在家校协同育人中，您对家长委员会开展的哪些工作印象深刻？这些工作起到了怎样的作用？

1. 家委会独立开展教育活动受到家长欢迎

（1）家委会开展的具体工作

①二年级家委会独立开展许多文体实践活动，例如阅读、体育锻炼、争章、参观博物馆、劳动教育、红色主题教育、遵守规则活动等。

②三年级家委会独立开展许多文体实践活动，例如六一儿童节视频祝福、庆祝教师节、周末外出实践、走进田野体验秋收活动、寒暑假的社会实践活动、联动社区组织公益活动等。

③四年级家委会组织学生开展许多文体实践活动，例如“我与海洋亲密接触”、“童心迎冬奥”书画展、周末假日体育锻炼等。

④五年级家委会组织学生开展许多文体实践活动，例如锻炼、登山、植树、包粽子等。

⑤六年级家委会组织学生开展许多文体实践活动，例如参观成就展、参观农科院大棚、爱心捐赠、志愿服务、书法比赛、走进敬老院等。

（2）作用

①提高学生参与活动的积极性，增加学生之间的交流，充盈他们的内心。

②学生增长见识，学习知识，拉近距离，家长间也可以互相交流教育经验。

③学生积极承担家务劳动，由被动变为主动，热爱劳动。

④学生爱看红色主题的电影和书籍，主动要求去红色革命根据地和博物馆参观，分享收获和感悟，更加热爱祖国。

2. 家委会建起家校沟通桥梁：反馈家长合理诉求，得到家长充分肯定

（1）家委会开展的具体工作

①二年级家委会向家长传递学校的教育理念和育人思路，向学校反映家长的合理诉求。通过线上或线下交流等方式，解答家长的疑惑。

②三年级家委会征集家长的意见和建议，向学校反映家长提出的合理诉求。

③四年级家委会举办座谈会，为班级发展建言献策。

④五年级家委会收集家长意见、建议，及时向教师和学校反馈；家委会向家长传递学校的要求，推进相关工作顺利进行。参加学校落实“双减”家长代表座谈会。

⑤六年级家委会及时反馈家长及学生心声，协助学校及教师沟通信息，解决问题。家委会收集家长建议，向学校、教师及时反馈。

（2）作用

①促进家校的相互理解和有效沟通，促进家校育人良性可持续发展，密切学校与家长的沟通。家长能及时了解信息，提高效率，缓解焦虑。

②让家长充分了解学校的教育教学活动，了解孩子在校更多的信息，也让

家长了解到学校的各项规定以及相关措施，落实家校协同育人。

3. 家长进课堂受到欢迎

（1）家委会开展的具体工作

①二年级家委会开设家长课堂，定期讲授课程，例如“如何与孩子沟通”“帮助孩子树立正确的三观”“让孩子掌握独立自主的能力”等。

②三年级家委会举办家长进课堂活动。

③四年级家委会举办家长进课堂讲座。

④五年级家委会举办家长进课堂讲座。

⑤六年级家委会举办专家进课堂讲座，例如邀请口腔医院、同仁医院等医院的专家入校给学生讲解口腔卫生、用眼卫生和习惯方面的知识。此外，还举办了教育讲座，例如“家长与孩子如何沟通”等。

（2）作用

①增进家长之间的交流，解决家庭教育的困惑。

②让学生有机会拓展知识、开阔视野，也让家长有机会和学生直接交流。

4. 配合学校教育卓有成效

（1）家委会开展的具体工作

①三年级家委会在特殊时期配合学校教育，开展诸多活动，例如“学习任务单时间安排”“坚持体能锻炼”“户外活动”“劳动小能手”等。配合班级教育开展活动，例如线上会议讨论班级重要工作和活动、设计队名队徽、设立班级公众号、开展线上线下实践活动、开展家长“二十四节气”线上课堂等。

②四年级家委会配合班主任开展班级活动，例如歌咏比赛视频录制、分享家庭教育的经验和方法等。

③五年级家委会配合班主任开展班级活动，例如歌咏比赛排练等。此外，还协助班主任开展“学生21天习惯养成”活动。

④六年级家委会协助新班主任和家长沟通。协助组织班级（中队）活动，例如班级展示的排练等。线上学习生活阶段，组织开展相关活动。家长任志愿者参加学校活动组织工作。

（2）作用

家长可以更直接地了解孩子。

5. 为学生和家长服务

（1）家委会开展的具体工作

①四年级家委会免费为学生打印名卡、课程材料等。

②五年级家委会组织购买读物。

（2）作用

①有助于教育教学活动更顺利开展。

②节省了学生和教师的时间。

【发现与思考】家校协同育人，对于学校而言关键点在于建立与家长、家庭教育的协同机制，而充分发挥家长委员会作用是这一机制建设中的重要方面。

通过 60 名家长的信息反馈，我们有如下发现与思考。

一是家长从 5 个方面充分肯定家长委员会工作：独立开展的育人活动；架起家校沟通的桥梁；开展家长课堂讲座；配合学校教育以及为家长和学生提供某些服务。这让我们清楚地了解到家长委员会哪些方面的工作更受认可，更能帮到家长，推进学校育人目标，更有利于发挥积极的协同育人作用。

二是家长委员会卓有成效的工作可以充分说明在协同育人中，学校发挥了很好的主导作用，建立起与家长、家长委员会之间的信任，提供机会，创造条件，促进和保证家长委员会发挥积极的作用。

因此，可以说明农科院附小重视家校协同育人，在实施协同育人中构建起了良好的运行机制，把家庭、学校真正拧成了一股绳。

（二）第二个问题：在推进家校协同育人中，学校开展的哪些工作让您感觉受益颇多?

1. 多种形式的家长课堂使家长受益

（1）学校开展的工作

①二年级开设多种形式的家长课堂培训。进行家长问卷调研，了解家长在

教育孩子方面的困惑和需求，从而开展相应的线上直播家长课堂。

②三年级举办家校育人的系列讲座，主题涉及心理健康、学习方法、时间管理、家庭教育等。

③四年级举行家庭教育大讲堂系列活动。充分利用“金穗教育平台”，在传统文化学习中，结合教学体系，邀请不同领域家长录制视频并在公众号播放。

④五年级举行家长学校培训。充分利用“金穗教育平台”上的家长课堂。

⑤六年级举办家长课堂培训，涉及家庭教育、心理健康教育、学业发展等专题。开设面向家长的云课堂。

（2）家长的感受

①学校举办的系列讲座，对家长教育孩子提供了很好的方法指导。

②具有针对性，很大程度上回答了家庭教育中家长的困惑，专家提供的一些方法行之有效，在日常运用中效果不错。

③有效缓解了家长的焦虑，丰富了家长的视角，避免了家长对教育和学校产生偏见认知。

④在三年攻坚克难期，多角度地缓解了家长的焦虑和心理波动，及时让家长了解在非常时期怎么培养孩子自主学习的能力，如何与孩子沟通，怎样促进亲子关系等。

⑤家长意识到家庭教育要与时俱进，充分了解孩子情绪和行为背后的故事，减少教育焦虑。云课堂为孩子和家长提供了很好的学习平台，尤其在家庭教育方面受益匪浅。

2. 全面发展的教育得到家长充分肯定

（1）学校开展的工作

①二年级开展特色争章活动、烈士纪念日等爱国教育活动，以及海洋科普系列活动。举办线上、线下体育锻炼活动和比赛，如春季、秋季运动会。落实了学生在校的课后服务。此外，还开展了“致敬，心中的好老师”活动，近200名教师讲述他们在学生时代有幸遇到并且以其为榜样的优秀教师。

②三年级开展节日、纪念日活动，例如“母亲节”活动，开学典礼、毕业

典礼、入队仪式等。组织日常学习及课外活动，例如诗朗诵、社团活动、歌曲比赛等。

③四年级借助友邻单位资源，对学生进行海洋科普、农作物科普等教育。每学期在学生手册上留下温馨而激励人心的评语。

④五年级开展红色主题教育、安全教育活动、丰富多彩的体育锻炼和比赛。还提供了课后服务。

⑤六年级开展“我心中的好老师”系列专题活动。校内定期组织开展各种活动，例如科技周、运动会、辩论赛、科技竞赛、户外拓展等。

（2）家长的感受

①非常有意义，孩子了解历史才会更加珍惜当下，有助于树立正确的价值观。家长在陪伴孩子的过程中，自身也受益颇多。

②孩子了解母亲为自己成长所付出的艰辛，理解母亲的期望，懂得如何感恩，如何关爱别人，并把爱延伸到社会，用感恩的心对待身边人，家校协同育人。

③家长和孩子在一段段温暖的往事中，感受教师这份职业的高尚，也深深体会到教书育人工作的不易。通过家长的进一步讲解，孩子们不仅在学校更加体谅教师，甚至还有的孩子立志要做一名光荣的人民教师。

④家长更关注孩子的心理成长。日常加强孩子的集体观念，培养孩子探索生命的兴趣。红色主题教育让孩子深入了解党的历史和发展历程，培养了深厚的爱国情怀；参观学习对家长而言也是一次常读常新的学习机会；增进了亲子关系，积累了更多的共同语言。

⑤比赛内容丰富，形式多样，让孩子知道了什么是团队协作，激发孩子锻炼的兴趣。同时，也激发了孩子的潜能，为班级争得了荣誉，增强孩子继续学习的动力。课后服务时间，在教师指导下，孩子能够保质保量地完成校内作业。教师有效地帮助孩子及时复习巩固当天所学内容、查漏补缺，让学生回家有更多时间做自己想做的事情，家长也不会因为辅导作业发愁。“双减”政策实施后，孩子作息时间逐渐变得科学合理，良好习惯逐渐养成。学校组织的丰富多彩的校园文化活动让孩子受益良多，作为家长的我们也受益匪浅。家长更加全面了

解孩子的优势和不足，促进孩子进步和发展。

3. 心理健康教育受到欢迎

（1）学校开展的工作

①二年级开展心理咨询。

②三年级开展“心理小屋”心理咨询。

③四年级开展面向学生、家长的心理咨询。

（2）家长的感受

①依据孩子的情况，教师给予专业指导和建议，效果好。

②依据孩子的情况，教师给予专业指导和建议，给有困惑的家长和孩子提供了有效帮助，疏解了心理压力，效果好。让家长更好地在家辅导和配合孩子的成长，很有实际意义。

4. 课程、社团、社会实践活动等家长很认同

（1）学校开展的工作

①二年级在线上学习等一些关键节点发送包括安全、学习、心理等在内的重要提醒和建议。开设特色选修课以及丰富的社团活动。开设生长课程，举办学科实践活动。

②三年级开展寒暑假的社会实践活动。

③四年级社团活动丰富。学校组织诸多学科实践活动，例如辩论赛、书画展、诗歌诵读等。在假期组织公益活动、实践活动、亲子活动。

④五年级开办校内社团。

⑤六年级举办线上教学、线上德育活动。年级各科教学带头人开设辅导课。落实“双减”，开展校内各类兴趣班。

（2）家长的感受

①家长及时了解信息，缓解了焦虑情绪。

②给孩子提供展示兴趣爱好的舞台。促进每一名孩子全面健康发展，让我们不再担心孩子因基础问题不受重视。

③选修课门类丰富，专业性强，有利于培养孩子的兴趣爱好。给孩子提供

尝试各种兴趣的机会，有效地减轻了家长通过社会上的各种兴趣班去满足孩子兴趣爱好的经济负担。

④各科教师精心备课，为孩子线上学习取得良好效果提供了有力的保障。班主任老师辛勤付出，家长很感动。

⑤托管班解决了家长的后顾之忧，让家长更放心、更方便。

5. 家与校紧密连接

（1）学校开展的工作

①二年级召开线上、线下家长会，新生入学家长会，教师定期进行一对一电话家访，请家长参观学校食堂。

②三年级开展线上家访活动。

③四年级班主任和任课教师举行定期班会，班主任定期电话家访。家长代表和学校领导一起走访学校食堂承办公司，与公司负责人进行沟通。邀请家长代表走进学校，听取学校德育工作计划和“双减”背景下的课堂教学和工作报告。邀请家长参加开学典礼、合唱比赛、运动会等大型活动。

④五年级进行电话家访。开家长代表座谈会，对家长提出的建议给予足够的重视，及时反馈与调整。家长能够进校园，参与学校、班级活动，例如运动会、冰雪嘉年华等活动。

⑤六年级进行家访。家长参与学校开展的红色教育活动。举办家长开放日、公开课、家长会。

（2）家长的感受

①给家长讲每学期的各科学习计划、工作安排、学生的表现情况。家长每次听完都深受启发，知道了应该怎么引导孩子学习。新生入学家长会上，学校介绍了各项工作，家长了解孩子上学一天的日常，缓解了家长因孩子入学产生的焦虑。

②教师及时反馈孩子的学习、生活情况，分析孩子的特点和动态，向家长了解有何困难和需求，及时耐心地解答，使得家长倍感安心。

③家长能够及时了解孩子的思想状况和学习状态，对于进一步配合教师指

导孩子平复情绪，培养孩子乐观向上的性格发挥了重要的作用。教师的耐心细致、真诚鼓励也让家长非常放心。

④回应家长和孩子的共同诉求，如调整菜单、变换菜品等，新学期孩子反映更加喜欢吃学校食堂的饭菜了。深入了解学校对孩子饮食安全的用心、细心，使家长安心、放心。

⑤家长对学校的培养计划、理念、方式做到心中有数，可以更加有针对性地为孩子制订家庭培养方案，及时发现孩子的问题和不足，加强与教师的有效沟通。家长从德智体美劳各方面深入了解，明确教学特色、培养亮点。极大促进了家长与学校的融合，提升了家校合作的广度和深度。极大地增强了家长在教学体系中的参与程度，促进家校双方互相了解，彼此融合，进一步调动家长参与学生培养的积极性。

⑥使家长深深感受到学校“教育即生长”的理念。家长与学生一起重温红色文化，激荡爱国情怀。用红歌比赛的方式丰富教学活动好处多多，找到与自身的切合点，对孩子应用知识的能力有很大助力。唱红歌是对人思想与灵魂深处的洗涤和净化，是对红色精神的传承和发扬。“少年强则国强”，中国梦有待祖国的花朵去实现，学校弘扬红色文化、传承红色精神的系列活动，很好地教育、引导了孩子赓续共产党人的精神血脉。

6. 学校微信公众号平台发挥积极作用

（1）学校开展的工作

①二年级推送学校的微信公众号，定期推送家长课堂、心理健康小知识。

②四年级推送学校微信平台上各类教育培训资源。

（2）家长的感受

①一系列家校育人活动，让学校与家长有更多机会沟通，从而相互理解，让多方面合作育人落到实处。

②信息交流及时、全面，家长及时了解学校的重要工作和重大活动。

【发现与思考】设计这一问题旨在了解学校在推进家校协同育人中哪些工作最有效。从 60 名家长的反馈情况看，我们有以下发现与思考。

1. 家长很在意从学校的指导中获取家庭教育的先进理念与方法，充分肯定学校各种形式的家长课堂，认为从中受益颇多。从这方面的反馈中我们可以看到学校对家长教育的重视以及给予的针对性帮助是有效的。缓解焦虑，彼此融合，共促学生发展。

2. 家长充分肯定学校能及时与家长沟通、交流，介绍学校的办学理念、育人思想，通过问卷等了解家长想法，听取家长意见，请家长考察学校食堂、参加学校教育活动……这些工作有效地促进了家校连接，增强了家校互信，促进了家校协同育人的有效落实。

3. 家长充分肯定学校对孩子全面发展的教育，从育人活动到课程设置，从校内教育到社会实践，广泛列举的事实，可以反映出家长对学校的喜爱。

（三）第三个问题：为进一步推进家校协同育人，您觉得家长委员会还可以开展哪些工作？学校还可以在哪些方面提供进一步的支持？

1. 家委会还可以开展的工作

（1）组织学生活动

①家委会组织孩子开展实践活动，例如读书交流、参观考察、体育锻炼、劳动实践、农耕体验、讲故事、演讲、羽毛球比赛、英语角等活动，拓展孩子的知识面，增加交流互动。

②开展“家长进课堂”讲座培训活动。家长与孩子分享心理健康、农业、气象、牙齿等方面的知识。

③组织家长志愿服务队，根据学校安排，为孩子提供参观、研学、社会实践等活动场地条件和志愿服务。

④组织线下的家长与孩子交流、开展座谈活动，利于孩子开朗性格的养成。家长也可以交流培养孩子的经验，互相学习，共同进步。

⑤开展安全教育活动。

⑥家委会更多地参与到学校的工作中，定期开展活动，更多地展示孩子在学校的学习和生活，吸引更多的家长参与到孩子的成长过程中，增进学校和家

长之间的了解。

（2）家长培训和交流

①针对“小升初”，为毕业班的家长提供一些提前规划和指导。

②采用教育讲座等形式，向家长进行宣传，了解学校、家庭、社会应起的作用和应尽的职责。帮助家长树立正确的家庭教育观，走出教育误区，也可以通过整合各方面资源包括家长资源和渠道，为班级、为孩子服务。

③邀请在家校共育方面有经验或比较权威的研究机构，指导家庭教育策略。

④年级内或者跨年级的经验分享与交流，比如高年级家长可以分享如何配合学校、教师帮助孩子养成良好的学习习惯等。

（3）针对特定对象开展支持和帮助

①针对学生的性格弱点及社交能力弱、对电子产品的依赖等，开展寓教于乐的活动，纠正孩子的不良行为。

②成立家庭学习生活互助小组，开展学习互助等活动。

③针对特殊孩子、特殊家庭，在当事人允许的前提下，给予力所能及的帮助，比如课业辅导、心理疏导等，让每一个孩子感受来自集体的关爱。

2. 学校的支持

（1）场地、设备和资源

①周末学校开放图书馆、操场等场地，安排教师协助家委会活动。

②学校帮忙对接相关单位或场馆，使参观活动得以顺利进行。

③学校提供学生参与教育活动的链接，以供感兴趣的家长和学生自由选择参加。

④充分利用金帆管乐团、舞蹈团等资源，让有意向、有兴趣的学生能够施展所长。

⑤ 家委会组织活动时，有时需要团体证明，希望得到学校的帮助。

⑥学校可以进一步发起各项活动，给学生提供一些小的奖励。

（2）培训和指导

①学校进行新的教育政策宣讲，指引家长为学生制订小学期间的教育规划

目标。

②学校倡导组织开展“家长进课堂”活动。

③动员心理教师开展学生心理健康知识的教育及普及。

④积极推广家庭教育方面的成功经验和案例。

（3）交流和沟通

①开拓新的沟通渠道，不断加强家校有效沟通。设立家长开放日，通过现场听课、典型案例交流、家教课题成果展示、学生学习成果展示等形式，让家长全程参与、了解学生在校的学习生活情况，指导家长科学育儿，使家庭教育与学校教育有效衔接。

②在公众号等线上平台展示学校课堂教学公开课。

③在相关政策规定允许的情况下，学校开放校园、开放课堂，让家长了解学生在学校一天的情况。

【发现与思考】这一部分的信息反馈，反映出家长对进一步做好家校协同育人的真心期待。主要集中在三个方面。

第一，继续做好对家庭教育的指导与帮助。这是家长陪伴孩子成长的刚需。家长特别建议加强相关政策解读；加强家庭教育成功经验、案例的交流；请权威专家指导。还特别提出如何才能培养孩子良好的学习习惯问题。

第二，特别关注促进学生全面而有个性的健康成长。其中建议家委会继续多开展学生活动，并针对特定对象开展支持和帮助。希望学校能提供场地设备支持……这些建议都有利于深化家校协同育人的效果。

第三，希望学校继续加强与家长的沟通。“设立家长开放日”“在公众号等线上平台展示学校课堂教学公开课”“在相关政策规定允许的情况下，学校开放校园、开放课堂，让家长了解孩子在学校一天的情况”，这些都反映出家长进一步了解学校、了解孩子在校生活状态的愿望。

（四）第四个问题：基于孩子入学后的成长变化，您对学校最满意的是什么？

1. 学校管理方面

①学校的办学理念是生长教育，孩子健康快乐成长，用知识哺育孩子，用爱滋润孩子，用文明引领孩子，用快乐感染孩子。教师和孩子在平等中互动，以成长促进成长，以心灵塑造心灵。在这种教育理念下，学校校风好，氛围积极向上，孩子健康朴实。

②学校的管理很人性化，对于学生的个性化需求，会尽量满足。

③学校很重视思想教育、德育、体育等工作，结合实际，对学生分层递进教育。

④学校对教学工作要求严格，教师都很负责任，孩子不论学习、生活、心理建设方面都能关注到。

⑤社团种类多、数量多、质量高，满足了孩子的不同爱好。

⑥家校共赢的合作方式。

⑦与海洋馆合作的特色教育，让孩子有机会了解更多海洋及环保知识。

⑧学校的宣传教育做得好，家长可以从学校的公众号及时了解各项活动、每周食谱等内容。

⑨学校的教学设施和环境在不断地改善和提升，为孩子成长提供了良好的条件。

⑩学校对“双减”政策的严格落实。

2. 教师方面

①教师认真负责，尊重孩子，对孩子包容，能够因材施教，适时地给予机会锻炼，鼓励孩子树立自信心。针对孩子的优缺点，给予孩子个性化教育，充分发挥孩子的主观能动性。

②教师非常公平公正，工作尽心尽责，能关注到每一个孩子，无论什么时候联系教师，都是有求必应。孩子在教师的指导下养成了良好的习惯。

③教师发自内心地帮助孩子、走近孩子、相信孩子，关注着孩子的成长。孩子愿意将自己的心声告诉老师，师生关系融洽。

④各学科教师教学经验丰富、因材施教，孩子的基础教育抓得好。教师在孩子的性格、素质及学习习惯养成等方面，起到了巨大的教导作用。

⑤教师引导孩子关心帮助同学，保持并发展了孩子的同情心、同理心，使其对身边的人充满爱心。

⑥对待孩子有耐心，使他们在各个方面有了很大的进步，自信心明显增强，更加热爱班级和老师。

⑦教师重视孩子行为习惯养成教育，在教师的悉心培养下，孩子在文明礼仪方面做得不错，懂礼貌，尊老爱幼。

⑧教师重视提升孩子学习能力、学习方法，培养孩子的良好学习习惯，孩子自立能力提高，自觉性、主动性增强，自主学习能力有了很大进步，能主动地复习和预习。

⑨班主任及各学科教师对孩子认真负责，关注孩子的心理变化，从孩子的角度去理解孩子的行为，和孩子共同分析问题、解决问题，并及时和家长沟通以及干预。体现了家校协同育人，让家长安心、放心。

⑩学校校长和教师不辞辛劳、以身作则，每天早晨在校门口迎接孩子，保证孩子安全进入校园，让其有归属感。

3. 教育方面

（1）德育管理

①德育教育完善、到位，效果显著，孩子的三观正，爱班、爱校、爱国。

②学校对孩子进行爱国主义教育，培养了孩子深厚的爱国情怀。

③学校以德育为先，教师教书育人，教会孩子热爱生活，与同伴友好相处，乐于助人，文明礼貌。

（2）教育活动

①学校积极组织趣味运动会、集体队列比赛等户外活动，提升了孩子的集体荣誉感，促进了孩子的健康成长。

②孩子在校参加了很丰富的少先队活动，培养了集体荣誉感，学会团结帮助同学。

③学校为孩子提供了丰富的活动，孩子们在一次次的集体活动中锻炼了能力，增强了凝聚力。

（3）课后托管服务

①延时服务，配合家长下班时间，减轻了家长的接送负担。

②为孩子创造培养各种兴趣爱好的机会，丰富了孩子的在校生活。

③让孩子的作业基本在校内完成，有效解决了双职工接送孩子的问题。

（4）劳动教育

学校鼓励孩子们更多地参与班级劳动和家庭劳动，树立了主人翁意识。

（5）社团

校内丰富多彩的社团活动，给孩子展示自我的机会，增强其自信心。

（6）心理健康教育

①设有“心理小屋”，关注孩子生长过程中不同年龄段遇到的问题和成长的变化，让孩子在健康和谐的校园里成长。

②学校重视学生的心理健康教育，为孩子营造和谐友善的成长环境。

（7）规则教育

对学生进行规则教育的同时保持童趣，这一点很宝贵。

（8）学生评价

全面评价学生，采用特色的培养方案与人性化的奖惩机制，不同年级根据学生特点制订了独具特色的培养计划，提升了孩子学习与生活计划的管理能力，与社会实践紧密结合。

（9）学校宣传

①学校公众号推送的学校新闻和家长课堂，为家长及时了解学校情况和孩子的学习情况提供了很好的平台。

②学校的“金穗教育平台”和学校公众号办得很好，一个分享孩子的学习生活情况，另一个发布学校的动态和新闻。

4. 教学方面

（1）课程设置

①通过学校开设的综合、数学、语文等课程学习，孩子不仅能学习学科知识，而且穿衣洗漱、整理书本、做家务、坐车认站牌、超市购物结账等生活自理的能力有很大提升。

②通过科学等课程，孩子学会保护动物、爱护植物，了解人与自然和谐共处的科学理念。

③课程内容丰富，安排合理，对学生德智体美劳全面发展提供了全面的支撑。

（2）课堂教学

①课堂教学生动有趣，教学内容源于书本又高于书本，孩子说有时感觉上课时间过得特别快。

②语文、数学都开展了“小达人”竞赛活动，孩子对于学习的自我要求有所提高。

③教师课前精备、课上精讲、课后精练，切实减轻孩子负担，激发孩子自觉学习的意识。

④教师非常重视孩子的预习作业和基础知识的复习，养成了孩子自主学习的习惯，孩子在学习成绩上的稳步提升和知识的全面积累，为今后学习打下坚实的基础。

⑤学校有配套教学及教育规划和安排，教学资源丰富。

⑥教师鼓励学生多提问，思考不同的解决方法，对知识点融会贯通。

（3）体育锻炼

①体育课安排得非常合理，孩子体能有非常大的提升。

②学校坚持每天都让孩子有充足的体育锻炼时间，经常开展体育训练活动，保证孩子有强健的体魄。

（4）阅读活动

孩子养成了良好的阅读习惯。

5. 学生成长

（1）思想道德

孩子的爱国主义意识、集体荣誉感等集体性、社会性的认知都明显加强。

（2）学习能力

孩子学习的独立性明显增强，学习方面对家长的依赖逐步减弱，家长角色在学科学习中实现有序退出。

（3）生活能力

①孩子自理能力提升，更加有责任心和上进心，懂得劳动的价值和意义，身体素质也明显提高。

②孩子入学以后，逐步养成了作息规律的习惯，能够自己制订计划并按时完成。

③每天的学校生活，锻炼了孩子的交往能力。

（4）心理健康

①孩子自从担任体育委员以后，由原来的不敢大声说话变得可以大声喊口号整队，更加自信了。

②孩子跟同学的交往比较多，有了自己的好朋友，可以分享自己的快乐和思考，社会交往能力大大提升。

③勇于挑战自我，体验到挑战成功的快乐。

④保持上进心，对自我不断肯定。

⑤学校给予孩子安全感和生活教育。

（5）全面发展

孩子入学后的成长与变化有目共睹，孩子自觉性提高了，生活的自理能力增强了，学习成绩也不断提高，诸多的进步和成长，作为家长从心里感到欣慰和满足。主要得益于学校有先进的教学理念，有丰富的课程体系，有优秀的师资团队，有和谐的家校关系，有良好的校园文化。

6. 其他方面

①学校每周在公众号发布一周餐食菜单，让家长了解孩子在校的用餐情况。

②学校格外重视食品安全和营养搭配，孩子在学校吃饭卫生、安全，家长非常放心。

③学校的饭菜种类多样、味道鲜美，午餐更受孩子欢迎。

④定时消杀，给孩子营造健康的学习和生活环境。

【发现与思考】对这一问题的回答，可以看到农科院附小家长对学校的肯定。从管到育，从学到吃，家长都有谈到，由此整理出“学校管理、教师、教育、教学、学生成长及其他”等六个方面信息，从这些信息可以反映出以下几点。

第一，家长对学校的全面认同，证明了学校的办学成效。

第二，家长特别赞扬教师队伍，对教师的肯定有几十条之多，位居其他几个方面之首。说明农科院附小有着一支建设良好、深得家长赞誉的师资队伍，值得总结。

第三，对于学生的成长与发展，家长反馈的信息涉及学生思想道德、学习能力、生活能力、社会性认知、心理健康、全面发展等多个方面，说明学校教育在培养学生健康成长方面卓有成效。

（五）第五个问题：您觉得学校在哪些方面还需要做出改进，您有何相关建议?

1. 学校管理

①各校区在放学和上学的时候门口都比较拥堵，还有发广告、送小礼物的人，影响交通和安全，建议发动接送孩子的家长，轮流协助学校安保人员和教师一起维持秩序。

②本部放学，各种车辆把道路挤得水泄不通，人行道上共享单车占据了大片地方，导致接孩子的家长无处停车，希望学校和农科院进行协调管理。

③保障各校区的教学资源均衡，建议学校综合考虑各校区师资力量的均衡配比，或者建立常态化交流机制。

④学校建立统一的评价系统，能够及时与孩子和家长交流。

2. 学生教育

（1）社团建设

①希望学校加大对社团组织的持续投入和支持，开设更多元的社团，引导更多的孩子参与到社团活动中。

②在三年攻坚克难时期，乐团经常停课，希望学校乐团能够尝试开展在线学习的方式，保证孩子对乐器的学习不会间断。

③增加学校社团活动天数及可选课程。

④打造特色社团示范校。

⑤很多社团有入团门槛，这对于单纯出于兴趣而想报名的孩子不友好，希望可以增加零基础的相关社团。

（2）课后服务

①多些实践、动手、团队合作的手工课。

②在一学期的学习后，提供更高难度的学习内容，而不是在新的学期又从零基础重新开始；课后托管内容更加丰富多彩。

③引进优质社会资源，尽可能多地增加学生受众面。

（3）学生教育与管理

①学校充分利用环高校、科研院区、顶级科研院所资源，为孩子创造更多的知识资源、学术资源、场地资源的共享机会，增加孩子“做中学、探中学”的互动和实践机会，激发孩子学习和生活的兴趣和热情。

②多组织一些有益的课外活动，例如讲座、演讲比赛、知识竞赛、篮球赛、艺术节、读书节、科技节等，多进行应对地震、火灾等自然灾害的演习训练。培养孩子多方面的能力。

③在培养孩子的规则意识的同时，适当给予他们自由活动的时间，这样更加有利于孩子的身心健康和视力保护。

④学校活动和班级活动发生冲突的时候，在完全有能力实现的条件下，把孩子的需求放在首位。

⑤举办优秀校友分享会，可以是刚升入初中或高中的优秀校友，也可以是

已经为社会做出贡献的先进榜样，以增加孩子对学校的认同感和自豪感。

⑥希望学校能给孩子更多的展示机会，在校内、校区之间，或者区里、市里，让孩子有更大的舞台展示、锻炼自己。

⑦针对不同年龄段的孩子开展心理健康讲座。为高年级孩子开设针对青春期的专题讲座。高年级孩子对一些网络语言比较感兴趣，但有些语言不适合孩子，并且在学校流行，家长无法及时制止，希望学校能给予引导。

⑧培养孩子独立生活的能力。提高孩子的危机处理技能，开展一些急救类培训（比如海姆立克急救法、心肺复苏术等），举办急救知识比赛，争取让大多数孩子能够做到独立应对和处理紧急情况。

（4）其他

①进一步利用信息化辅助工具，或者把工作拆分到每个孩子闭环完成自己的部分，既锻炼学生的能力，也适当减轻老师的工作量。

②简化放学时间设置，即取消 15：30 放学时间，保留 16：30 和 17：30 两个放学时间。

3. 教学方面

（1）教学管理

①教学设施等硬件方面可进一步完善。

②更加密集和有针对性地对孩子学习过程中产生的问题进行反馈和交流。

③从小培养孩子研究问题的方法论，让孩子学会提出问题、分析问题、解决问题。

④教学上还应该抓得更紧些，要端正孩子的学习态度，严格要求。

（2）三大主科

①语文可以多留些书面作业，夯实基础。

②在“双减”政策允许下，进一步压实基础教育，更加重视字、词、课文背诵默写和运算能力等，打牢基础。

（3）课外阅读

①利用周末和假期，组织班级群开展读书打卡交流活动，推荐好的读本给

家长。

②开展经典传统文化书籍的诵读学习，进行读书分享。

③图书馆的使用率和普及度较低，深度不够。

④学校应该有报刊栏，孩子经过时就可以阅读。

（4）科任学科

①建议增加专项体育课内容，例如跑步训练、跳远训练、跳绳训练、武术训练等，让更多的孩子接受正规的体育教育，学会运动。

②一部分孩子的体育运动项目考试不达标，应加强指导和培训。

③音乐课开展乐器进课堂活动。

④加强孩子生活技能相关的学习。例如，综合课上开展的相关学习，让孩子学会了削皮刀的使用方法。

⑤增加信息课内容，培养编程能力。

⑥增加更多的学习活动空间，比如实验室，让孩子通过不同课堂来学习，体验自己动手习得知识的乐趣。

（5）“小升初”工作

①不要等到第二学期再开始，第一学期就安排讲座，权威地指导和解读升学政策，减轻家长焦虑。

②加强毕业班的政策宣讲和学习规划。

4. 家校共育

（1）家长课堂

①开展“家长学堂”“家长面对面”等活动，从家长身上获得一些成长经验，增加家长彼此的连接。

②增加家庭教育讲座等活动。

③希望能针对升学（毕业）年级的学生家长开讲座，教师告知家长提前做哪些准备，给家长一些指导意见或分析，分享相关的入学形势，减轻大家的焦虑，让家长了解区域内的升学情况。

（2）家校交流

①开展“家长进课堂”活动，进一步开阔学生的眼界，增长见识。

②开放校园，让家长深入了解学校政策和教育理念。

③创造家校交流的机会，使教师和家长能定期沟通孩子在学校的表现。

5. 其他方面

（1）学生就餐

①伙食太丰富了，有点担心胖一点的孩子吃得太多，不利于身体健康。

②增加在校早餐。

③安排高年级餐食时，菜量饭量要更加充足。

（2）信息工作

①学校加强官网的维护和百度百科等相关网页信息的更新。

②学校在网站多发布相关信息，让家长更多地了解学生学习生活的信息。

（3）学校硬件设施

①学校通过各方力量，扩大室外操场的面积。

②借助社区的资源，开拓更多的活动场地。

（4）学校作息安排

孩子的午休时间适当延长一点。

【发现与思考】这一部分是请家长给学校的工作提出改进的意见与建议，涉及学校管理、教育、教学、家校共育及其他等方面。仔细阅读每一条建议，都可以感受到家长对农科院附小的真诚期待。

第一，家长更关注学生获得全面发展的空间。

第二，家长很关注学生综合能力的发展。

第三，家长同时关注家校共育中学校对家庭教育的指导。

第四，家长提建议时关注能实现的条件。

小学是学生健康成长、全面发展的基础阶段，上述建议反映出的家长关注的重点，无疑是对学校最好的提示和帮助。仔细研究家长建议，整合多方资源，搭建更多的平台，拓展发展的空间，抓好学生基础性、奠基性的能力及习惯培养，的确是有效提升教育质量的重要举措。

（六）第六个问题：学校若对近年办学历程进行梳理、总结，从您和孩子的切身感受出发，您建议学校着重写哪些方面？

1. 学校育人理念方面

①学校在长期的办学历程中，留下的厚重办学文化、良好办学传统、优秀教风学风，都是值得发扬和传承的。

②学校管理方式的沿革，从一校一址到一校五址，在保持学校特色的同时如何在不同校区因地制宜地开展管理工作。

③学校的办学理念和形式与时代发展是怎么结合的。贯彻落实先进的办学理念方面的体制、机制建设成果及取得的成效。

④学校落实生长教育办学理念，促进孩子们全面健康生长。立师道，德育人。生长教育办学理念还体现在教育教学的每一刻，优秀集体、优秀教师，教书更育人。

⑤以“尊重每一名学生、促进每一名学生的全面健康发展”这一中心点展开介绍学校的教学理念、艺术教育、劳动教育、德育等各项成就。

⑥学校注重素质教育和人文关怀，让每个孩子在这里都有实现梦想的机会。

⑦校训“新鲜生活每一天”体现学校既朴实大气又以人为本的教学理念。

⑧学校的办学特色和各校区的优势。

⑨多个校区之间如何做到师资分配均衡，各校区是如何衔接发展的，使孩子在校区间无差别感受。

⑩在“双减”背景下，学校如何能够做到既能让孩子德智体美劳全面发展和保证心理健康，又能达到不输于一流小学学生的学习效果和升学率。

2. 教师队伍

①班主任因材施教，对每个孩子的具体情况了解细致到位，与家长进行深入沟通，持续跟进，公平地对待每个孩子。

②教师和孩子在平等中互动，以成长促进成长，以心灵塑造心灵。

3. 教育方面

①思想教育引领，开展红色教育，注重优秀传统文化传承，从小培养孩子爱党爱国的家国情怀。通过学校开展的各项德育活动，孩子积极阳光，热爱学习，热爱生活。

②理想信念教育在一至六年级的沉浸式推进，在学生世界观、价值观树立过程中起到重要作用。

③“金穗教育平台”是鼓励孩子个性化发展、提供自我展示的平台，也是同学间、班级间、校友间相互了解沟通的平台。

④保障师生身心健康方面的措施和成效。

⑤学校开展的特色活动传承和创新并存，孩子取得的相关成绩。

⑥学校大力发展艺术教育，取得了令人瞩目的成就。全校80%以上的学生参加了各艺术团的活动，绝大多数学生都能够在学校发展自己的某一艺术爱好。

⑦围绕“强国有我”开展了形式多样的活动，培养新时代社会主义建设者和接班人。

⑧组织学生参与公益活动、社会实践，学生关注时事，三观正得以正人生。

⑨关注特殊学生。

⑩多渠道展开家校互动，协同育人。

4. 教学方面

①课程的搭配和安排很合理，做到了兼顾应试和素质教育。

②教学特色以及教学方式的创新，教师如何根据政策变化以及社会环境开展更适合孩子身心发展的教育、教学方式。

③创新课内教学方式，丰富课外活动，完善学生健康生活、快乐学习方面的措施，提升育人成效。

④减负增效，落实“双减”政策成效显著。在此过程中遇到哪些困难，教师又是如何迎难而上的。

⑤学校教育教学成果展示。

5. 学生发展成长

①多方联动（安全教育、法治教育、心理建设、海洋知识、传统文化等），助力学生掌握更多知识技能。

②发挥农科院附小传统优势，营造良好氛围，引导和激发小学生热爱自然、探索自然、崇尚科学的兴趣，培养健全人格，为未来发展奠定基础。

③孩子个性发展是家长关心也是学校生长教育中的重要部分，建议学校重点写下近些年的有效举措。

④已经毕业的孩子（家长），结合孩子现阶段的发展反馈学校办学理念的突出成效。展示在校学生以及毕业学生的良好风貌、未来发展和突出成绩，形成学校的良好口碑。

【发现与思考】这部分建议从另一个角度再次反映出家长对农科院附小发展的充分肯定与赞誉。汇总所有信息，可以归纳出“学校育人理念、教师队伍、教育、教学、学生发展”等五个方面，细读每一条建议，家长眼中一个高质量发展的“集团化办学的农科院附小”一目了然，为学校总结办学成果提供了非常好的参考。

后记

8年集团化办学历程，漫漫求索，任重道远。记得2015年7月，几所学校刚刚合并，大家都互不了解，但要想真正合并，首先要人心相融。因此，刚合并第二天我们就召开了领导班子会议，各学校的领导班子都集中在一起，大家畅所欲言，做自我介绍，增进了解，形成了非常团结和谐的氛围，奠定了之后整个集团顺畅协作管理的基础。合并后的第二年11月，学校召开了全国少年儿童海洋意识教育论坛，海淀区教工委书记和教委主任参加了论坛开幕式，给予学校很高的评价。全国各地200多人参加论坛，规模盛大。经过这次大会，我们认为集团发展要吸取各个校区的长处和亮点，通过思想的引领、文化的融合、特色的推广，凝聚人心。8年间，我见证了农科院附小教育集团的巨大发展。借此契机，我也想就集团化发展、专著梳理等谈谈个人的想法，也想对那些支持、帮助、指导集团发展的人说说自己的心里话。

一、高质量党建是集团高质量发展的领航员

在集团化办学过程中，我们坚持举旗定向与使命引领相融合，坚持党建与业务深度融合，凝聚探索教育高质量发展的奋斗力量。在融合期，党员教师带头参与校区间的师资流动；在发展期，党员教师亮诺言、践诺言；在提质期，党员教师奋勇争先。

集团合并后，我们做的第一件事就是召开全体党员大会。当时的主要任务是促进融合、凝聚人心。因此，党委对党员提的要求是树正气、聚人心，做好群众与组织的“连心桥”，要

求党员做到“不利于团结的话不说，不利于团结的事不做”。党员带头在校区间流动，充分发挥先锋模范作用，这为融合期的学校发展奠定了坚实的基础。

在集团发展期和提质期，党建的主要工作思路是“强化党建引领、坚持立德树人、加强师德建设、立足岗位建功、服务联系群众、发挥模范作用”。党委通过党员“承诺、践诺”活动，党员率先垂范，带动了集团教育教学质量的整体提升。

二、书记和校长密切配合、团结协作是推进集团化办学的密钥

书记和校长是学校的主要领导者。书记负责党组织全面工作，校长负责学校的教育教学和行政管理等工作。对于一所教育集团来说，校区多、人员多、工作量大，组织架构复杂，因此，构建书记和校长之间的协作机制显得非常重要。

第一，建立良好的沟通机制。无论大事小事，书记和校长都会进行充分的沟通，每次沟通，我和校长都会坦诚地说出自己的想法，也会认真听取对方的意见。

第二，始终把相互尊重作为协作的前提。在沟通的基础上，还要彼此尊重，换位思考，尊重对方的意见。我和校长始终把集团的高质量发展放在首位，围绕“为学校发展好”的共同出发点，既互相尊重，又及时沟通，因此，我们推进工作的过程非常和谐顺利。

三、专著是集团化办学的方法凝练和成果总结

这些年来，集团化办学经历了很多，最初我们并没有把集团化办学的过程和经验汇总、梳理成专著的想法，是张铁道院长为我们集团化管理做了精心指导，使我们意识到，这是一件很重要的事情。在张院长的指导下，我们认真梳理集团化办学8年的发展历程，总结了集团化办学的经验，提炼了管理的方法和规律，反思了发展中的问题。这本书还促使我们思考集团化办学的未来。

四、感谢为集团发展默默支持和奉献的人

经过8年的集团化办学，我深深感受到，集团化办学不是靠个别人的智慧，而是靠集体的力量，是干部、教师、学生、家长、专家等协同推进的结果。借此契机，我想对那些默默支持集团发展、无私奉献的各界人士真诚地说声“谢谢”！

第一，我想感谢集团内的全体干部和教师。他们每个人都贡献了自己的智慧和心血。没有他们做好本职工作，就没有班级的发展，也就没有校区和集团的发展。在集团化办学中，有很多改革教师并不适应，但是他们能走出自己的舒适区，提升自我能力，这就是对集团化办学的支持。没有这些教师，没有这种改变，没有这种成长，那么，我们的集团化也不可能成为品牌。

第二，我还要感谢张铁道院长对学校集团化办学的指导和帮助，感谢他鼓励我们要出这样一本书，并且为这本书搭建框架、撰写序言。

第三，我要感谢这本书的编辑和他们背后的团队。这本书的框架搭建和修改就经历了数十版，是我们双方一次次研讨、一点点打磨出来的。书稿经过一年多的撰写沉淀、修改完善，如今才得以出版。看到这本书，真的很有成就感，也很开心。

第四，我想感谢一路走来所有支持我们的专家。是这些专家一直陪伴着我们，参与我们的研究，指导我们的教学，给了我们很多帮助。集团发展的点点滴滴都离不开他们的支持。

第五，我想感谢我们的家长。集团的发展离不开家长的默默支持，他们把孩子送到这里，就是对学校的最大肯定；他们愿意配合教师推进家校共育，就是对集团发展的极大支持。在集团化办学中，在家委会的鼎力协助下，家长为学校出谋划策，出力服务，做出了巨大的贡献。

期待农科院附小教育集团蓬勃发展、郁郁成林、生态蔚然！

中国农业科学院附属小学教育集团党委书记

李宁